■ 江西高校哲学社会科学研究重点招标课题

“江西创业就业激励措施、政策保障推动大学生就业研究”（项目编号: ZDZB201310）

■ 华东交通大学教材（专著）基金资助项目

扩大就业、灵活用工与

高质量就业

林井萍　王光栋 ◎ 著

企业管理出版社
ENTERPRISE MANAGEMENT PUBLISHING HOUSE

图书在版编目（CIP）数据

扩大就业、灵活用工与高质量就业 / 林井萍，王光栋著. —北京：企业管理出版社，2022.12

ISBN 978-7-5164-2748-4

Ⅰ. ①扩…　Ⅱ. ①林…　②王…　Ⅲ. ①就业问题 – 研究 – 中国　Ⅳ. ① D669.2

中国版本图书馆 CIP 数据核字（2022）第 210157 号

书　　名：扩大就业、灵活用工与高质量就业
书　　号：ISBN 978-7-5164-2748-4
作　　者：林井萍　　王光栋
责任编辑：尤　颖　　李雪松　　宋可力
出版发行：企业管理出版社
经　　销：新华书店
地　　址：北京市海淀区紫竹院南路 17 号　　邮　　编：100048
网　　址：http://www.emph.cn　　电子信箱：emph001@163.com
电　　话：编辑部（010）68701638　　发行部（010）68701816
印　　刷：北京厚诚则铭印刷科技有限公司
版　　次：2022 年 12 月第 1 版
印　　次：2022 年 12 月第 1 次印刷
开　　本：710mm × 1000mm　1/16
印　　张：16
字　　数：237 千字
定　　价：88.00 元

目　　录 · CONTENTS

第一章

绪　　论

绪论部分从问题的提出、相关研究概述、研究思路与方法、内容框架、特色和创新等方面概括了本书的主要内容和特色，阐述了本书要研究的问题是什么，为什么要研究这些问题，以及如何研究这些问题。

第一节　问题的提出

就业是民生之本，我国一直高度重视就业工作，不仅重视努力增加就业岗位、扩大就业规模，而且也越来越注重提升劳动力的就业质量，推动实现更高质量就业。党的十八大明确将就业列为民生建设的首要任务，推动实现更高质量的就业。党的十九大进一步强调，就业是最大的民生，要坚持就业优先战略和积极就业政策，实现更高质量和更充分就业。应该说，“十三五”时期的就业工作是注重数量和质量并举的。然而，“十三五”收官之年，一场突如其来的新冠疫情不仅给我国各地本来就十分严峻的就业形势带来了严重影响，也给各地政府在“十四五”时期促进就业工作带来了巨大压力。图 1-1 是 2019 年年底新冠疫情突袭而至后全国城镇失业率的变化情况。①

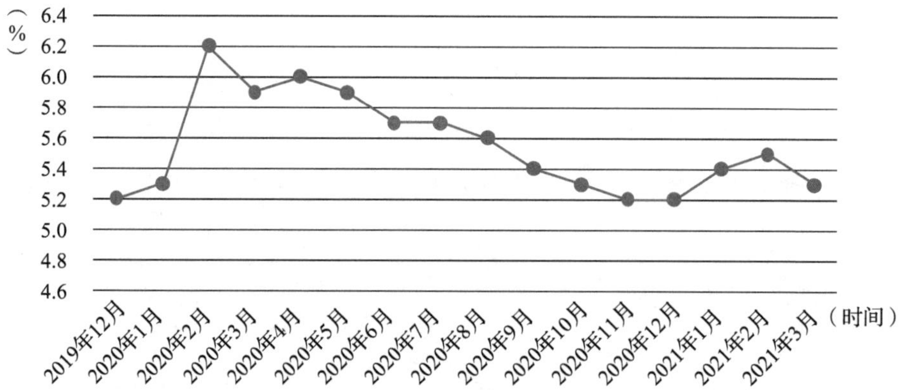

图 1-1　2019 年年底新冠疫情突袭而至后全国城镇失业率的变化情况

如图 1-1 所示，新冠疫情突袭而至后全国城镇失业率从 2019 年 12 月的 5.2% 陡然升高到 2020 年 2 月的 6.2%，此后失业率虽有回落，但好几个月

① 数据来源于国家统计局网站。

都一直保持在高位。2020 年以来，国外的新冠疫情始终没有稳定下来，也给我国的防疫工作和经济发展带来极大风险，导致失业风险未能消失，就业形势一直严峻，使“十四五”时期稳定和扩大就业的任务依然非常艰巨。同时，党的十九大后，随着中国经济由高速增长阶段转向高质量发展阶段，就业发展战略也朝着高质量发展方向转变。各级政府的就业工作由此面临双重任务：一方面，努力稳定和扩大就业，以应对包括中美贸易摩擦和新冠疫情在内的各种突发事件对就业的冲击；另一方面，努力推动实现高质量就业，以满足广大人民群众日益增长的美好生活需要，满足大多数求职者的需求。所以，“十四五”时期，如何稳定和扩大就业、推动实现高质量就业是各地政府就业工作面临的一大挑战。

我国地域辽阔，由于资源禀赋、区位条件、发展基础、人口因素等方面的差异，地区间发展不平衡，经济发展水平相对落后地区面临的就业问题和挑战更为严峻。江西省作为中部地区发展相对落后的省份，同时又是一个人口资源丰富的省份，就业的总量压力常年不减，就业的结构性矛盾突出，劳动力就业质量偏低。江西省的客观条件本来就对解决江西省劳动力就业问题不太有利，再加上外部突发性事件的冲击，江西省“十四五”时期面临的就业压力愈加突出，所以更需要研究探讨江西省在“十四五”时期如何稳定和扩大就业、推动实现高质量就业的问题。

通过本书，我们期望能够针对江西省稳定和扩大就业、推动高质量就业所面临的问题和挑战，提出实现稳定就业和更高质量更充分就业目标的应对方案。本书要探讨的有以下几个问题。第一，当前江西省就业的基本情况怎么样？面临什么挑战？第二，“十四五”时期江西省劳动力供求关系会发生什么样的变化？就业的结构性矛盾又会如何演变？第三，“十四五”时期江西省稳定和扩大就业、推动实现高质量就业所面临的重点问题是什么？第四，“十四五”时期江西省如何解决上述就业领域的重点问题，从而稳定和扩大就业、推动实现高质量就业？

第二节　相关研究概述

就业是最大的民生。江西省的经济发展水平相对落后，就业形势较为严峻，特别是在当前复杂的时代背景下面临着相当大的就业压力。因此，分析江西省目前的就业形势，深入研判稳定和扩大就业、推动实现高质量就业所面临的问题与困难，以及科学探讨江西省促进就业发展的相关政策工具及应用，对“十四五”时期江西省稳定和扩大就业、推动实现高质量就业有着重大的现实意义。目前，国内外关于就业问题的研究文献浩瀚如海，通过总结分析发现，关于江西省就业问题的相关研究大致包括以下几个方面。

一、就业理论与就业的主要影响因素

对就业问题的研究是经济学界长期以来关注的一个焦点，西方经济学各流派对就业问题及政府对促进就业所起的作用，有不同的研究视角和研究结论，也就出现了各种不同的就业理论。20 世纪 70 年代以前，关于失业问题的争论主要在古典经济学、新古典经济学和凯恩斯主义之间展开，其差异主要是市场能否自动调节以达到充分就业及政府干预的必要性。20 世纪 70 年代以后，西方国家出现失业与通货膨胀并存的滞胀问题，凯恩斯主义受到质疑，出现了很多反对凯恩斯主义的学派。针对滞胀问题，新凯恩斯主义认为，财政支出应该向政府投资倾斜，政府投资具有乘数效应，有利于解决就业问题；以拉弗为代表的供给学派认为，供给不足是造成失业的主要原因；以弗里德曼为代表的货币主义则提出自愿失业率的概念；以卢卡斯为代表的理性预期学派认为，就业变动由预期决定，提出政府不干预的就业政策（斯坦利·L. 布鲁等，2014；莫荣，2015）。

就业问题本身是一个复杂的系统问题，一国或某一地区均衡就业水平受到诸多因素的影响。从理论上来说，基于劳动力需求和就业的基本方程的推导，经济发展水平、劳动力价格、投资和技术进步是决定一国或某一地区均衡就业数量的主要影响因素。进一步地，影响经济增长和技术进步的诸多因素也必然会对就业规模产生影响，这些因素包括人力资本投资、产业结构、外商直接投资（FDI）、国际贸易、城镇化及制度和政策因素等。对上述因素与就业关系问题的研究，国内外都取得了大量理论研究成果。

二、学术界对我国和我国江西省就业形势和就业问题的研究

以蔡昉、杨宜勇、莫荣、张车伟为代表的一批著名就业问题专家始终关注和跟踪研究不同阶段中国的就业形势和就业问题。对当前阶段中国的就业状况，蔡昉（2015，2019，2020）认为，我国目前的就业问题的性质发生了重要变化，就业问题不再以就业不足为主要表现形式，而越来越表现在劳动力市场匹配因素造成的结构性和摩擦性就业困难，以及宏观经济景气波动造成的周期性失业现象。我国的宏观经济政策在过去比较利于创造更多就业岗位，但今后的挑战更多会来自创造更好的就业岗位。莫荣（2019）认为，当前我国的经济发展已经由高速增长阶段转向高质量发展阶段，我国就业总体实现稳定增长，调查失业率维持较低水平，重点群体就业保持稳定，劳动力市场供求维持动态平衡，但新阶段就业也面临现实挑战：总量压力持续与结构矛盾突出并存，外部经济环境提升了就业的不确定性，科技革命带来了技术性失业，新经济形态使结构矛盾更为突出。张车伟（2019）认为，我国就业的主要矛盾逐步从以就业岗位不足为特征的总量矛盾转变为以就业质量不高为特征的结构性矛盾，普通劳动者的工资水平和就业质量提高已成为要解决的重要问题。学术界一个共同的看法是，在一定时期内，我国就业压力依然很大，结构性矛盾突出、问题很多，尤其是就业结构和就业质量，其应该作为今后就业问题研究的重中之重。蔡昉和张车伟主编的“人口与劳动绿皮书系列”是这一领域的代表性成果。

江西省的就业问题有与全国相同的地方，也有与全国的不同之处。尽管众多知名专家学者十分重视对全国的就业形势和就业问题的研究，但近年来除了黄小勇（2015）出版的论著，专门针对江西省就业问题的研究寥

寥无几。不过，10 多年前对江西省就业问题的研究较多，如尹继东和熊冬根（2002）、何筠（2002）、叶仁荪（2003）、郑享清（2003）、刘晓青和李吉雄（2005）、查慧园和饶永辉（2005）等，他们的研究在当时无论是对江西省就业规划的制订，还是对相关部门开展就业工作的实践都起到了积极作用。

三、对高质量就业的研究

实现高质量就业是我国各地区就业发展的目标。目前，国内对就业质量的相关研究主要是围绕高质量就业的概念、就业质量评价指标体系的构建、高质量就业的评价方法、就业质量的影响因素及提升就业质量面临的问题，以及对就业质量的宏观层面和微观层面、对不同就业群体的就业质量进行了卓有成效的研究。

总的来说，基于宏观视角的研究主要是利用宏观统计数据对全国或某一地区的就业质量进行测量和评价，如赖德胜等（2011）、苏丽锋（2013）、张抗私等（2015）、王阳（2018）、朱金鹤等（2018）、孔微巍（2017，2019）及人口和就业统计司课题组（2020）等。基于微观视角的研究主要是利用调查问卷数据对某些群体的就业质量进行评价，如对高校毕业生就业质量及其影响因素的评价研究，对农民工就业质量及其影响因素的评价研究，等等。这方面的研究较多，也涌现了非常多的研究成果。不管是哪个视角的研究，都涉及就业质量评价指标体系的构建和就业质量指数的计算。在就业质量指数的计算中，关键的环节是对指标的赋权。赋权方法总的来说包括主观赋权法和客观赋权法，其中层次分析法、熵值法、模糊综合评价方法等运用较多。

四、稳定和扩大就业的公共政策研究

如何应对失业、扩大就业？不同学派提出了各自的主张（如斯坦利 · L. 布鲁等，2014；莫荣，2015）。针对不同的失业成因，应对失业的公共政策包括主动的失业治理政策和被动的失业治理政策。克里斯托弗 · 皮萨里德斯（2012）分析了劳动力市场的政策工具，以及不同政策参数对岗位创造和岗位破坏的影响。蔡昉、都阳和王美艳（2005），莫荣（2015），英明和魏淑艳（2016），都阳（2019）等学者系统地论述了中国积极就业政策的形成、发展过程，并对中国不同阶段实施积极就业政策的效果进行了分析和评价。朱侃和郭小聪（2019）还系统探究了我国公共就业政策范式变迁与变迁逻辑。

面对当前就业形势和就业问题的新变化，蔡昉（2019，2020）提出了稳就业的政策优先序和实施原则，把就业优先政策纳入宏观政策层面，把就业状况作为确定宏观经济政策方向和力度的依据。诸多学者提出稳定和扩大就业的思路，一是在劳动力供给端，通过职业教育和培训提高劳动者素质，同时着重解决大学生、农村劳动力、就业困难人员等重点群体的就业问题。二是在需求端推动培育发展各类市场主体，他们是就业机会的提供者，通过发展新经济、新产业、新业态，培育新的就业增长点。三是构建全方位公共就业服务体系，促进劳动力供需匹配。这些观点对研究江西省的就业问题有着十分重要的借鉴意义和参考作用。

总的来说，在省级层面上研究某一地区的就业形势和就业问题比较少见，尤其是这些年对江西省就业问题的宏观研究更少。但这并不意味着当前江西省的就业形势和就业问题与全国的情况一样，没有必要另辟蹊径。实际上，当前中国就业形势面临的问题与挑战主要表现为就业的结构性矛盾突出、就业质量不高及突发性事件冲击导致的稳就业任务十分艰巨。虽然这些问题同样困扰着江西省，但江西省还面临着更多的问题，比如，江西省的就业总量压力依然不减，江西省市场主体发展不够，市场主体不多、不大、不活、不强，就业的新增长点欠缺，基层公共就业服务供给和就业服务能力不足，等等。诸如此类的问题使江西省在“十四五”时期稳定和扩大就业、推动实现高质量就业的任务仍然十分艰巨。这需要对江西省就业问题进行更细致的科学研究，并根据具体问题有效施策。

第三节 基本思路

本书的目的是要通过对当前江西省就业形势的分析研究，找出江西省稳定和扩大就业、推动高质量就业所面临的重点问题和挑战，并通过问题分析和政策分析，从而提出江西省实现稳就业，以及实现更高质量、更充分就业目标的应对方案。

为此，本书将通过对江西省劳动力就业状况的调查、对江西省就业发展的基本特征及对江西省各类市场主体吸纳就业情况的综合分析，以及对“十四五”时期江西省的就业形势做出判断，找到江西省稳定和扩大就业将面临的重要问题与挑战，最后结合促进就业的政策工具分析，提出稳定和扩大就业、推动实现高质量就业的政策建议。基本思路和研究框架如图 1-2 所示。

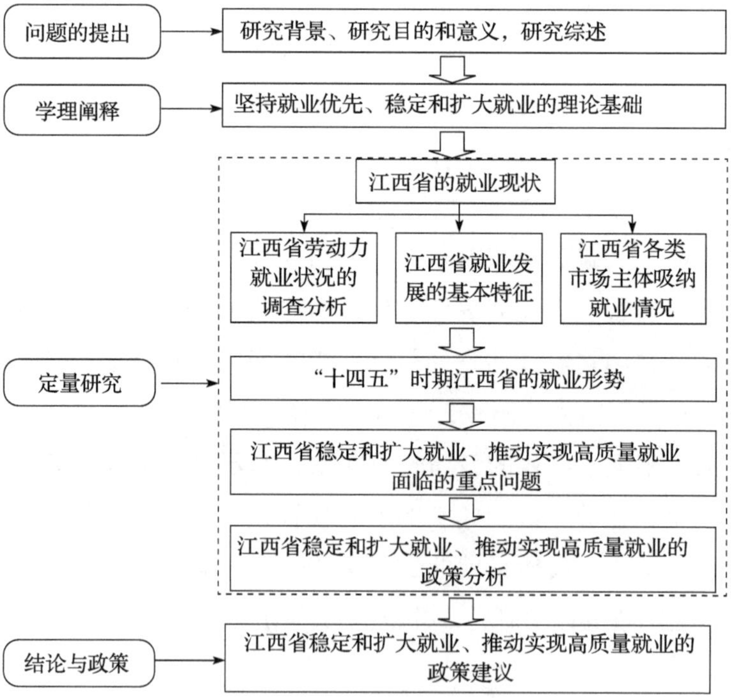

图 1-2 基本思路和研究框架

第四节 内容结构

本书的主要内容包括三个方面：一是研究江西省稳定和扩大就业、推动实现高质量就业的理论基础；二是对江西省稳定和扩大就业、推动实现高质量就业进行定量分析研究；三是在理论分析和定量分析的基础上，对“十四五”时期江西省如何稳定和扩大就业、推动实现高质量就业提出相应的政策建议。

第一章为绪论。通过对现实状况及经验现象的描述，引出本书选题的背景、目的和意义，并介绍研究方法、研究思路和研究框架。同时，对稳定和扩大就业、推动实现高质量就业相关问题的研究进行综述，作为进一步研究的基础。

第二章为稳定和扩大就业的理论基础。这部分是本课题研究的理论基础，包括两方面内容：①梳理经济学各流派的就业理论及各自适应的背景与政策含义；②论述坚持就业优先、稳定和扩大就业的推进机制。

第三章为江西省劳动力就业状况的调查分析。这部分是对江西省劳动力就业状况的问卷调查及分析，调查的内容拟涵盖江西省劳动力就业的基本情况、工作搜寻的情况、职业培训情况、就业质量、创业意愿和创业行动、公共就业服务的实施情况及促进就业、创业的优惠政策实施情况等。同时结合中国家庭追踪调查（CFPS）和中国综合社会调查（CGSS）中的江西省样本，分析江西省劳动力就业状况、特征及存在的问题。此外，本章还针对当前大学生就业的热点专门分析江西省高校毕业生的就业状况。

第四章为“十四五”时期江西省的就业形势。这一章包括三小节内容，第一节为江西省就业发展的基本特征。对就业规模、就业率、失业率、就业结构、就业人员素质、就业质量、公共就业服务等方面的变化进行定量分析。第二节为江西省各类市场主体吸纳就业的情况及省际比较分析。市场主体是就业机会的主要提供者，利用全国经济普查数据比较分析江西省及周边其他省份各类市场主体（企业）的培育和发展状况，以及比较分析企业吸纳就业的情况和特征，进一步把握江西省就业发展的状况。第三节为“十四五”期间对江西省就业形势的预测。结合江西省就业发展的状况，利用劳动就业的统计数据，对“十四五”期间江西劳动力供给、劳动力需求及就业结构的变动进行预测，研判“十四五”期间江西省面临的就业总量矛盾和就业的结构性矛盾。

第五章为“十四五”时期对江西省稳定和扩大就业、推动高质量就业的重点问题分析。本章主要从三个方面展开分析，首先是对劳动力需求方面的问题分析，主要聚焦于市场主体发展不足，新的就业增长点欠缺，以及国内外不确定性因素、人工智能新一代技术的冲击导致的失业风险。其次是对劳动力供给方面的问题分析，主要聚焦于劳动力素质不高、就业质量较低、重点群体问题较多。最后是对劳动力供求匹配过程中的问题进行分析，主要聚焦于就业的结构性矛盾、基层公共就业服务供给和服务能力不足。

第六章为江西省稳定和扩大就业、推动高质量就业的政策分析。本章的内容包括：一是对促进就业的政策工具分析。结合政策工具研究理论，对促进就业的政策工具进行归纳总结，并分析不同政策工具的特点与实施条件。二是对江西省稳定和扩大就业的政策分析。基于政策文本的内容分析和定量分析，对江西省稳定和扩大就业、促进就业创业的就业政策进行分析。利用问卷调查，对江西省促进就业政策的实施效果进行评价与分析，本书主要以高校毕业生就业创业促进政策的分析为例。三是对江西省推动实现高质量就业的政策分析。构建高质量就业发展水平的评价指标体系，从宏观视角分析江西省就业质量的变化趋势及其影响因素，并进行相应的政策分析。

第七章为江西省“十四五”时期稳定和扩大就业、推动实现高质量就业的政策建议。基于上述研究结论，本章从稳定就业存量、做大就业增量、强化职业技能培训、提高重点群体就业质量、做实做细基层就业创业服务等方面阐述江西省稳定和扩大就业、推动实现高质量就业的总体思路和具体的政策建议。

第五节 特色与创新

本书的特色与创新主要体现在以下几个方面。

（1）在当前时代背景下，从省域层面系统地研究江西省的就业问题，近些年相关研究很少涉及。本书有鲜明的问题导向，并在问题研究中坚持就业理论和政策工具理论的指导作用。

（2）在研究方法上坚持定性研究和定量研究相结合，突出对定量分析方法的运用。数据是定量研究的基础，也是研究结论的依据。本书的数据包括来自《中国统计年鉴》《中国劳动统计年鉴》《中国教育统计年鉴》《中国经济普查年鉴》《江西统计年鉴》和其他省份地方年鉴的统计数据，北京大学中国社会科学调查中心（ISSS）实施的CFPS数据，以及本书课题组在江西省组织的两次大型问卷调查所收集的数据。

（3）“十四五”期间江西省促进就业创业政策宜聚焦于“稳定就业存量、做大就业增量、强化职业技能培训、提高重点群体就业质量、做实做细基层就业创业服务”，根据经济运行所处的不同阶段，不同的政策目标和政策工具类型，不同的产业、行业、企业，以及不同的劳动力群体，就业政策要做到分时、分类、分业、分群，体现出政策的针对性和精准性，并根据不断出现的新情况、新问题，调整、完善原有政策，出台新政策，推动江西省实现更高质量、更充分就业。

（4）“十四五”期间江西省稳定和扩大就业、推动实现高质量就业的主要抓手：一是通过发展教育和培训来提升劳动者素质；二是构建全方位公共就业服务体系，尤其是要增强基层公共就业服务供给和就业服务能力。此外，稳定和扩大就业，培育发展各类市场主体是基础，各级政府要努力改善和提升营商环境，为培育发展各类市场主体营造一个良好的政策环境。

第二章

稳定和扩大就业的理论基础

本章作为研究的理论基础，主要内容分为两部分，一是梳理经济学说各流派的就业理论及各自适应的背景与政策含义，包括古典学派就业理论、凯恩斯学派就业理论、新自由主义的就业理论及新凯恩斯主义的就业理论；二是论述坚持就业优先、稳定和扩大就业的推进机制。就业问题本质上是劳动力市场问题，稳定和扩大就业，促进就业可持续增长，需要从劳动力需求、劳动力供给、劳动力供求匹配等多方面共同发力。

第一节 就业理论

对就业问题的研究是经济学界长期以来关注的一个焦点。古典经济学和新古典经济学认为，劳动力市场引起就业问题。古典经济学家萨伊认为，供给会自动创造需求，市场自动调节能够使经济达到充分就业；新古典经济学认为，只存在自愿失业和摩擦性失业，反对政府干预经济。西方经济学各流派对就业问题及政府对促进就业所起的作用问题的研究结论，迄今仍然对我们正确认识当前就业形势和就业问题具有重要的指导意义，他们所提出的治理失业、促进就业的政策主张对当前我国社会稳定和扩大就业、解决就业问题也具有重要的参考价值。

一、古典学派的就业理论

古典学派的就业理论都是在萨伊定律"供给自身创造需求"之上建立起来的。古典学派认为，实际工资水平是决定劳动力供需的核心因素，其中劳动力需求随实际工资水平的上升而上升，随实际工资水平的下降而下降；而劳动力供给的变化趋势与劳动力需求的变化趋势相反，随实际工资的上升而下降，随实际工资水平的下降而上升。在不存在工资刚性的条件下，劳动者实际工资及就业水平会在劳动力需求和劳动力供给的共同作用下迅速变动，达到劳动力市场均衡。古典学派认为，市场经济社会中不存在大规模的失业现象，只存在"自愿性失业"和"摩擦性失业"（张抗私，2007）。摩擦性失业包括两种情况：一是因季节性、技术性原因而引起的失业；二是在劳动力正常流动过程中所产生的失业。第一种情况是原料缺乏、机器设备发生故障、市场对某种商品的需求发生变化、技术上的重大变革和工艺流程的改变等原因引起停工，使工人必须从一个行业或地区转移到另一个行业或地区就业，在这一过程中，这些工人就会暂时处于失业状态；第二种情况是指在社会生产中新老劳动力交替、居住地转移导致的失业，以及人们被解雇或主动放弃原有工作所造成的临时性失业。自愿失业是指有工作能力的人由于对现有工资水平不满而主动放弃工作，或者不愿意降低现有工资水平而造成的失业。这两种失业现象也是暂时的，通过市场的充分竞争和价格机制最终都会实现充分就业。因此，摩擦性失业与自愿性失业的存在与充分就业并不矛盾。对由于摩擦性失业造成失去工作的劳动者来说，他们并不会长期遭受失业；而对工资有较高要求的劳动者来说，只要他们降低自己对工资水平的要求，自愿性失业自然就会消失（潘光军，2006）。所以古典学派主张，就业问题应该由市场自我解决，取消工资刚性，不提倡政府对经济和劳动力市场进行干预。

二、凯恩斯学派的就业理论

20 世纪 30 年代爆发经济危机，西方各国经济陷入长期萧条状态，失业问题日趋严峻。严重的经济危机和大量失业的现实使劳动力市场自动调节而实现均衡的古典经济学理论不能自圆其说。经济形势变化迫切需要一种新的理论来解释资本主义经济的失业现象。在这种情况下，凯恩斯对古典失业理论做出了重大修正，提出了新的失业理论。

在接受古典学派“摩擦性失业”和“自愿性失业”两大范畴的情况下，凯恩斯提出第三个失业范畴——非自愿性失业。所谓非自愿性失业，是指社会的有效需求不足，导致企业生产意愿降低，进而所吸纳的就业人数减少，表现在宏观上即为大面积的失业。因此，非自愿性失业也称为需求不足失业（即凯恩斯失业）。凯恩斯认为，只有消除非自愿性失业才算实现充分就业。

凯恩斯失业模型建立在以下两个观点的基础之上。一是名义工资和价格刚性。名义工资对劳动力市场的非均衡做出调整，名义价格对商品市场的非均衡做出调整，但是这种调整是非常缓慢的，以至于不能保证劳动力总是保持充分就业，商品市场总是保持出清。因此，由于包括工资在内的价格变量具有不易向下调整的刚性，当市场出现供求不均衡现象时，做出调整的不是名义变量——工资和价格，而是实际变量——投入劳动量和产出量，因而不可避免地就产生了失业问题。二是有效需求不足。在边际消费倾向递减、边际投资效率递减和流动偏好等规律的作用下，产品市场供大于求成为一种常态，社会有效需求总是不足的，产品市场萧条，企业会压缩生产、减少雇用工人的数量，从而迫使工人离开他们的工作岗位，造成非自愿性失业。凯恩斯认为，充分就业并不意味着失业的完全消除和劳动资源的充分利用，而是指某一特定就业量。该就业量由总供给函数和总需求函数相交点所决定，一旦超过此点，即使有效需求再增加，产量和就业量也不会增加；一旦达到这一点，非自愿性失业消失，摩擦性失业和自愿性失业仍然存在。

根据凯恩斯的理论分析，充分就业只是社会总供给与总需求均衡时的最佳状态。在市场经济实际运行中，由于社会有效需求不足，总供给与总需求往往只能低于充分就业的水平，即在经济萎缩的状态下实现均衡。因此，要实现充分就业，就必须大力刺激需求，进行需求管理。而有效需求不足是市场机制自发作用的必然产物，要解决这一问题，就必须扩大政府的职能，对经济实施干预。为此，凯恩斯提出利用政府干预来刺激经济，降低失业率。具体的干预措施包括：①运用积极的财政政策，扩大政府开支，通过政府的直接投资或消费弥补私人投资不足；②灵活运用货币政策，中央银行根据经济周期的变动控制货币供给量，经济衰退时期，通过降低利率、增加货币供给量等办法刺激投资、扩大产出；③政府加强对国际贸易的干预，通过扩大出口、限制进口的措施促进国内经济的繁荣；④调节国民收入再分配，以提高消费倾向来刺激消费。总的来说，凯恩斯关于解决失业问题政策主张的核心思路是通过改变自由放任主义、实行政府干预经济的政策提高社会的有效需求，实现充分就业。

三、新自由主义的就业理论

20 世纪 70 年代后，西方社会又出现了新的经济问题，即高通货膨胀率和高失业率同时存在的“滞胀”问题，而凯恩斯主义无法解释这种现象。随之兴起的阐释中最具代表性的便是新自由主义，其主要包括三个学派，即供给学派、货币主义学派和理性预期学派。

（一）供给学派的就业理论

供给学派主要从供给方面寻求促进经济增长、实现充分就业的途径。供给学派认为，凯恩斯主义只重视需求分析，忽视供给因素的作用，在萧条和衰退时期，需求确实决定产量，进行需求管理勉强能促进就业。但在通货膨胀时期，总需求已明显超过总供给，供给不足成为经济的主要问题，应该将主要力量放在刺激生产上，鼓励个人和企业进行生产储蓄，以扩大供给，填补总需求与总供给之间的差额。供给学派的主要措施是降低个人和企业的税率。当然，这并不是主张税率越低越好，而是主张税率要适当，不能使企业和个人负担过重，影响他们继续投资和工作的积极性。在供给学派看来，减税既可扩大劳动力的供给，也能增加雇主对劳动力的需求，从而促进就业。一是减少个人所得税可以提高中小企业主的积极性，从而增加投资、扩大产量、增加就业，同时也能够增加储蓄和投资，从而促进就业；二是如果降低企业所得税，则使单位成本下降、企业收入增加，从而扩大劳动需求。

当时，美国社会的经济问题是由于供给不足造成的，而供给不足的主要原因是当时美国长期实行凯恩斯主义提高了边际税率和增加了政府支出。边际税率是指在增加一些收入时，增加这部分收入所纳税额同增加收入之间的比例。高边际税率一方面降低了投资收益，阻碍了投资，从而减少了社会就业数量；另一方面，会降低人们的劳动积极性，使劳动供给减少，长期下去就会致使劳动需求减少。供给学派认为，政府支出不论是公共支出还是转移支付，不但没有刺激生产反而起到了阻碍生产的作用。公共支出中很大一部分是对资源的浪费，有些虽然对社会经济有益，但也是低效率的。因此，供给学派一方面主张降低边际税率来促进人们生产的积极性；另一方面主张大量削减社会支出，停办不必需的社会保险和福利计划，降低津贴和补助金额，严格限制领受条件。

（二）货币主义学派的就业理论

货币主义在就业理论方面提出了“自然失业率”假说。所谓自然失业率，是指在没有货币因素干扰的情况下，劳动力市场和商品市场通过自发供求力量作用使得总需求与总供给处于均衡状态下的失业率。所谓没有货币因素干扰，是指失业率的高低不受通货膨胀的影响。自然失业率是充分就业时仍然保持的失业水平。所以货币主义学派反对凯恩斯主义的财政政策和“相机抉择”的货币政策，强调市场机制，主张自由主义经济，反对国家干预经济，主张实行一种“单一规则”的货币政策。主张把货币存量作为唯一的政策工具，由政府公开宣布在一个长时期内固定不变的货币增长率，这个增长率应该是在保证物价水平稳定不变的条件下，与预计的实际国民收入在长时期内会有的平均增长率相一致。

货币主义学派认为，政府可以通过运用劳动力供给管理政策，改善劳动力市场，减少自然失业率，具体措施包括以下几点。①建立就业机构，为失业人员提供各种完备的就业信息。对失业工人尤其是年轻人进行职业培训，提高其文化水平和技术能力，从而增加就业机会。此外，还可以运用减税政策鼓励企业培训雇用失业者。②降低最低工资标准，让企业把由此省下来的钱花费在对工人的在职培训上，也可以对雇用文化技术低的工人的企业进行补贴。③实行负所得税政策，对收入低于一定标准的家庭按其实际收入的多少给予补贴（即负所得税），以鼓励人们去工作而不是坐享失业补助。④鼓励劳动力流动，政府对失业率高的地区提供就业补贴，使该地区企业可以用高工资吸引工人，给跨地区流动的工人以经费资助，取消对工人流动所设置的人为障碍，如一些不必要的政府管制、行业工会对工人进入的限制等。

（三）理性预期学派的就业理论

理性预期学派以古典经济学和新古典经济学的自由市场经济理论为依据，运用理性预期，论证宏观经济中价格水平、总产量与总就业量的关系。

理性预期学派将“理性预期”运用到劳动力市场的研究当中，认为经济活动主体会充分利用可以得到的一切信息，准确地预期到经济政策造成的影响。因此，他们提出了政策无效性命题。

理性预期学派认为，失业本身就是一种实际的经济变量，由诸多实际因素决定：劳动力市场的供求关系、生产技术条件、经济技术结构。在较长时期内，虽然总需求的波动会引起就业和产量的波动，但在没有政府干预的自由市场经济中，总需求波动对就业和产量的影响会被抵消，从而形成自然率水平的就业和失业、产量。经济活动主体在既定的微观经济结构中，对通货膨胀率做出理性预期，并依次进行决策，形成与预期相适应的总就业和失业的水平、总产量，这就是“自然就业水平”和“自然产出水平”。经济主体早晚会预期到政府的政策，从而采取相应的对策来抵消政府政策的影响，因此，理性预期学派认为，不管是在短期还是在长期，通货膨胀与就业之间的交替作用都是不存在的，而政府的扩张性政策不会使就业增加、失业减少，只能使物价上涨。从本质上来讲，理性预期学派认为，政策是无效的，过多的政府干预只能引起经济混乱，为保持经济繁荣，唯一有效的做法就是尽量减少政府对经济生活的干预，充分发挥市场机制的调节作用。

四、新凯恩斯主义的就业理论

新凯恩斯主义是20世纪80年代中期出现的一个主张政府干预经济的新学派。新凯恩斯主义劳动市场论的关键性假设是工资黏性。工资黏性是指工资不能随需求的变动而迅速进行调整，工资上升比较容易而下降则比较困难。工资黏性理论包括名义工资黏性和实际工资黏性。其中，实际工资黏性理论中最具有代表性的是内部人—外部人理论、隐含合同理论及效率工资理论；名义工资黏性理论主要是长期劳动合同理论（张抗私，2007）。

（一）内部人—外部人理论

内部人—外部人理论是把已经就业的工人称为内部人，把劳动力市场上的失业者称为外部人。内部人受到诸如强制性解雇和诉讼成本、培训成本等劳动转换成本的保护，与外部人处于不同等的竞争地位，使那些外部人即使愿意接受比内部人更低的工资水平，但是由于劳动转换成本较大，减少工资所得不能弥补成本，厂商也不愿意雇用低工资的外部人，而愿意继续雇用内部人，从而产生非自愿性失业。如果考虑到工会的存在，这种非自愿性失业不仅会持续存在，而且还有可能加剧。

（二）隐含合同理论

隐含合同理论以现实经济中充满着不确定性为依据，用隐含合同阐明了工资与非自愿性失业之间的关系。隐含合同是指厂商与工人之间没有正式的工资合同，但互相有将工资相对稳定的协议或默契，称为“看不见的握手”。隐含合同理论不仅可以用来解释失业，而且可以较好地解释工资黏性。该理论认为，从长期来看，工人向厂商提供劳动服务，厂商支付工资，实际上是一个保险合同交易。这一保险合同可以保护工人免受随机的、可以观察到的经济波动的影响。由于决定工资的劳资双方对待风险的态度是不同的，工人是风险厌恶者，厂商是风险中性者，于是双方在确定工资时会达成一种默契，实际工资保持相对稳定而不随经济波动而变化。将风险由工人工资转移给厂商利润，作为转移风险的代价就是工人接受低于市场出清的工资水平，因此，隐含合同的存在使工资具有黏性。隐含合同之所以导致失业是由于在非对称信息条件下，厂商和工人都只有部分的有限的信息，这就决定了均衡的合同会出现无效率的非充分就业，此时一般会采取解雇工人的形式。暂时失业的工人为了有好的声誉，以求将来有更优惠的工资合同，往往会拒绝其他厂商提供的高工资的职位，因此失业会继续存在。

（三）效率工资理论

效率工资理论认为，因为高工资提高了工人因怠工而被解雇的机会成本，所以高工资可促使劳动生产率提高；另外，高工资提高了工人跳槽的机会成本，可以吸收更多技能较强的工人，也有助于劳动生产率的提高。因此，一方面，厂商通常会把实际工资定得高一些，以保持较高的劳动生产率，而高工资必然导致失业；另一方面，因为供给的波动会改变劳动的边际产量，厂商为了保持较高的劳动生产率，往往会首先改变雇员数量而不是首先改变实际工资，从而使实际工资出现刚性，导致实际工资黏性的存在（潘光军，2006）。

（四）名义工资黏性理论

在一些有工会组织的大型企业中，工资通常是由工会与企业通过谈判订立的合同而固定下来的，一般三年不变，在合同有效期限内，工资是不能随市场的供求行情而调整的。一些没有工会组织、未签订劳动合同的企业，因受有合同企业工资黏性的影响，工资也不会轻易变动。因此，名义工资黏性度较高，这必然要求货币政策与总工资的增加相适应，于是出现通货膨胀。而同时，超额需求的剧烈波动会使产出下降，进而对劳动力的需求减少，从而导致失业增加。新凯恩斯主义的就业理论在微观经济学的基础上解释了工资黏性和失业问题，并提出了若干就业政策建议。具体包括以下几点。①应更多地考虑长期失业者的利益，为他们多提供就业机会。②干预劳动工资合同，使工资较有弹性，以提高就业率。③制定促进就业的政策。具体包括：政府对基础设施进行投资，以提高总就业水平，同时引导私人部门增加对劳动的需求；促进国内外市场竞争者开放市场，降低垄断程度，增加劳动的边际产品，以提高对劳动力的需求。

第二节 稳定和扩大就业的推进机制

党的十九大报告指出，就业是最大的民生，要坚持就业优先战略与积极就业政策，实现更高质量和更充分就业。在当前社会大背景下，稳定和扩大就业，乃至于促进就业的持续增长，具有重要的现实意义。就业问题本质上是劳动力市场的问题，稳定和扩大就业，妥善解决好就业问题需要着眼于劳动力市场存在的主要矛盾和突出问题；稳定和扩大就业，促进就业持续增长需要同时从劳动力需求、劳动力供给、劳动力供求匹配等多方面共同发力。

一、大力发展教育，加强职业培训，提高劳动力供给质量，从劳动力供给方面稳定和扩大就业

教育投资使劳动者的质量和数量改善，劳动者理论水平与实践能力提高，最终使劳动产出增加。教育投资和就业之间的基本关系表现为：增加教育投入，提高国民素质，提高劳动生产率，提高其他生产要素的效益，同时引发教育消费，从而促进经济的增长，还可以增加在学人口，延缓就业压力。此外，教育投资同时增加全社会的固定投资，创造新的就业岗位，减少失业人口，减轻失业给社会和经济发展带来的阻力，促进经济增长，经济增长又进一步增加对教育和全社会的固定投资，从而形成正向反馈。

教育投资是人力资本形成的基本途径。人力资本是体现在人力资源身上的、以人力资源的数量和质量表示的非物质资本，它通过劳动者内在的智力、知识、技能和体能，实现劳动生产的转移和交换，并使价值得到增值。在人力资本理论中，人力资本对就业的促进，暗含在人力资本对经济增长与个人收入的促进中。因为就业增长依赖于经济增长，而个人收入的提高依赖于好的职业。人力资本通过促进经济增长，从而促进就业增长。从人力资本投资对劳动力就业的影响来看，主要表现为两个方面：一是在人力资本形成过程中的直接带动作用，投资人力资本本身可以提供新的工作岗位，扩大就业容量；二是间接影响，体现在人力资本的产出和收益过程中，人力资本投资的产出和收益将导致更大的就业需求，减缓就业压力。所以，较多的研究表明，人力资本与就业增长之间呈正相关关系。学者Curtis J. Simon（1998）揭示了在人力资本水平较高的城市经历着就业的快速增长，在人力资本和就业增长之间存在着恒久显著的正效应，而且人力资本水平上的差异还有助于解释不同城市之间就业增长的差别；但也有研

究表明，在许多不发达国家，院校毕业生失业率居高不下，受高等教育劳动力就业不足的现象比较严重，并且教育需求或者说人力资本投资增长过快，从而又进一步加剧了失业问题。因此，政府教育支出的增长导致人力资本生产过剩，一定时期内对就业产生了不利影响。

职业培训是提高劳动者技能水平和就业创业能力的主要途径。大力加强职业培训工作，建立健全面向全体劳动者的职业培训制度，是实施扩大就业的发展战略，解决就业总量矛盾和结构性矛盾，促进就业和稳定就业的根本措施。

职业培训要适应扩大就业规模、提高就业质量和增强企业竞争力的需要，大规模开展包括就业技能培训、岗位技能提升培训和创业培训在内的多种形式的职业培训工作，力争使新进入人力资源市场的劳动者都有机会接受相应的职业培训，使企业技能岗位的职工都有机会得到技能提升培训，使每个有培训愿望的创业者都有机会参加创业培训。基于稳定和扩大就业的需要，职业培训推行就业导向的培训模式，努力提高职业培训的针对性和有效性，全面实行校企合作，改革培训课程，创新培训方法，引导职业院校、企业和职业培训机构大力开展订单式培训、定向培训、定岗培训，力争实现“培训一人，就业一人”，发挥职业培训稳定和扩大就业的积极作用。

二、推动市场主体培育发展，稳定和扩大企业劳动力需求规模

稳定和扩大就业的根本途径是要不断增加就业岗位，努力扩大经济发展对劳动力的需求和就业规模。

（一）影响劳动力需求和就业规模的主要因素

1. 经济增长

发展经济是促进就业增长的基础，没有经济基础，扩大就业就是无源之水，无米之炊。从世界主要国家解决就业问题的举措来看，无一不是将刺激经济增长，增加就业岗位放在首位，从根本上解决劳动力供求矛盾。

虽然经济学各流派就业理论的观点有所分歧，但对于经济增长与就业的关系，较为普遍的看法是两者变动趋势存在一致性，两者互为循环，经济增长促进就业的增加也有赖于就业的增加，经济增长率是实现充分就业的最重要的因素。美国经济学家阿瑟·奥肯论证了经济增长与就业的一致性，他通过美国的经济数据得出一个经验结论：失业率每高于自然失业率 1 个百分点，经济增长率会比充分就业的增长率低 2 个百分点。

现代经济增长理论在解释各国或地区的经济增长问题的分析框架中也表明了增长与就业的这一关系。例如，富有代表性的新古典理论框架中的索洛增长模型，就向人们清楚地表述了市场经济条件下的经济增长和就业这种关系。基本的新古典增长方程为

$$g_Q = g_A + \alpha g_K + \beta g_L \tag{2-1}$$

其中，$g_Q = \dfrac{dQ}{Q}$，$g_A = \dfrac{dA}{A}$，$g_K = \dfrac{dK}{K}$，$g_L = \dfrac{dL}{L}$，分别表示产出增长率、技术进步率、投入要素资本增长率与劳动增长率。

对上式进一步变形，得到就业增长率方程为

$$g_L = (g_Q - g_A - \alpha g_K) \div \beta \tag{2-2}$$

上式表明，在其他条件不变的前提下，就业增长率与经济增长率正相关，经济的较快增长会推动就业的相应增长。因此，从动态的角度讲，经济增长率的高低对就业起到决定性影响。各国经济发展的实践也表明，经济增长将会增加就业岗位和扩大就业机会，推动就业的增长，二者呈现一种正相关关系。

尽管从理论上说经济增长是就业增长的前提，经济增长对就业具有决定性意义。但是，是不是经济增长就必然或自动地会带来相应的就业增长呢？实际上，近年来越来越多的实证研究表明，在经济增长与就业增长之间并不一定存在着这种一致性的关系。在国外，帕达利诺和维瓦蕾利（1997）检验了西方七国集团成员国 1960—1994 年的就业增长弹性的变化，结果表明：只有加拿大和美国的经济增长和就业增长是一致的，日本和欧洲的几个国家则并没有表现出明显的一致性。国内也有学者认为，经济增

长未必带来高就业率①。他们认为，经济增长无疑是就业增长的前提，但是，并非经济增长速度越快，就业增长速度也越快。高经济增长并不必然能创造更多的就业机会。因为经济增长能在多大程度上带来就业的扩大，还取决于就业增长弹性。当经济增长率一定时，提高就业增长弹性是促进就业增长的关键，而就业增长弹性系数的大小与选择何种经济增长方式密切相关。甚至有学者认为，经济增长与就业在某些条件下，二者甚至还存在负相关关系。其关键原因是现代经济增长的主要决定因素——技术进步，其对就业有着复杂的双重作用。技术进步最终的就业效应将取决于它在破坏旧的工作岗位和创造新的就业岗位两种相反效应之间的相对强度。

经济增长与就业增长之间的不一致性，从理论上说是由于就业并不是只取决于经济增长。从公式（2–2）也可以看出，就业增长率还与技术进步率、投入要素资本增长率及劳动增大率有关。特别是当经济增长的目标既定时，就业弹性水平直接决定了劳动力需求的数量，就业弹性水平越大，单位经济增长带动就业增长的水平就越高，依靠经济增长拉动就业的作用就越明显；当就业弹性水平较低时，单位经济增长带动就业增长的水平就低，即使经济保持高速增长，也不会对就业有较强的拉动，此时，依靠经济增长解决就业不会产生明显效果。决定就业弹性的因素相当复杂，除了受经济自身的发展规律制约以外，还与一国及地区社会经济政策的取向及产业结构相关。

2. 劳动力价格

劳动经济学认为，劳动力价格，即工资水平对就业的影响主要体现在两个方面，分别为规模效应和替代效应。规模效应是指工资上升时意味着劳动力成本增加，从而导致较高的产品价格，由于产品价格上升，消费者会相应地减少购买量，因而雇主会降低产出水平，产出水平的降低会引起就业水平的降低。替代效应是指工资上升时（假设资本价格不变），雇主会倾向于采取资本密集型的生产技术，以降低生产成本。因此，由于工资上

① 王蕾，吴双．经济增长、就业增长及就业弹性研究观点综述［J］．中国人力资源开发，2003（5）：4-9.

升，生产模式更加“资本密集化”，从而引起劳动力需求量下降。不管替代效应还是规模效应，工资上升的最终结果都会引起劳动力需求量的下降。

当然，劳动力价格增加与就业量并不总是反向变动的。比如，效率工资理论认为，在其他条件不变的情况下，劳动力工资越高，劳动力贡献就越大，产出就越多，单位劳动成果的劳动力成本就越少。这时尽管员工工资上升，厂商也愿意雇用更多的劳动力。此外，当劳动力成本与资本成本相比具有比较优势时，尽管员工工资上升，只要用工成本比资本成本具有优势，而且劳动力成本低于边际产出价值时，厂商还是倾向于雇用更多的劳动力。

3. 投资

资本存量的增加对劳动力需求具有正负两方面影响。一是从正面影响角度来看，在资本有机构成不变的条件下，资本存量的增加，意味着企业生产规模的扩大，进而意味着劳动力需求的增加；不仅如此，资本存量的增加还能通过乘数作用，引起国民收入的增长，并进而通过加速作用进一步引起投资需求的增长，从而引起新一轮的就业需求增长。因此，资本存量的增加不仅会对就业产生直接影响，而且也会产生长期的间接影响。二是从负面影响角度来看，在企业增加资本存量的同时，如果其选择了资本更加密集的生产技术，则资本的增长速度会快于对劳动力需求的增长，表现为资本对劳动力需求的相对减少；而当出现机器排挤工人时，则表现为对劳动力需求的绝对减少①。

此外，与此相关的还有另一个被广泛关注的话题，即资本深化对就业的影响。所谓资本深化是指人均占有资本量增加，即资本—劳动比率上升。从理论上讲，资本深化对就业的影响是双重的。一方面，资本深化提高了劳动生产率，意味着同样多的产出仅需要更少的劳动力投入，在产出等其他因素不变的情况下，资本深化将导致就业增长的减缓；另一方面，资本深化带来的劳动生产率的提高，又会通过增加劳动者收入，提高劳动者消费水平，促进消费结构的升级，带动相关新兴产业发展，增加对劳动力的

① 王旭升．中国经济增长与就业增长非一致性问题研究［D］．沈阳：辽宁大学，2008.

需求，从而对劳动就业产生间接的补偿效应。而最终的总体效应则取决于上述“挤出效应”和“补偿效应”的综合[①]。值得注意的是，尽管资本深化对于就业的影响具有正反两方面效应，但在资本与劳动力可以相互替代的情况下，随着劳动力价格不断上升，资本的相对价格下降，使得资本深化成为工业化进程中的一个长期趋势。这意味着生产函数中资本要素的增长率总是快于劳动力要素的增长率，这种情况所带来的直接后果是，经济在持续增长，但劳动力（就业）的增长却相对滞后，因此，从这一角度来看，随着经济的发展，资本深化似乎难以避免，并且会由于生产率、工资及资本构成的提高对劳动力产生排斥，造成就业增长放缓。从中国的情况来看，过去很长一段时期经济增长与资本—劳动比增长呈现较强的同步性，表明我国资本—劳动比的提升对经济增长起到了促进作用，也说明我国的经济增长很大程度上是由资本所驱动。但就业的增长速度明显落后于经济增长和资本—劳动比的增长，并且就业增长与资本—劳动比的增长呈反方向变化，说明我国的资本深化对就业确实造成了不利影响。

4. 技术进步

技术进步是一国或某一地区就业波动的重要原因。对一国或某一地区就业增长而言，技术进步存在十分深刻的影响。技术进步对就业的影响，既表现为直接作用和间接作用两个方面，同时又具有“补偿和创造作用”与“破坏作用”的双重性。

从前者来看，一方面，不管是技术对就业的替代作用，还是技术进步条件下新兴产业发展所创造出来的新的就业岗位，技术进步均对就业波动产生直接作用；另一方面，技术进步有助于优化经济结构、促进生产力增长，而生产力的增长是促进就业增长的基础，这是技术进步对就业的间接作用。

从后者来看，技术进步对就业影响具有双重性。一方面，技术进步摧毁大量的工作岗位，对就业具有负面效应，这主要表现为结构性失业和技

① 朱轶，熊思敏．技术进步、产业结构变动对我国就业效应的经验研究［J］．数量经济技术经济研究，2009（5）：107-119.

术性失业。其中，结构性失业是指劳动力在不同地区、行业、职业和部门之间供给与需求的失调而引起的失业现象，以及技术进步所带来的劳动力在产业和部门间的转移；技术性失业是指在经济增长过程中，技术进步使生产手段更加现代化，设备更加先进，生产组织更加合理，人员配置更加合理。这样不变资本在总资本中的比重就会越来越高，而劳动力比重就会相应地下降，导致资本有机构成不断增加，从而对就业产生直接的排斥效应，不可避免地会出现“机器排斥工人”的现象。但另一方面，技术进步又创造出新的工作岗位，具有正面效应，这主要表现在以下两方面。一是先进的技术设备，可以提高劳动生产率，在工作时间不变的情况下，可以相应地提高产量，降低单位产品的劳动成本，降低产品价格，扩大产品需求，从而扩大就业量。二是技术进步扩大了消费领域和生产领域，引起了新部门、新行业的出现，从而扩大就业需求。正是由于技术进步对就业影响机理的复杂性，所以，一定时期内技术进步对就业的净效应并不明确。

5. 产业结构

就业规模不仅取决于经济总量及其增长速度，而且还取决于经济结构及其变动。经济结构是一个范围极其广泛的概念，它包括产业结构、城乡结构、地区结构等，其中产业结构变化直接影响就业状况。一个国家或一个地区，产业结构优化升级可以极大地促进经济发展，从而扩大就业，同时，三次产业间产值结构的调整也使就业结构发生变化。以克拉克、库兹涅茨、钱纳里和塞尔昆等经济学家为代表的研究成果均表明，产业结构调整与就业之间有着密切的联系。克拉克（1940）通过分析若干国家大量的时间序列数据，发现随着人均收入水平的提高，伴随着产值结构的变化，劳动力首先从第一产业（农业）向第二产业（制造业）转移，然后进一步从第二产业向第三产业（商业和服务业）转移。库兹涅茨（1971）在《各国的经济增长》一书中指出，随着现代经济的发展，在国民生产总值不断增长和人均国民生产总值不断提高的情况下，不论生产的部门结构还是劳动力的部门结构都是变化着的。其变动的一般趋势为，农业部门所占的比重不论在总产值中抑或在总劳动力中都趋向下降；而工业部门和服务业部门所占的比重则趋向上升。钱纳里和塞尔昆（1975）提出了描述经济发展中结构转换一般过程的著名的“多国模型”，该模型表明，随着人均国民收入水平的提高，劳动力在农业中所占份额快速下降，而在工业和服务业中所占比重明显上升。

作为产业结构调整与优化的重要内容，工业化对经济增长有显著的促进作用。工业化意味着分工深化，而分工深化，能极大地提高劳动生产率，促进经济发展。同时，工业部门特别是资本品工业部门的“联系效应”（前向联系和后向联系）比农业部门大，因而更能促进经济发展。既然工业化能促进经济增长，而经济增长又能促进就业增长，那么工业化有利于就业岗位创造。

当然，尽管产业结构调整、工业化的发展有利于就业岗位的创造，但是对就业岗位创造所起作用的大小，取决于产值结构与就业结构的偏离程度。产值结构与就业结构的偏离状况实际上又成了产业结构调整促进就业的限制性因素。总的来讲，劳动力偏向的工业化道路，将缩小产值与就业结构的偏离程度，从而有利于就业岗位的创造；而资本偏向的工业化道路，将扩大产值与就业结构的偏离程度，从而不利于就业岗位的创造（赖作莲，2009）。

6. 外商直接投资

外商直接投资（FDI）通过技术溢出对东道国技术创新产生影响，也是东道国技术进步的重要来源之一。同时，外商直接投资对东道国经济增长产生积极的促进作用。不管是通过技术进步还是经济增长，外商直接投资对就业有着十分重要的影响。一般来说，FDI 对就业的影响具有双重性，既有因为 FDI 流入创造就业岗位而增加就业的效应，也有因为其产生各种冲击而带来就业减少的效应。增加就业方面，主要是 FDI 在我国的新建企业能直接提高劳动就业量，而其对前向、后向关联产业发展的刺激也能间接地创造更多的就业机会。冲击就业方面，FDI 的进入使国内市场的竞争进一步加剧，国内企业在竞争中的失利直接导致就业量趋向减少；同时，外资企业技术和资本替代劳动力的生产方式及其对内资企业的外溢效应也会间接造成就业量的减少。

FDI对东道国的就业效应还可以分为直接效应和间接效应。直接效应是指外商投资企业通过直接雇用员工而产生的就业效应；间接效应是指外商投资企业通过生产、消费、人员流动等方式，对东道国国内企业就业产生的影响。FDI对东道国的直接就业效应有可能是正的，也有可能是负的，这很大程度上取决于FDI进入东道国的方式。如果FDI以“绿地投资”的方式进入东道国，跨国公司必须在国内雇用新的员工，此时，其直接就业效应则是正的；如果FDI以并购的方式进入东道国，跨国公司可能不但不需要雇用新的当地员工，甚至会裁掉部分原来企业的员工，此时，FDI的直接就业效应则是负的。FDI对东道国的间接就业效应又包括三种主要传导渠道：外商投资企业与东道国国内企业的前向、后向联系，对国内投资的挤出作用，提高东道国生产的技术水平。从第一种传导渠道来看，FDI能通过前向、后向联系带动了国内企业的生产，从而也增加这些企业的就业，因此，通过第一种传导渠道产生作用的间接效应总是正的；从第二种传导渠道来看，FDI通过竞争的方式挤出了国内竞争企业的投资，这必然会减少国内企业的就业，因此，通过第二种传导渠道产生作用的间接效应总是负的；从第三种传导渠道来看，FDI通过技术外溢，提高了国内企业的技术水平，而技术水平的提高就导致资本对劳动力的替代，从而减少了国内企业的就业量，因此，通过第三种传导渠道产生作用的间接效应总是负的。由此可见，FDI对东道国就业的总效应是不确定的，其总效应取决于各种效应的总和①。

7. 国际贸易

国际贸易的技术溢出效应也是外国技术向国内扩散的重要渠道。“出口中学习”假设认为，企业通过出口活动可以提高其生产率，国内企业在从事出口活动时将接触到外国技术，出口活动也可能要求企业遵从更加严格

① 蔡兴，莫骄，冯志坚.中国出口、FDI与就业关系的区域差异分析：基于东部、中部和西部地区面板数据的检验［J］.经济地理，2009（2）：56-71.

的技术标准，从而有助于企业提高技术水平和生产率。国际贸易作为技术进步的诱因对就业产生间接影响。同时，贸易开放还直接引致技能偏向的技术进步效应，比如，对于发展中国家，贸易开放不仅促进商品流通，也同时促进人才交流、技术引进等难以用物质效益度量的东西。进出口贸易还对经济发展起到非常重要的作用，比如，中国自改革开放以来的发展，很大程度上是与贸易开放这个诱因分不开的。中国的贸易开放，不仅带来对外贸易量的大幅增长，也带来了新的知识和技术，让人们开阔了视野，从而转变了人们的思想观念，让他们发挥了巨大的生产潜力，极大地促进了经济发展，同时对就业也产生了深刻影响（吕世斌，2013）。

总的来说，贸易对就业的影响主要表现在以下几个方面。首先，贸易通过价格机制强制一国按照自身的比较优势进行相应的产业结构调整，使得一些产业的规模扩大，同时另一些产业的规模缩小甚至消亡，在后两种情况下从业劳动力就会面临失业的危险。其次，贸易通过改变一国国内的竞争程度和竞争来源影响就业。贸易自由化将加剧市场竞争，而企业往往通过提高技术即用资本和技术替代劳动力、用熟练劳动力代替非熟练劳动力和转移经营方向等方法应对激烈的竞争，这些都将引起一国国内劳动力资源的重新配置。最后，贸易通过改变政府的作用影响就业，贸易自由化减弱了政府试图通过对产业的保护和市场的干预等方式影响就业的功能。所以，贸易发展导致资本相对丰裕国家的非熟练劳动力的工资水平下降，相当数量的非熟练劳动力失去工作，从而被迫边缘化，即使在非贸易品生产部门就业的劳动力，也可能会由于国内非熟练劳动力报酬整体水平下降从而导致他们的福利受到损失，甚至是失业[①]。

（二）市场主体是就业机会的主要提供者，依托各类市场主体，扩大企业劳动力需求

保护和激发市场主体活力对稳定和扩大就业有着重大意义。

① 牛蕊．国际贸易、工资与就业：中国的理论与实证模型［M］．北京：经济科学出版社，2010.

企业是经济的细胞和经济发展的基础，也是就业的主要载体。稳就业首先必须稳企业，保住企业才能保住经济发展的根基。支持和激励企业稳定岗位，离不开财税金融工具等激励性政策工具发挥的积极作用，要加大援企稳岗力度，加强企业金融支持。要减轻企业负担，畅通融资渠道，特别是要重视和支持中小微企业发展。

企业发展对稳定和扩大就业的贡献，首先来源于中小微企业。这主要是因为以下几方面。一是中小微企业创业相对容易得多。与大型企业相比，中小企业产业投资少、对经济资源的要求更少、门槛较低、创办速度快、能迅速建成投产，提供劳动力就业机会也较为迅速。而且中小微企业的经营范围十分广泛，几乎涉及了所有竞争性行业和领域，广泛地分布在第二产业和第三产业的各个行业。二是中小微企业具有劳动密集型特征。中小微企业大多数是劳动力密集型企业，对劳动力的需求量相对较大。虽然从单个企业来看，中小微企业创造的就业岗位比较有限，但由于中小微企业数量多，整体上在中小微企业就业的人员要远远高于大企业。三是中小微企业资本有机构成低。相同的资金投入，中小微企业就能提供更多的工作岗位，可以吸纳更多的就业人口。

中小微企业是就业的主力军，中小微企业和个体户是提供就业最大的“容纳器”。全国经济普查数据显示[①]，截至2018年年末，我国共有中小微企业法人单位1807万家，占全部规模企业法人单位的99.8%；吸纳就业人员23300.4万人，占全部企业就业人员的比重高达79.4%。而且，大企业的上下游也都需要无数中小微企业为其提供配套服务，如果失去中小微企业的支持，大企业就会成为大海中的“荒岛”，大企业创造投资和利润、实现利税和解决就业乃至对稳定当地经济甚至区域经济的作用也就无从谈起。所以，保障就业和民生，就必须稳住上亿市场主体，让中小微企业“活下来”，这需要进一步减轻中小微企业成本负担，优化营商环境。

企业发展对稳定和扩大就业的贡献，其次来源于发展数字经济等新产业新业态，培育新就业形态，释放新的就业潜能。当前，传统就业部门可

① 参见《中国经济普查年鉴》(2018)。

以再挖掘的就业潜力有限，扩大就业更需要新的就业增长点。目前，就业的新增长点主要来源于经济新业态、新模式催生出新行业、新职业；来源于灵活就业方式增加了就业量；来源于创新创业拉长了产业和就业的链条；所谓“新经济、新就业”。

新经济目前已经成为支撑我国就业增长的重要力量。新经济对就业的贡献包括新经济的就业规模和拉动其他行业就业的规模。新经济的就业规模是指新经济本身的就业人数，是新经济对就业的直接贡献；新经济为向其提供商品和服务的其他产业带来了新需求，从而拉动的就业数量，这是新经济对就业的间接贡献。根据张车伟（2017）的研究，2007—2012 年，新经济的就业年均增长率为 9.2%，拉动其他行业就业年均增长 4.7%。2012—2016 年，随着整体经济增长的趋缓，新经济的就业增长也较上一阶段有所下降，为 4.7%，但还是拉动了其他行业的就业量，就业年均增长 4.8%。对比同时期整体就业的增长（2007—2012 年为 0.4%，2012—2016 年为 0.3%），尤其是传统经济的就业增长（2007—2012 年为 -0.5%，2012—2016 年为 -0.5%），应该说，新经济已经成为支撑我国就业增长的重要力量。所以，稳定和扩大就业规模的同时，需要瞄准以数字经济为代表的新经济带来的新就业增长点，全力培育新经济新业态、新模式，催生更多新岗位。加快发展新商业模式，充分发挥平台公司、众包经济、共享经济促进经济和就业的作用；培育数字经济新热点，发展网络诊疗、在线办公、在线教育、数字娱乐、数字生活等新业态，创造就业新职业。

三、加强公共就业服务体系建设，促进劳动力供需匹配

公共就业服务是促进劳动力供需匹配、发挥就业政策作用的重要环节。以服务对象需求为导向，向社会提供覆盖全民、贯穿全程、辐射全域、便捷高效的全方位公共就业服务，是稳定和扩大就业的有效途径和关键举措。

公共就业服务对稳定和扩大就业的作用主要通过如下途径来实现。一是作为联系劳动者和用人单位的桥梁，实现劳动力市场供求匹配，从而提高劳动力生产要素的资源配置效率。二是发挥创业服务对创业的积极作用。

比如，对有创业意愿的劳动者，有针对性地提供职业规划、创业培训（实训)、开业指导、招聘用工、经营管理、融资服务、政策落实等“一条龙”服务，通过服务创业使创业从可能变为现实，从而有效带动促进就业。三是公共就业服务对劳动力求职的影响。公共就业服务是政府帮助劳动者提升就业技能、改善或得到就业岗位的公共服务。政府提供公共就业服务的主要目的是促进就业。四是体现在政府开展公共就业政策调控上，把公共就业服务作为政府推行积极就业政策的重要内容和主要手段，政府在实施稳定和扩大就业的各项政策措施时，需要通过公共就业服务机构这样的工作载体来运作和推行，保证各项政策得到有效的贯彻落实。

党的十九届五中全会审议通过的《中共中央关于制定国民经济和社会发展第十四个五年规划和二〇三五年远景目标的建议》提出“强化就业优先政策”，强调“健全就业公共服务体系”，为稳定与扩大就业、推动实现充分就业提供了重要指导。就业公共服务体系是我国基本公共服务体系的重要组成部分。健全就业公共服务体系，对于扩大就业规模、改善就业结构具有重要意义。

健全覆盖全民、贯穿全程、辐射全域、便捷高效的全方位就业公共服务体系，首先，要推动公共就业服务均等化，劳动者可按规定选择在户籍地、常住地、就业地、参保地办理失业登记，按规定享受就业创业扶持政策和服务，特别是要着力提升农村和基层服务能力；其次，在此基础上利用“互联网 + 公共就业服务”，推进信息服务智慧化，并同时推进就业服务专业化、精细化和个性化，以及推进服务主体多元化，支持多方社会力量广泛深入参与，提高就业服务质量供给水平。最终通过公共就业服务，劳动力市场中的求职者能够得到全程的就业服务指导、求职技巧培训、职业介绍和就业政策咨询服务；对农民工和大学生等重点就业群体，降低他们的工作搜寻成本，提高人员和职位匹配效率；对于创业人员，通过在创业指导、融资服务和政策落实等方面的创业全程服务，为创业者解除后顾之忧；对于新业态、新就业模式，提供专项服务，使劳动者提高适应新变化的能力。

第三章

江西省劳动力就业状况的调查分析

本章是对江西省劳动力就业状况的问卷调查及分析，调查对象为除政府机关公务员、学校教职人员和医院职工之外的江西省普通劳动力，调查的内容拟涵盖江西省劳动力就业的基本情况、工作搜寻的情况、职业培训情况、就业质量、创业意愿和创业行动、公共就业服务的实施情况及促进就业创业的优惠政策实施情况等。同时结合 CFPS 和 CGSS 中的江西省样本，分析江西省劳动力就业状况、特征及存在的问题。此外，本章还针对当前大学生就业的热点专门分析研究江西省高校毕业生的就业状况。

第一节　江西省普通劳动力就业状况的调查分析

一般情况下，经济运行的惯性和政策的滞后性，就业领域出现和存在的问题都会持续较长一段时间，因此，对江西省当前就业状况和就业政策的调查研究，是分析研判“十四五”时期就业问题的重要依据。

一、调查方案与实施

（一）调查目的及内容

通过问卷调查了解江西省城乡劳动力就业的基本状况，以及公共就业服务，政府促进就业、创业政策对劳动力就业的影响，进而为提出促进江西省劳动力就业的政策建议提供依据。

调查内容主要包括以下几点。

（1）从业人员的基本信息，主要包括性别、年龄、受教育程度及工作身份等。

（2）从业人员工作的基本情况，包括工作地区、工作行业、工作时长及工作方式。

（3）工作搜寻的情况，包括获取招工信息、工作获取途径及获取工作的难易程度。

（4）职业培训情况，包括培训需求、培训经历、职业技能水平等。

（5）就业质量情况，包括收入水平、劳动合同与权益保障、工作稳定性等。

（6）从业人员的创业意愿和创业行为。

（7）公共就业服务的实施情况。

（8）促进就业、创业的优惠政策实施情况。

（二）调查对象及范围

2018年年末，江西省共设南昌、九江、上饶、景德镇、萍乡、新余、鹰潭、赣州、宜春、吉安、抚州11个设区市，11个县级市，63个县，26个市辖区。2018年年末，江西省有常住人口4648万，其中劳动力资源总数为3639.1万，社会就业人数为2636.1万。本次调查的调查对象为江西省社会就业人员，不包含机关事业单位的公务员、教师、医生。

（三）抽样方法

调查抽样采取定额抽样与简单随机抽样相结合的方法。根据各地区总人口数的相对比例（以抚州市总人口数为基数），首先给江西省11个设区市分配定额（见表3-1），然后在每个设区市内采用简单随机抽样方法抽取相应数量的调查样本。调查样本总数为1350份。

表3-1　各设区市调查样本定额

设区市	人口比例指数	样本定额数 / 份
南昌市	137	150
景德镇市	41	50
萍乡市	48	50
九江市	121	150
新余市	29	50
鹰潭市	29	50
赣州市	215	250
吉安市	123	150
宜春市	138	150
抚州市	100	120
上饶市	168	180

注：人口比例指数，抚州市 = 100。

（四）预调查

在正式实施调查之前，先进行预调查。我们在南昌市按照随机抽样方法发放 20 份问卷进行预调查。根据回收数据的信度效果及被调查从业人员对问题选项设置的反馈进行问卷修改，得到最终的调查问卷。

（五）问卷回收情况

本次调查总共发放调查问卷 1350 份，因受新冠疫情的影响，回收 1055 份，其中，有效问卷为 1041 份，问卷有效回收率达 77.1%。

（六）问卷信度检验

调查问卷中大部分题项为非量表题项，但也包含部分量表题项，因此，需要对问卷数据进行信度检验。采用克朗巴哈系数（Cronbach's α）系数对样本数据进行信度检验。运用 SPSS 22.0 运算得出 Cronbach's α 系数值为 0.737，表明调查获取的样本数据信度好，通过了内部一致性检验。

二、数据分析方法

本次调查采用了多种统计分析方法对收集到的数据资料进行分析，主要包括以下方法。

（一）单变量描述统计

描述统计是通过图表或数学方法，对数据资料进行整理、分析，并对数据的分布状态、数字特征和随机变量之间关系进行估计和描述的方法。描述统计的目的是描述数据特征，找出数据的基本规律，并对总体特征做出推断。本节对受访从业人员的性别、年龄、受教育程度、工作身份等基本信息，对受访从业人员目前的工作地区、工作方式、行业分布、获取工作的途径、就业质量、接受职业培训的情况、创业意愿和创业经历、就业的难易程度、公共就业服务情况、促进就业创业优惠政策的实施情况等进行了描述统计分析。

（二）方差分析和卡方检验

方差分析，又称“变异数分析”，用于两个及两个以上样本均数差别的显著性检验。方差分析是从观测变量的方差入手，研究诸多控制变量中哪些变量是对观测变量有显著影响的变量，方差分析要求因变量是定量变量。如果研究变量都是分类变量，则采用卡方检验来进行组别间差别的显著性检验。

（三）交叉列表分析

交叉列表分析法是用来分析两个及两个以上分类变量关系的一种方法。它将两个或两个以上有一定联系的变量及其变量值按照一定的顺序同时交叉排列在一张统计表内，使各变量值成为不同变量的节点，从中分析变量之间的相关关系，进而得出科学结论的一种数据分析技术。

（四）回归分析

对有相关关系的变量，根据其关系的形态找出一个合适的数学模型，即建立回归方程，来近似地表达变量间的平均变化关系，以便依据回归方程对未知的情况进行估计和预测。回归分析是确定两个或两个以上变量间相互依赖的定量关系的一种统计分析方法。本节分析公共就业服务与就业政策对促进就业的影响问题就采用回归分析方法。

三、江西省劳动力就业状况的调查分析

（一）受访从业人员的基本情况

本次调查回收有效问卷 1041 份，表 3-2 为受访从业人员构成。

从城乡结构来看，受访从业人员中农村劳动力比例低于城镇比例，其中农村受访者占比为 41.3%，城镇受访者占比为 58.7%。

从性别构成来看，受访从业人员中男性比例高于女性，其中，男性占

53%，女性占 47%。

从年龄结构来看，受访从业人员主要集中在 21 ～ 60 岁，占 90.8%，其中，21 ～ 40 岁占 49.3%，41 ～ 60 岁占 41.5%；两端占比较少，20 岁及以下占 6.5%，60 岁以上占 2.7%。

从文化程度来看，受访从业人员初中及以下占 38.4%，高中（含中专）水平占 24.7%，大专、高职水平占 17.9%，本科及以上占 19%。

此外，从受访从业人员的工作身份来看，雇主身份的占 6.6%，个体经营者为 14.7%，打工者身份占 58.2%，其他占 20.5%。

表 3-2　受访从业人员构成

单位：人，%

统计特征	分类特征	人数	所占比例
城乡	农村	430	41.3
	城镇	611	58.7
性别	男	552	53.0
	女	489	47.0
年龄	20 岁及以下	68	6.5
	21 ～ 40 岁	513	49.3
	41 ～ 60 岁	432	41.5
	60 岁以上	28	2.7
文化程度	初中及以下	400	38.4
	高中（含中专）	257	24.7
	大专、高职	186	17.9
	本科及以上	198	19.0
工作身份	雇主	69	6.6
	个体经营者	153	14.7
	打工者	606	58.2
	其他	213	20.5

（二）受访从业人员目前的就业情况

1. 工作地区

62% 的受访者在江西省本省就业，其中，46.7% 在省内当地县（市）就业，15.3% 在省内但不在当地县（市）就业；38% 的受访者在省外就业，属于江西省劳务输出大军中的成员，省外就业的人员中以广东省和江、浙、沪地区为主，如图 3-1 所示。

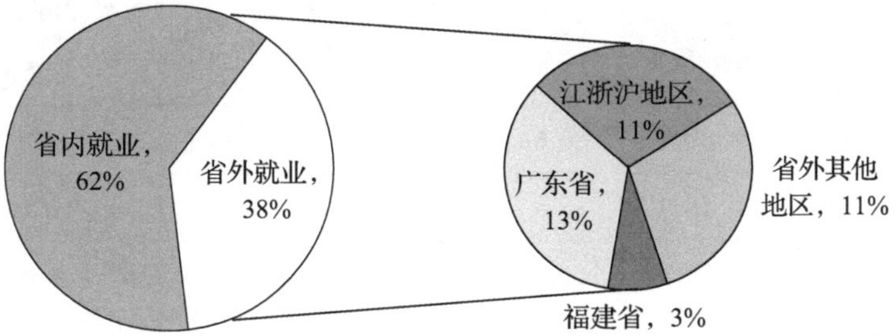

图 3-1　工作地区

进一步分析还可以发现，外出从业人员的特征，离开本地出去工作的人员中，以男性、40 岁以下年龄较低者及文化程度较高人员居多。其中，女性留在当地工作的比例为全部受访女性的 56%，而男性占比仅为 38.4%；40 岁以上的年龄较长者，在当地县（市）从业的比例为 60% 左右，而 40 岁以下的受访者留在当地县（市）就业的比例则只有 1/3 左右；同样，较低学历者留在当地县（市）工作的人数比例也明显高于较高学历人员的比例，高学历人员选择外出从业的比例大大高于较低学历人员，如表 3-3 所示。

表 3-3　受访从业人员省内、省外就业的分组比较

单位：%

		工作地区						卡方检验 p 值
		当地县（市）	江西省内但不在当地县（市）	福建省	广东省	江浙沪地区	省外的其他地区	
性别	男	38.4	17.4	4.0	15.4	12.7	12.1	0.000
	女	56.0	12.9	2.7	11.0	8.6	8.8	
年龄	20 岁及以下	36.8	30.9	4.4	10.3	5.9	11.8	0.000
	21 ～ 40 岁	37.0	16.2	2.3	17.2	13.6	13.6	

续表

		工作地区						卡方检验p值
		当地县（市）	江西省内但不在当地县（市）	福建省	广东省	江浙沪地区	省外的其他地区	
年龄	41～60岁	59.5	11.6	4.4	9.3	8.6	6.7	0.000
	61岁及以上	50.0	17.9	3.6	14.3	3.6	10.7	
文化程度	初中及以下	57.3	12.0	4.8	11.0	10.5	4.5	0.000
	高中（含中专）	49.8	18.3	3.5	16.3	5.4	6.6	
	大专、高职	45.7	14.0	1.6	13.4	14.5	10.8	
	本科及以上	22.2	19.2	2.0	14.1	14.6	27.8	
总计		46.7	15.3	3.4	13.4	10.7	10.6	100.0

注：显著性水平（p值）小于0.05，说明组别内差异显著，反之则相反。

2. 工作方式

从受访者选择的工作方式来看，一半以上的受访者从事全日制工作，占比为53%，以临时用工、季节性工作及弹性工作时间方式工作的从业人员占比为47%。非全日制工作这种灵活就业方式已经成为目前人们的一种重要工作方式，如图3-2所示。

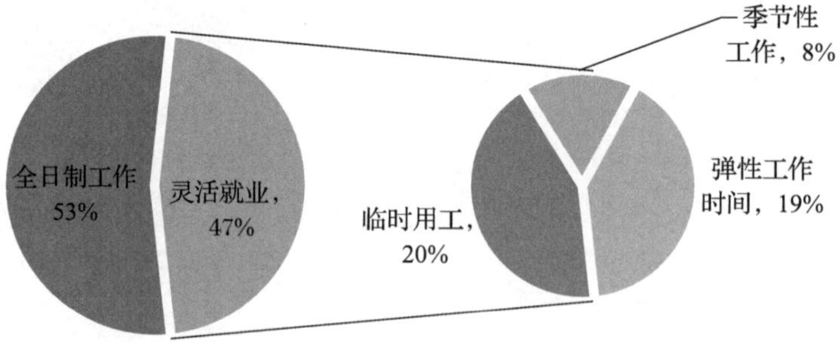

图3-2　工作方式

那么，是哪些劳动力在从事全日制工作，哪些在从事灵活就业呢？如

表 3-4 所示，40 岁以下的较低年龄者、学历在大专及以上的较高学历从业人员更多在从事全日制工作；40 岁以上的较高年龄者、高中（含中专）及以下，特别是初中及以下学历人员主要为灵活就业方式。但性别差异不显著。

表 3-4　受访从业人员工作方式的分组比较

单位：%

组别		全日制工作	临时用工	季节性工作	弹性工作时间	卡方检验 p 值
性别	男	52.7	18.8	7.6	20.8	0.169
	女	54.6	22.5	5.7	17.2	
年龄	20 岁及以下	36.8	39.7	7.4	16.2	0.000
	21 ～ 40 岁	63.5	14.6	6.2	15.6	
	41 ～ 60 岁	46.8	23.1	6.9	23.1	
	61 岁及以上	17.9	42.9	10.7	28.6	
文化程度	初中及以下	43.3	28.8	6.0	22.0	0.000
	高中（含中专）	53.7	19.8	7.4	19.1	
	大专、高职	66.1	13.4	5.4	15.1	
	本科及以上	62.6	11.6	8.6	17.2	
总计		53.6	20.6	6.7	19.1	100.0

注：显著性水平（年龄和文化程度的 p 值）小于 0.05，说明组别内差异显著，反之则相反。

3. 受访从业人员的行业分布

根据我国三大产业的 20 行业大类分类，我们对受访从业人员的行业分布进行了调查，调查发现，在我们所关注的普通劳动力比较容易就业的 8 个行业大类里面，聚集了 61% 的调查对象，只有 39% 的调查对象在剩下的其他 12 个行业中就业。在所调查的 8 个行业中，首先，制造业、建筑业、批发和零售业及住宿和餐饮业的就业人员比较集中，所占比例分别为 15.6%、14.9%、11.5% 和 6.2%，合计将近 50%。显然，这 4 个行业是吸纳普通劳动力就业的主要行业。其次，交通运输、仓储和邮政业所占比例也达到 5.1%，居第五位，如图 3-3 所示。

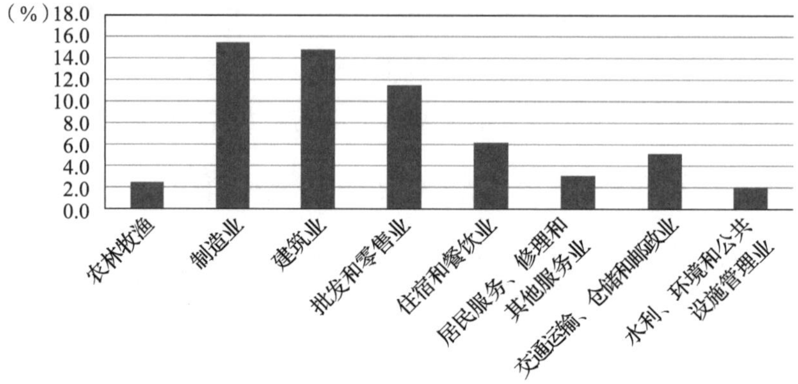

图 3-3　从业人员主要行业分布

图 3-3 中的 8 个行业是普通劳动力就业主要集中的行业，从业人员的受教育水平也相对较低，如表 3-5 所示，初中及以下文化水平的从业人员在这 8 个行业的比重占到全部初中文化水平人员的 72.4%，大大高于总体平均水平。总体来说，学历越高，在这 8 个行业就业的比重就越低，在其他行业的就业比重就越高。卡方检验表明，不同文化程度从业人员在工作行业中的分布有显著的差异。

表 3-5　文化程度与工作行业交叉表

单位：%

文化程度	农林牧渔	制造业	建筑业	批发和零售业	住宿和餐饮业	居民服务、修理和其他服务业	交通运输、仓储和邮政业	水利、环境和公共设施管理业	其他行业
初中及以下	3.5	21.0	20.3	10.8	5.5	3.5	4.8	3.0	27.8
高中（含中专）	3.1	10.9	16.0	16.3	8.2	3.5	5.4	1.9	34.6
大专、高职	1.1	13.4	11.8	13.4	7.5	2.2	3.8	0.5	46.2
本科及以上	1.0	12.6	5.6	5.1	4.0	2.5	6.6	1.0	61.6
总计	2.5	15.6	14.9	11.5	6.2	3.1	5.1	1.9	39.2

此外，我们还可以根据调查结果分析江西省劳动力在省内和省外就业的行业分布差异。在所调查的 8 个行业中，从业人数占比居前四位的，省

内分别为建筑业、批发和零售业、制造业及住宿和餐饮业，受访从业人员占比接近 50%；而外出从业人员的行业分布居前四位的是制造业，建筑业，批发和零售业及运输、仓储和邮政业，合计比例为 50%，如图 3-4 所示。具体来看，省外吸纳江西劳动力就业的第一大行业是制造业，25.8% 的江西省外出从业人员在制造业就业，尤其是广东省和江浙沪地区居多；其次是建筑、装修行业，占比为 12.1%，这两个行业为第二产业的主要组成部分，也就是说，江西外出从业人员主要是在第二产业就业。再看省内就业情况，省内制造业吸纳的就业人员占全部受访的省内从业人数的比例仅为 9%，江西省内吸纳从业人员比重较大的是建筑、装修业及批发和零售业，分别为 16.6% 和 14.7%。比较而言，江西省劳动力省外从业和省内从业的行业分布差异表现为，省外制造业，居民服务、修理和其他服务业和交通运输、仓储和邮政业三个行业的就业比重高于省内，而省内的建筑装修业，批发和零售业及住宿和餐饮业等行业的就业比重比省外更高。从某种程度来说，江西省劳动力在省内制造业、家政服务行业及交通运输、仓储和邮政业的就业比重低于省外，主要是由于经济发展水平，这三个行业越发展，吸纳的就业越多，说明当地经济状况越好。

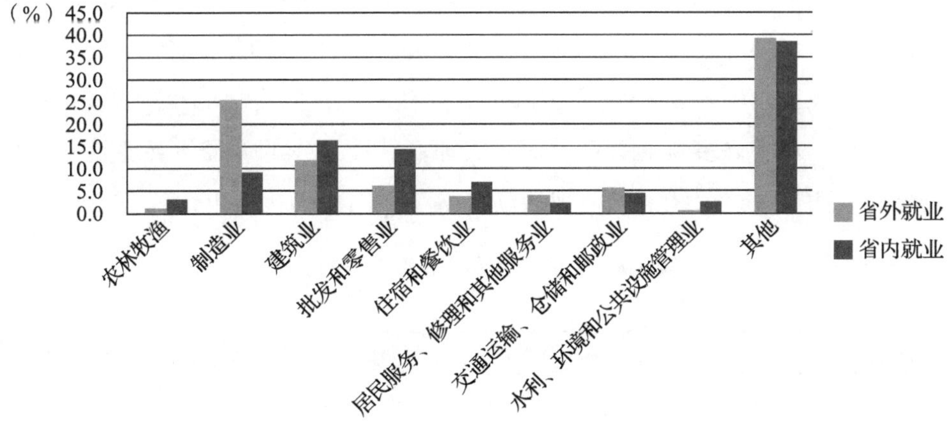

图 3-4　就业行业分布的省内外比较

由于近年来我国平台经济发展迅猛，调查中我们也设计了相应的题项来了解江西省劳动力在各种平台就业的情况，受访从业人员中，只有 14.3%

的调查对象在各种平台就业，如图 3-5 所示。而且，从省内、省外的比较来看，省外在平台就业的江西省劳动力占全部外出从业的江西省劳动力的比重为 15.7%，而省内在平台就业的江西省劳动力占全部省内从业的江西省劳动力的比重为 13.5%，比省外低了 2.2 个百分点。某种意义上说，江西省新业态经济发展不够，主要还是传统经济部门，导致新业态经济吸纳就业能力有限，这也给江西省促进就业带来困难。

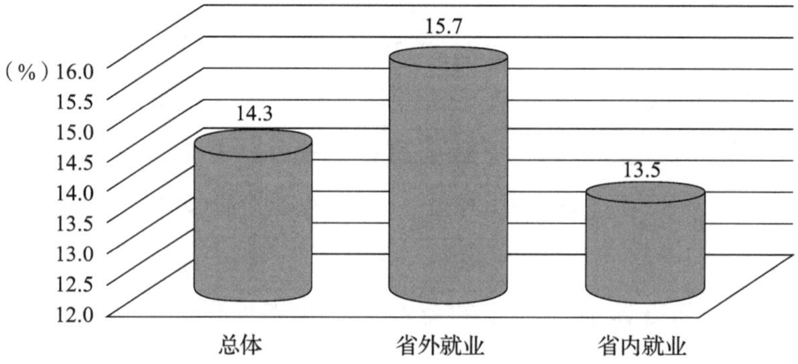

图 3-5　平台经济用工比重

4. 受访从业人员获取工作的途径

从业人员通过什么途径获得工作？调查发现，受访者通过熟人介绍获取工作的占 34.2%，通过公开招聘（含招聘会）获取工作的占 17.1%，通过招聘网站获取工作的占 9.2%，通过其他方式获取工作的占 39.5%，如表 3-6 所示。可见，对于许多普通劳动力而言，他们获取工作的途径主要还是通过熟人介绍，而通过线上线下的招聘活动取得工作岗位的比例也达到 26.3%。

表 3-6　受访从业人员获取工作的途径

单位：%

		频率	百分比	有效百分比	累积百分比
有效	熟人介绍	356	34.2	34.2	34.2
	公开招聘（含招聘会）	178	17.1	17.1	51.3
	招聘网站	96	9.2	9.2	60.5
	其他方式	411	39.5	39.5	100.0
	总计	1041	100.0	100.0	

此外，通过其他方式获取工作的比例也比较高，其原因是受访对象中包括雇主、个体经营者等工作身份的从业人员，他们属于创业人员，因此他们获取工作的途径不属于前两个途径。实际上，进一步分析调查结果可以看出，在所有受访从业人员中，如果我们只看打工者，那么他们获取工作的途径，熟人介绍占比为 47%，将近一半的受访者是通过熟人介绍获取工作；通过线上线下招聘获取工作的比例也达到 33%；而通过其他途径的占比只有 20%，如图 3-6 所示。这进一步印证了熟人介绍和线上线下招聘是江西普通劳动力获取工作的主要途径。

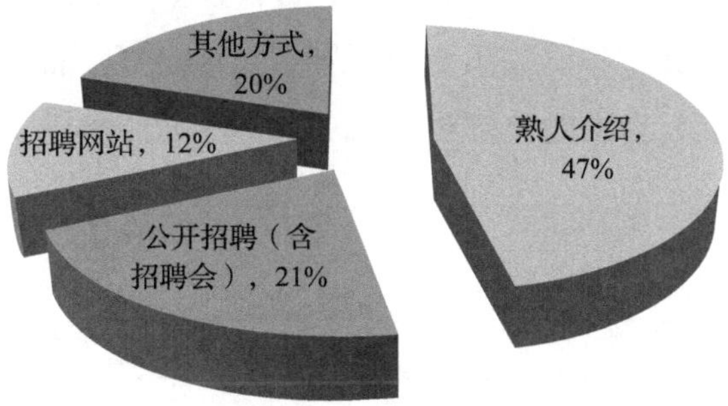

图 3-6　受访从业人员获取工作的途径

5. 受访从业人员的就业质量分析

就业质量是反映劳动力就业状况的一个重要方面。调查中我们设计了包括收入水平、工作稳定性及劳动权益保障等在内的相应题项。

首先从收入水平看，月均收入 3000 ～ 5000 元的受访对象占比最大，为 37.0%；每月平均 3000 元以下收入的受访者占比为 26.2%；月均 8000 元以上的比重最低，占比为 13.6%。总体上，多数受访从业人员每月的平均收入低于 5000 元，如表 3-7 所示。

表 3-7　受访从业人员月平均收入

单位：%

		频率	百分比	有效百分比	累积百分比
有效	3000 元以下	273	26.2	26.2	26.2
	3000 ～ 5000 元	385	37.0	37.0	63.2

续表

		频率	百分比	有效百分比	累积百分比
有效	5001 ~ 8000 元	241	23.2	23.2	86.4
	8000 元以上	142	13.6	13.6	100.0
	总计	1041	100.0	100.0	—

对从业人员收入水平的调查，还有一个题项是关于收入满意度，采用五级量表测量，对自己收入水平感到非常满意的得分为 5，然后满意度逐步下降，依次得分为 4、3、2、1，最后调查统计的平均得分为 3.1，略高于中位数 3，说明受访人员对自己的收入水平的满意度并不高。实际上，对自己收入水平感到非常满意和比较满意的比例只有 18.3%，而对自己收入水平感到比较不满意和很不满意的比例为 29%，如表 3-8 所示。

表 3-8　受访从业人员收入满意度

单位：%

		频率	百分比	有效百分比	累积百分比
有效	非常满意	55	5.3	5.3	5.3
	比较满意	135	13.0	13.0	18.3
	一般	549	52.7	52.7	71.0
	比较不满意	255	24.5	24.5	95.5
	非常不满意	47	4.5	4.5	100.0
	总计	1041	100.0	100.0	—

其次是工作稳定性方面，我们设计了两道问题来测量，第一个问题是是否有失业的经历？在全部受访对象中，有过失业经历的占比高达 61.5%，说明很多从业人员的就业稳定性并不是很强。进一步分析不同组别受访人员的失业经历可以发现，性别之间不存在显著性差异，而城乡之间、不同文化程度之间、不同年龄之间、不同工作地区之间及全日制工作和灵活就业的受访从业人员的失业经历有显著差别。具体而言，城乡之间，农村劳动力的失业情况比城镇劳动力严重，年龄较长者的失业情况比年轻者更严重，文化程度较低的从业人员比文化程度较高者更容易失业，省内就业的

从业人员失业情况比省外就业人员更严重，灵活就业的从业人员有过失业经历的比重比全日制工作人员的比重更高，如表 3-9 所示。

表 3-9　失业经历与分组比较的卡方检验结果

单位：%

	组别	有失业经历的比例	卡方检验 p 值
性别	男	59.2	0.115
	女	64.0	
城乡	农村	70.7	0.000
	城镇	55.0	
文化程度	初中及以下	71.8	0.000
	高中（含中专）	66.5	
	大专、高职	56.5	
	本科及以上	38.9	
年龄	20 岁及以下	45.6	0.000
	21 ～ 40 岁	55.6	
	41 ～ 60 岁	71.1	
	61 岁及以上	60.7	
工作地区	省外就业	56.3	0.007
	省内就业	64.7	
就业方式	全日制工作	58.8	0.055
	灵活就业	64.6	

注：显著性水平（p 值）小于 0.05，组别之间有显著差异，反之则相反。就业方式在 0.055 的显著性水平上有显著差异。

关于就业稳定性的第二个问题是会不会担心自己失去目前的工作？调查结果显示，43.6% 的受访者表示会担心自己可能失去目前的工作。也就是说，将近一半的受访者对自己工作的稳定性不是很有把握，失业的担忧普遍存在。什么人更倾向于担心失业？不同群体在这一问题上是否有区别？我们分别考察了下面几个组别，一是工作地区不同的人员；二是城乡不同来源的人员；三是不同受教育程度的人员；四是是否取得职业资格或技能证书的人员；五是不同年龄阶段的人员。卡方检验说明，上述各组别受访人员对失业的担忧有显著差异，主要体现在以下方面。

（1）省内就业的受访者担心自己可能失业的比例明显高出省外从业人员的比例。

（2）农村劳动力担心失业的比重高出城镇比重 10 个百分点左右。

（3）从文化程度不同的差异来说，我们可以看到，受教育程度越低则越担心自己会有可能失去目前工作。

（4）取得职业资格证书的从业人员比没有资格证书的从业人员更不担心失去工作。

（5）20 ～ 40 岁年龄阶段的从业人员对失业的担心在所有年龄分组中最小，而 41 ～ 60 岁年龄阶段受访者的担心明显更严重。

上述结果说明，个体因素是导致失业的重要因素，特别是文化程度和职业技能水平影响显著，这两方面因素所形成的受访从业人员担心失业和不担心失业的差别最大。此外，造成失业忧虑的因素还和外部经营环境有关，如表 3-10 所示，受访者对本单位经营状况感知越好就越不担心失业，而对本单位经营状况感知越差就越容易担心失业，单位经营状况也是影响从业人员失业预期的重要因素。

表 3-10　失业预期与分组比较的卡方检验结果

单位：%

	组别	担心失业的比例	卡方检验 p 值
工作地区	省外就业	36.4	0.000
	省内就业	48.1	
城乡	农村	49.1	0.003
	城镇	39.8	
文化程度	初中及以下	51.0	0.001
	高中（含中专）	42.8	
	大专、高职	37.6	
	本科及以上	35.4	

续表

	组别	担心失业的比例	卡方检验 p 值
资格证书	没有	47.2	0.000
	有	34.3	
年龄	20 岁及以下	48.5	0.028
	21 ～ 40 岁	39.0	
	41 ～ 60 岁	48.4	
	61 岁及以上	42.9	
单位经营状况	挺好，没感觉到什么危机	30.4	0.000
	有点不景气，有危机感	51.9	
	不好，明显在走下坡路	57.9	
	不清楚	54.9	

注：显著性水平（p 值）小于 0.05，组别之间有显著差异，反之则相反。

最后，关于就业质量的调查还有一个是劳动权益保障方面，对是否签订劳动合同的调查结果表明，受访从业人员中 46.8% 表示没有签订劳动合同，这个数据里面包含了雇主、不领工资的家属帮工和个体经营者，他们显然不需要签订劳动合同，在剔除这三类样本的影响后，没签订劳动合同的从业人员占全部从业人员的比例为 30%。如果只看一般的打工人员情况，没有和用人单位签订劳动合同的打工者和全部打工者的比例为 39.1%。我们进一步比较了省内就业人员与出省从业人员签订劳动合同的情况，以及全日制就业与灵活就业从业人员签订劳动合同的情况发现，在剔除雇主、不领工资的家属帮工和个体经营者三类样本后，未签订劳动合同的省内从业人数占全部省内从业人数的比例为 27%，而省外工作的、未签订劳动合同的从业人数占全部出省工作从业人数的比例为 15%；未签订劳动合同的灵活就业人数占全部灵活就业人数的比例为 31%，而未签订劳动合同的全日制就业的从业人数占全部全日制就业人数的比例为 15%，如图 3-7 所示。这说明在江西省内工作的从业人员的劳动权益保障情况不是很理想，也说明灵活就业人员的劳动权益保障情况不理想。

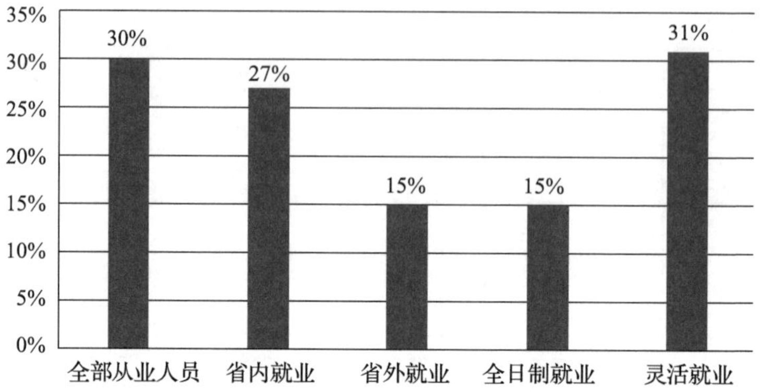

图 3-7　各类从业人员中未签订劳动合同人员比重

6. 受访从业人员接受职业培训的情况

调查中我们设置了三个问题，“您认为自己需要参加职业技能培训吗？”用来测量培训需求；“您过去接受的职业培训有多少次？”用来测量培训经历；“您有没有取得国家颁发的职业资格证书？”用来反映培训的结果。

从培训需求来看，受访人员认为自己需要参加职业技能培训的比例为47.6%，认为非常需要参加职业技能培训的比例为18.2%，两者合计高达65.8%，如图 3-8 所示。对该题项的描述统计结果显示其得分均值为 3.68，说明受访从业人员总体的培训需求比较显著。并且，通过方差分析发现，不管是男性还是女性，不管是城镇劳动力还是农村劳动力，不管是在省内就业还是在省外就业的受访人员，各组别受访人员在培训需求上均不存在差别，都有参加职业技能培训的强烈需要。

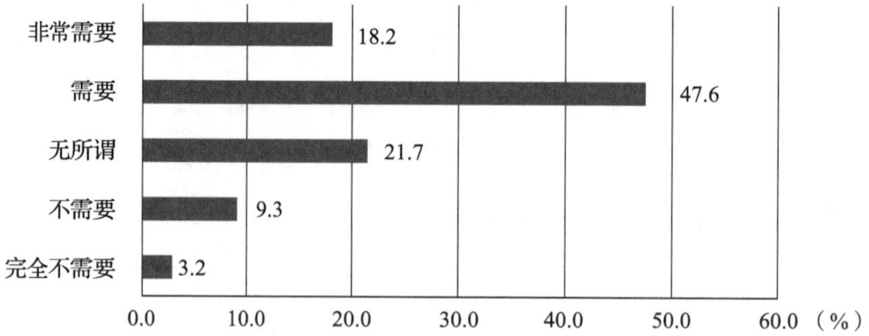

图 3-8　受访从业人员的培训需求

从受访者接受培训的情况来看，35.4% 的受访从业人员从来没有接受过职业技能培训，64.6% 的受访从业人员接受过培训，其中只接受过一次培训的占 21%，接受过二次培训的占 16%，接受过三次培训的占 10%，17% 的受访者接受过四次及以上培训，如图 3-9 所示。

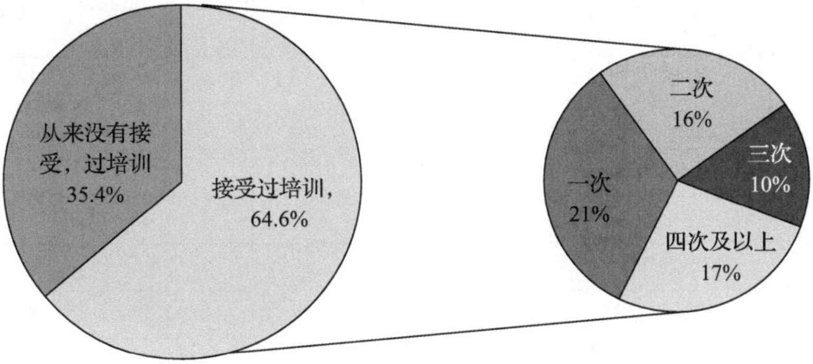

图 3-9　受访者接受培训的情况

通过对调查数据进一步分析，我们还可以发现不同组别受访人员在从来没有接受过职业技能培训方面存在差异。分析结果包括以下内容。

（1）农村劳动力从未接受过职业技能培训的比重要高于城镇劳动力。

（2）男性劳动力未接受过职业培训的比例高于女性。

（3）较高年龄组从未接受过培训的比例大于较低年龄组。

（4）受教育水平较低的从业人员从未接受过培训的比重高于受教育水平较高的从业人员。

（5）在江西省内就业的受访对象他们从未接受过培训的比例高于在省外就业的人员比例。

（6）通过熟人介绍获取工作的从业人员中从未接受过职业技能培训的比重高于通过其他途径获取工作的从业人员的比重。

除了性别外，其他组是否接受培训的卡方检验均在 0.05 水平上显著(年龄组别在 0.073 的水平上显著)，说明各组内部组别间接受培训和未接受培训的情况差异明显，如表 3-11 所示。

表 3-11　培训经历、资格证书与分组比较的卡方检验结果

单位：%

	组别	该组别中从未接受过培训的比例	卡方检验 P 值	该组别取得资格证书的比例	卡方检验 p 值
城乡	农村	42.1	0.000	20.7	0.000
	城镇	30.8		32.7	
性别	男	37.9	0.332	30.8	0.020
	女	32.7		24.3	
年龄	21 ～ 40 岁	31	0.073	33.1	0.002
	41 ～ 60 岁	40.3		22.9	
文化程度	初中及以下	47.8	0.000	12.8	0.000
	高中（含中专）	33.9		24.9	
	大专、高职	17.2		46.2	
	本科及以上	29.8		44.4	
工作地区	省外	32.6	0.007	29	0.470
	省内	37.2		27	
获取工作途径	熟人介绍	41.0	0.000	18.0	0.000
	公开招聘（含招聘会）	21.9		40.4	
	招聘网站	24.0		35.4	

注：显著性水平（p 值）小于 0.05，组别之间有显著差异，反之则相反。

从是否取得国家颁发的资格证书的情况来看，全部受访对象中的 27.8% 拥有资格证书。在取得资格证书的受访人员里面，城镇劳动力有证书的比例要高于农村劳动力，男性比例高于女性，较低年龄组比例高于较高年龄组比例，文化程度较高人员的比例高于文化程度较低人员的比例，通过招聘获取工作的人员取得资格证书的比例高于通过熟人介绍取得工作的人员的比例，且组别间差别显著。但不同地区工作的受访对象，差别并不显著。

是否取得国家颁发的资格证书对从业人员的影响很重要。首先，资格证书意味着更高的就业能力，可以提升就业竞争力。通过均值比较和方差分析可以发现，在找工作的容易程度方面，有没有资格证书会产生显著差异，如表 3-12 所示。其次，取得国家颁发的资格证书能够提高就业质量，对工资收入、担心失业和劳动合同保障有积极影响。如表 3-13 所示，在对失业可能性的担心、对收入水平的高低及是否签订劳动合同方面，有没有资格证书存在显著差异，有资格证书就意味着更高的就业质量。所以，职业技能培训对提高就业质量有重要意义。

表 3-12　均值比较和方差分析（找工作的容易程度）

资格证书	平均值	个数	标准偏差	方差分析显著性（p 值）
没有	2.6755	752	1.02228	—
有	2.8235	289	1.09924	0.041
总计	2.7166	1041	1.04578	—

表 3-13　资格证书与就业质量

单位：%

<table>
<tr><th colspan="2" rowspan="2"></th><th colspan="2">担心失业</th><th colspan="2">劳动合同</th><th colspan="4">月平均收入</th></tr>
<tr><th>会</th><th>不会</th><th>没有</th><th>有</th><th>3000 元以下</th><th>3000 ~ 5000 元</th><th>5001 ~ 8000 元</th><th>8000 元以上</th></tr>
<tr><td rowspan="2">资格证书</td><td>没有</td><td>47.2</td><td>52.8</td><td>53.2</td><td>46.8</td><td>28.3</td><td>38.2</td><td>20.2</td><td>13.3</td></tr>
<tr><td>有</td><td>34.3</td><td>65.7</td><td>30.1</td><td>69.9</td><td>20.8</td><td>33.9</td><td>30.8</td><td>14.5</td></tr>
<tr><td colspan="2">卡方检验 p 值</td><td colspan="2">0.000</td><td colspan="2">0.000</td><td colspan="4">0.001</td></tr>
</table>

7. 受访从业人员的创业意愿和创业经历

调查中我们设计了一道有关创业情况的题目：您有没有创业的打算？有四个选项：A. 从来没有；B. 有在家乡创业的打算；C. 有在外地创业的打算；D. 已经在创业。分析中我们根据选项 A 和选项 D 的回答情况，进一步把该题分为两个题项，即创业意愿和创业行动。

从创业意愿来看，40% 的受访从业人员表示从来没有创业的打算；44% 的受访者表示有打算创业，其中，打算在家乡创业的占据主要部分，占比为 32%；另外 16% 的已经在创业人员当然也属于有创业打算的人员，他们不仅有意愿，而且还付诸了行动，如图 3-10 所示。

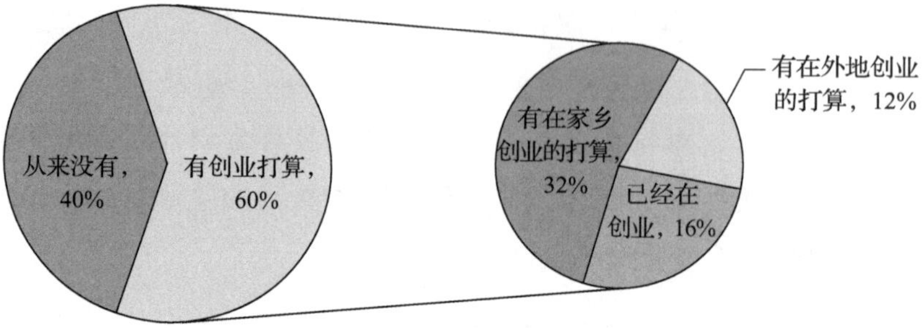

图 3-10　受访者的创业意愿

通过对江西省劳动力创业情况的调查分析（见表 3-14），可以归纳出以下几个特点。其一，卡方检验结果表明，不管是创业意愿还是创业行动，均不存在城乡劳动力的组别间的显著差异，也就是说，城镇劳动力和农村劳动力，他们在创业意愿和创业行动上的表现是一样的，大部分都有创业打算，但真正创业的并不多。其二，不同年龄阶段的组别的创业情况有显著差异，较低年龄组有更强的创业意愿，但在创业行动上较高年龄组实际创业的人员占比更大。其三，文化程度越高，创业意愿越强，但实际创业占比最大的是高中（含中专）组，比最高学历组（本科及以上）的比例高 6.3 个百分点。其四，在省外就业的江西省劳动力有创业打算的人员比例显著高于省内就业的比例，但实际创业的差别并不显著，省外占比略低于省内的比例。上述特点说明，江西省普通从业人员尽管有较强的创业意愿，但实际付诸行动的并不很多，如何推动他们将创业意愿转化为行动，特别是推动较低年龄阶段、较高文化程度及在省内就业的从业人员投身于创业行动，是政府促进就业创业工作所面临的一个重要任务。

表 3-14　创业情况与分组比较的卡方检验结果

单位：%

	组别	有创业打算的比例	卡方检验 p 值	已经在创业的比例	卡方检验 p 值
城乡	农村	58.1	0.206	14	0.071
	城镇	62		18.2	
年龄	21 ～ 40 岁	68.2	0.000	15.6	0.040
	41 ～ 60 岁	52.5		19.2	

续表

	组别	有创业打算的比例	卡方检验p值	已经在创业的比例	卡方检验p值
文化程度	初中及以下	50.8	0.000	15.5	0.082
	高中（含中专）	65.8		21.4	
	大专、高职	70.4		15.1	
	本科及以上	63.6		13.1	
工作地区	省外	64.4	0.040	15.2	0.384
	省内	58		17.2	

注：显著性水平（p值）小于0.05，组别之间有显著差异，反之则相反。

（三）公共就业服务与就业政策对促进就业的影响

为了说明公共就业服务与就业政策对就业的影响，首先需要对相关变量进行测量。在调查问卷中我们分别设定了一道量表题项来代表就业的难易程度，一道多项选择题来调查从业人员接受公共就业服务的情况，一道单项选择题来测量从业人员对就业政策的认知和受惠就业政策的情况。

1. 就业的难易程度

调查结果发现，找一份自己愿意做的工作并不是很容易。代表就业难易程度的量表题项，平均得分为2.71，低于中位数3，说明找工作并不容易。其中，47.1%的受访者表示，找一份自己愿意做的工作不容易或者非常不容易；认为工作容易找，或者非常容易找的受访者比例只有23.8%，如图3-11所示。

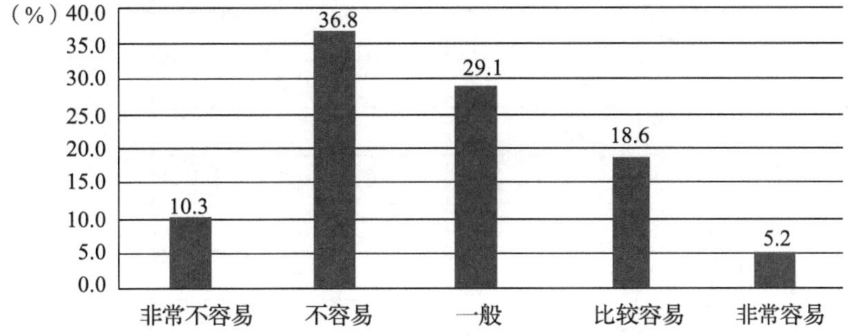

图3-11 找工作的难易程度

从分组情况的比较来看，如表 3-15 所示，方差分析的结果表明，性别、城乡及年龄各组内的组别差异不显著，也就是说，不管是男性劳动力还是女性劳动力，他们对找工作的容易程度的感知没有明显差别，而城镇劳动力和农村劳动力，以及较低年龄劳动力和较高年龄劳动力的情况也是一样。但是，不同文化程度的劳动力，他们所感知到的就业难易程度有显著差异，大专、高职文化程度的劳动力在就业难易程度这一题项的平均得分最高，意味着与其他文化程度的劳动力相比，大专、高职水平找工作更容易，而文化程度最低的初中及以下劳动力认为找工作最不容易。值得注意的是，本科以上文化程度劳动力的得分也较低，说明大学毕业生就业形势仍不乐观。此外，是否拥有国家颁发的资格证书，以及接受职业技能培训与否的经历对就业的难易程度也有显著影响。有职业资格证书的劳动力认为找工作的容易程度得分为 2.82，而没有资格证书的劳动力的得分为 2.67，显著低于有证书的受访者；同时，接受过职业技能培训的受访从业人员认为找工作的容易程度要好于没有接受过职业技能培训的受访者，且接受的培训次数越多，得分越高，意味着接受培训更有助于找到自己愿意做的工作。所以，促进劳动力就业，重视对劳动力的职业技能培训，提高劳动力受教育水平，激励劳动力获取职业资格证书，这些举措有积极意义。

表 3-15　就业难易情况的分组比较与方差分析

<table>
<tr><th></th><th>组别</th><th>就业难易程度平均分</th><th>方差分析显著性</th></tr>
<tr><td rowspan="2">性别</td><td>男</td><td>2.76</td><td rowspan="2">0.117</td></tr>
<tr><td>女</td><td>2.66</td></tr>
<tr><td rowspan="2">城乡</td><td>农村</td><td>2.73</td><td rowspan="2">0.725</td></tr>
<tr><td>城镇</td><td>2.70</td></tr>
<tr><td rowspan="2">年龄</td><td>21 ～ 40 岁</td><td>2.76</td><td rowspan="2">0.241</td></tr>
<tr><td>41 ～ 60 岁</td><td>2.67</td></tr>
<tr><td rowspan="4">文化程度</td><td>初中及以下</td><td>2.57</td><td rowspan="4">0.003</td></tr>
<tr><td>高中（含中专）</td><td>2.82</td></tr>
<tr><td>大专、高职</td><td>2.83</td></tr>
<tr><td>本科及以上</td><td>2.79</td></tr>
</table>

续表

	组别	就业难易程度平均分	方差分析显著性
资格证书	没有	2.67	0.041
	有	2.82	
培训经历	从来没有	2.57	0.015
	一次	2.78	
	二次	2.73	
	三次	2.80	
	四次及以上	2.87	

注：显著性水平（p 值）小于 0.05，组别之间有显著差异，反之则相反。

2. 公共就业服务情况的调查分析

从接受公共就业服务的情况来看，全部调查样本中，64% 的受访者接受过至少一项的公共就业服务，36% 的受访者没有获得过任何服务。没有获得过公共就业服务的受访从业人员是如何分布的呢？图 3-12 的调查结果说明，公共就业服务的总体情况不是很好，农村劳动力、较高年龄劳动力和初中及以下文化程度劳动力在公共就业服务方面的情况尤为突出。

（1）农村劳动力没有获得过公共就业服务的比例为 40%，而城镇仅为 33%，也就是说，农村受访从业人员享受公共就业服务的情况比城镇更差。

（2）性别方面，男性和女性没有显著差别，未接受公共就业服务的男性占全部男性受访人员的比重和女性的这一比重均为 36% 左右，卡方检验表示，男性劳动力和女性劳动力在公共就业服务方面并无显著差异。

（3）从年龄来看，在 20 ～ 40 岁年龄组里，没有接受过就业服务的受访者比例为 29.4%，70% 以上的受访者是接受过公共就业服务的，但在 41 ～ 60 岁年龄组里，没有接受过就业服务的受访者比例高达 45.6%。所以，受访从业人员中，年龄较长者享受公共就业服务的情况比较不理想。

（4）从文化程度来看，全部初中及以下受访者中未接受过就业服务的占比为 49%，高中组和大专组未接受过公共就业服务的比例分别为 32%、30%，本科组别中的这一比例仅为 22%。这表明，文化程度越低未接受过公共就业服务的人员占比越高。实际上，在未接受过公共就业服务的全部受访从业人员中，初中及以下文化程度的占 56.1%，高中文化程度的占 19.7%，大专文化程度的占 12.8%，本科及以上文化程度的占 11.4%。而且全部调查样本中，高中以下受访者的比例占了大约 63%，这也就意味着未接受过公共就业服务的受访者主要集中在高中以下文化程度人员。所以，文化程度较低的从业人员享受公共就业服务的情况比较不理想，而文化程度越高接受公共就业服务的情况就越好，这应该是与近些年政府重视高校毕业生就业创业工作有关。

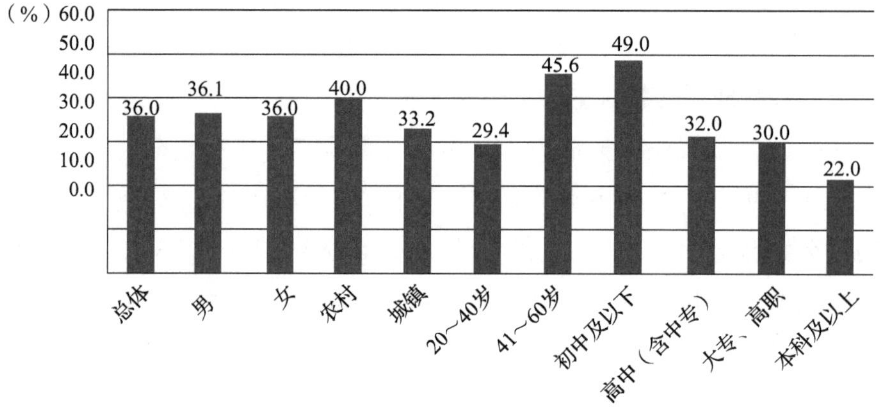

图 3-12　各组别从未接受过就业服务的情况

受访从业人员接受公共就业服务的情况又是如何呢？调查问卷中公共就业服务的主要项目包括就业创业政策咨询，获取求职、招聘、见习、培训等信息（信息获取），职业指导，就业创业培训，公益性岗位安置，就业、失业登记及其他服务。通过对该多项选择题的多重响应分析，可以得出公共就业服务的各个项目的响应频率（见表 3-16），其中获取求职、招聘、见习、培训等信息（信息获取）这一项目响应频率最高，51.3% 的受访从业人员表示接受过该信息服务，调查问卷中另外一道问题的结果也印证了这一结果，五级量表题项“您获取招工信息的容易程度”的平均得分为 3.24，高于中位数 3，说明受访从业人员还是比较容易获得各种招工信息，其中认为不容易或者非常不容易获取招工信息的占比仅为 18.5%。响应频率居第二位的是职业指导和政策咨询服务，各有 1/3 的受访对象接受过这两个项目的服务。第三是就业创业培训，有 22.3% 的受访者接受过就业创业培训的服务。接受失业登记和公益性岗位安置服务的受访从业人员分别有 17.3% 和 9.2%，另外，有 34.2% 的受访者接受过其他方面的公共就业服务。7 个服务项目的响应频率在城乡、性别、年龄和文化程度的各组别内没有显著的差别，各组别接受公共就业服务的情况和总体特征基本一致，各组别接受公共就业服务的情况，按响应频率大小排序依次为信息获取、职业指导、政策咨询、就业创业培训、失业登记等，组别内的差别较小。

表 3-16　公共就业服务各个项目的响应频率

单位：%

		响应		个案数的百分比
		N	百分比	
公共就业服务	政策咨询	206	15.7	31.1
	信息获取	340	25.9	51.3
	职业指导	215	16.4	32.4
	就业创业培训	148	11.3	22.3
	公益性岗位安置	61	4.6	9.2
	失业登记	115	8.8	17.3
	其他服务	227	17.3	34.2
总计		1312	100.0	197.8

注：二分法组值为 1 时进行制表。

3. 促进就业创业优惠政策的实施情况

首先是对“政策红包”的认知情况，调查表明，只有 29.9% 的受访者对江西省促进就业创业的优惠政策有所了解，70.1% 的受访者并不了解相关优惠政策。其次是受访从业人员获得相关优惠政策帮助的情况，获得过促进就业创业“政策红包”帮助的受访者占全部样本的比例为 7.7%，超过 90% 的受访者没有享受过政策优惠，没有得到优惠政策的实际帮助，如图 3-13 所示。

了解政策，但得到“政策红包”惠顾的比例少之又少，当然这并不意味着政策少，而是意味着促进就业创业的大量“政策红包”并没有多少落到

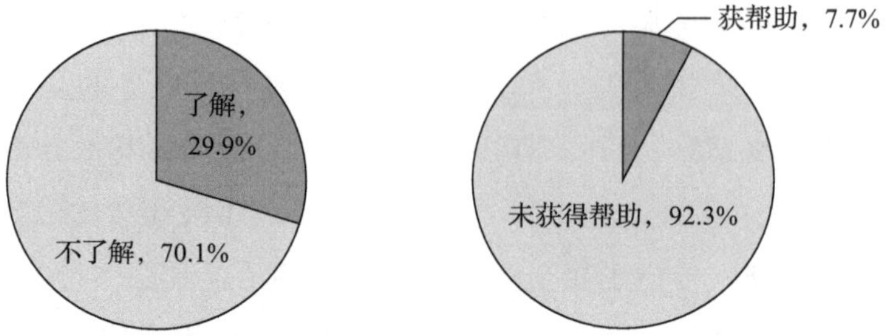

（1）政策认知　　（2）政策帮助

图 3-13　就业创业政策实施情况

我们所抽取的调查样本上，那么到底是我们的调查样本不满足政策要求？还是我们政策的重点没落在这样一群普通的从业人员身上？这是值得我们思考的一个问题。

进一步地，我们来分析政策认知和政策帮助在不同组别中的情况。在对政策的了解和认知上，城乡、性别和年龄差别并不存在显著的政策认知差异，但不同文化程度的受访者在对促进就业创业政策的了解和认知上有显著的差异，主要体现在初中及以下水平的受访者和其他较高文化程度受访者之间的差别。文化程度越低的受访者对促进就业创业的优惠政策越不了解，也更谈不上得到政策的帮助。在获得政策帮助方面，除了性别之间没有显著差别外，其他不同组别之间有显著差异，主要体现在：城镇受访对象得到政策帮助的比例大于农村受访者；41 ～ 60 岁较高年龄组获得政策帮助的比例显著高于 21 ～ 40 岁较低年龄组的比例；文化程度高的受访对象获得政策帮助的比例高于文化程度较低的受访者，具体如表 3-17 所示。

表 3-17　促进就业创业优惠政策与分组比较的卡方检验结果

单位：%

	组别	不了解政策的比例	卡方检验 p 值	获得帮助的比例	卡方检验 p 值
城乡	农村	73.0	0.099	3.7	0.000
	城镇	68.1		10.5	

续表

	组别	不了解政策的比例	卡方检验 p 值	获得帮助的比例	卡方检验 p 值
性别	男	69.4	0.579	8.2	0.548
	女	71.0		7.2	
年龄	21 ～ 40 岁	70.2	0.911	5.7	0.043
	41 ～ 60 岁	70.6		10.0	
受教育程度	初中及以下	79.5	0.000	4.5	0.003
	高中（含中专）	66.1		7.0	
	大专、高职	66.1		10.8	
	本科及以上	60.1		12.1	

注：显著性水平（p 值）小于 0.05，组别之间有显著差异，反之则相反。

4. 公共就业服务与就业政策影响就业的回归分析

基于对上述变量的测量，我们以定量变量“就业的难易程度”为因变量，以分类变量“是否获得过公共就业服务”和“是否得到过促进就业创业政策的帮助”为解释变量建立实证分析模型，通过回归分析方法来分析说明公共就业服务和就业政策对就业的影响。模型如下：

$$JY = \alpha + \beta_1 SERVE + \beta_2 POLICY + \gamma Z + \varepsilon$$

其中，因变量 JY 表示就业，自变量 SERVE 表示公共就业服务，POLICY 表示就业政策，Z 代表其他控制变量，包括文化程度和培训经历，ε 表示误差项，α 代表常量，β 为自变量的系数。

表 3-18 为线性回归分析的结果。从回归方程的拟合效果看，调整后的 R 平方值为 0.022，F 检验的统计量为 6.837，显著性（p 值）为 0.000，共线性检验的结果表明不存在共线性，且所有估计系数的 t 检验都是显著的，方程拟合效果较好。

表 3-18　模型的线性回归分析结果

模型	R	R 平方	调整后的 R 平方	标准估算的错误	F 检验
1	0.160[a]	0.026	0.022	1.03423	6.837（0.000）

注：为预测变量（常量），包括培训经历、政策帮助、文化程度和就业服务。

模型的估计结果来看，公共就业服务对就业的影响标准化系数为0.066，说明获得公共就业服务比没有得到公共就业服务可以提高就业容易程度0.066个单位，简单来说，公共就业服务有助于提高劳动力就业水平。就业政策的帮助对就业的影响系数为0.076，即得到促进就业创业优惠政策的帮助，可以使就业容易程度提高0.076个单位，且该系数值在所有解释变量中最大，说明获得就业创业政策的帮助对促进就业作用最显著。此外，更多的培训经历、文化程度的提高对促进就业也都有显著的正效应，如表3-19所示。从这一结论符合相关经济理论，也和我们的经验认识相符合。

表3-19 模型的估计结果

模型		非标准化系数		标准系数	t	显著性	共线性统计	
		B	标准误	贝塔			容许	VIF
1	（常量）	2.374	0.086	—	27.564	0.000	—	—
	就业服务	0.144	0.070	0.066	2.072	0.039	0.923	1.084
	政策帮助	0.297	0.123	0.076	2.404	0.016	0.952	1.051
	培训经历	0.048	0.022	0.068	2.156	0.031	0.945	1.058
	文化程度	0.049	0.029	0.053	1.671	0.095	0.927	1.079

注：因变量，表示找工作的容易程度。

四、小结

本次调查涉及江西省城乡劳动力就业的基本状况，江西省公共就业服务、政府促进就业创业政策的实施情况等方面，发现主要包括下面几点内容。

（1）江西省存在大量离开当地县市外出从业人员，包括大批离开当地县市到江西省外从业的人员，江浙沪地区与广东省是其主要劳务输出目的地。调查发现，到省外从业人员主要是男性、40岁以下较低年龄者及文化程度较高人员，尤其是受教育程度越高越倾向外出。

（2）制造业、建筑业、批发和零售业（含电商）、住宿和餐饮业，以及交通运输、仓储和邮政业（含快递业）是吸纳江西省普通劳动力就业的主要行业，在这些行业的从业人员受教育水平较低。

（3）全部受访从业人员中，在各种平台经济工作的比例不高。因此，江西新经济业态吸纳就业的潜力有待挖掘。

（4）灵活就业方式已经成为目前人们的一种重要工作方式。40 岁以上的较高年龄者、较低学历人员，特别是初中及以下学历人员是灵活就业的主要人员。

（5）普通劳动力获取工作的主要途径是熟人介绍和线上线下招聘，将近一半的受访者是通过熟人介绍获取工作，还有 1/3 的受访者是通过线上线下招聘获取工作。

（6）受访从业人员的就业质量较低，表现为对自己的收入满意度不高，大部分受访者经历过失业且目前还担心会失业，工作稳定性较差，而且没有和用人单位签订劳动合同的打工者所占比例较高。其中，农村劳动力、40 岁以上年龄较长者、文化程度较低人员及灵活就业人员经历的失业情况更为严重。

（7）受访从业人员有强烈的职业技能培训需求，但 1/3 以上的受访者从未接受过职业培训。未接受过培训的受访者中以农村劳动力、较高年龄组人员、文化程度较低人员及通过熟人介绍获取工作的受访人员为主。受访从业人员中只有不到 1/3 取得国家颁发的资格证书，有证书的受访者主要集中在城镇劳动力、40 岁以下较低年龄组、文化程度较高人员及通过招聘获取工作的人员。资格证书对提升普通劳动力的就业能力和就业质量有积极影响。

（8）受访的普通从业人员有较强的创业意愿，但实际付诸行动的并不是很多。60% 的受访者有创业的打算，但真正已经在创业的只占 16%。

（9）大多数调查对象认为找一份自己愿意做的工作并不容易。相对来说，文化程度较高人员、接受过职业技能培训的人员及取得职业资格证书的人员认为找工作较容易。

（10）1/3 以上的受访者未接受过任何形式的公共就业服务，其中，农村劳动力、40 岁以上较高年龄劳动力和初中及以下文化程度劳动力未接受就业服务的情况较为突出。受访人员接受公共就业服务的项目从多到少排序依次是信息获取、职业指导、政策咨询、就业创业培训、失业登记等。

（11）促进就业创业优惠政策的惠及面有限，至少在调查对象中是如此。70.1% 的受访者并不了解政府促进就业创业的“政策红包”，获得过促进就业创业“政策红包”帮助的受访者占全部样本的比例仅为 7.7%。

（12）回归分析的结果说明，公共就业服务和就业优惠政策的帮助有助于提高劳动力就业水平，特别是获得就业创业政策的帮助对促进就业作用最显著。此外，更多的培训经历、文化程度的提高对促进就业也有显著的积极影响。

综上所述，农村劳动力、年龄较长者及文化程度较低人员，尤其是初中及以下程度的劳动力，这几个群体是本次调查所反映的就业状况比较艰难的主要群体。与其他受访者相比，他们普遍认为找工作更不容易，而且就业质量也较低，他们在工资水平、失业经历与目前对失业的忧虑和在签订劳动合同方面都处于劣势。更重要的是，他们并没有因为就业处于劣势地位，就得到公共就业服务和就业政策的特别惠顾，他们在获得公共就业服务，了解就业政策和得到优惠政策帮助等方面均不及同组别内的其他人员。

第二节　江西省高校毕业生就业创业状况分析

一、江西省高校毕业生就业创业的基本状况

（一）江西省各层次毕业生历年就业率

由表 3-20 可知，近 10 年来，江西省各层次大学生就业率保持在较高水平，2010—2018 年综合就业率均高于 85%，2019 年就业率有所下降，为 83.17%。从各层次大学生就业率比较来看，博士研究生与硕士研究生的就业率最高，均高于 90%，其中博士研究生就业率除 2014 年、2016 年和 2019 年外，就业率均高于 95%，说明江西省高校博士研究生就业情况较好，而硕士研究生则基本稳定在 91% 左右。本科与专科毕业生就业率保持在 85% 左右，其中专科就业率稍有下降，但专科与本科两者差距较小。

表 3-20 2010—2019 年江西省各层次毕业生就业率

单位：%

年份	博士	硕士	本科	专科	综合
2010	98.17	90.91	86.13	85.42	85.79
2011	98.40	91.00	86.82	85.03	85.84
2012	99.28	91.96	86.33	85.37	85.96
2013	99.35	91.33	85.25	85.50	85.58
2014	89.71	91.28	85.32	85.91	85.82
2015	98.26	91.05	85.91	85.47	85.88
2016	92.68	93.06	86.13	85.06	85.82
2017	95.58	90.06	87.32	85.34	86.28
2018	95.56	94.16	87.99	85.82	86.94
2019	92.61	93.14	84.37	81.79	83.17

资料来源：《江西省高校毕业生就业质量报告》（2010—2019 届）。

（二）江西省大学毕业生就业去向

从 2010—2014 来看，江西省大学生主要在企业单位就业，其比例均高于 65%，且呈逐年下降趋势。选择自主创业或自由职业的比例最低，历年均小于 0.3%。升学或出国及入伍的大学生比例较为稳定，分别在 5% ～ 6% 及 0.5% 左右，这主要是升学比例较为稳定的原因。选择党政机关和事业单位的除 2011 年外，基本小于 3%，如表 3-21 所示。

表 3-21 2010—2014 年江西省历年毕业生就业去向

单位：%

年份	党政机关	事业单位	企业单位	部队	国家及地方项目	自主创业或自由职业	升学或出国
2010	0.47	2.6	75.98	0.62	0.55	0.23	5.34
2011	1.02	9.73	68.44	0.53	0.58	0.15	5.41
2012	0.63	2.62	66.72	0.57	9.27	0.22	5.93
2013	0.53	2.31	66.07	0.56	10.13	0.25	5.73
2014	—	—	—	0.2	2.96	0.29	5.61

注：由于 2014 年统计口径发生变化，因此部分指标数据缺失。

资料来源：《江西省高校毕业生就业质量报告》（2010—2014 届）。

到了 2019 年，江西省大学毕业生的就业去向有了一些变化。如表 3-22 所示，按毕业生就业去向分析，江西省 2019 届高校毕业生离校时的去向主要是“签就业协议形式就业”“升学”和“签劳动合同形式就业”三种形式，占毕业生总人数的 78.68%。但在不同学历层次中情况相差较大，在博士和硕士学历层次中排在第 1 位的是“签就业协议形式就业”，分别占 67.05% 和 61.25%，排在第 2 位的是以“其他录用形式就业”，分别占 17.05% 和 14.91%。“其他录用形式就业”在江西省主要是指机关、事业和国有企业按传统的录用入编的形式接收高校毕业生的情况。数据显示，进入国家机关和事业单位就业的毕业生以高学历毕业生为主，这也是目前高校毕业生们最认可的“稳定性”高的就业方式。但我们仍可看出，这种形式的就业与毕业生的学历成正比例：学历越高，就业的“稳定性”越高；学历越低，就业的“稳定性”越低。排在第三位的是“签劳动合同形式就业”，这也是正式的、比较长期稳定的一类就业形式。在本科和专科毕业生中，以“签就业协议形式就业”的毕业生比例分别为 56.32% 和 74.28%，均超过了毕业生的半数。我们还看到，本科毕业生中，选择“升学”的比例超过 10%，这部分毕业生仍需要在 3 年后参与就业；专科毕业生主要以“签就业协议形式就业”，但这部分毕业生在其就业后再次择业和流动性也较大。

表 3-22　江西 2019 届高校毕业生就业去向类别分析

<table>
<tr><th colspan="2">统计项目</th><th>综合</th><th>博士</th><th>硕士</th><th>本科</th><th>专科</th></tr>
<tr><td colspan="2">毕业生人数</td><td>313332</td><td>176</td><td>9934</td><td>123445</td><td>179777</td></tr>
<tr><td colspan="2">就业人数</td><td>260612</td><td>163</td><td>9253</td><td>104150</td><td>147046</td></tr>
<tr><td colspan="2">就业率</td><td>83.17</td><td>92.61</td><td>93.14</td><td>84.37</td><td>81.79</td></tr>
<tr><td rowspan="5">就业率构成百分比（%）</td><td>签就业协议形式就业</td><td>66.78</td><td>67.05</td><td>61.25</td><td>56.32</td><td>74.28</td></tr>
<tr><td>签劳动合同形式就业</td><td>5.75</td><td>9.09</td><td>10.86</td><td>8.17</td><td>3.8</td></tr>
<tr><td>其他录用形式就业</td><td>2.39</td><td>17.05</td><td>14.91</td><td>3.26</td><td>1.09</td></tr>
<tr><td>科研助理</td><td>0.01</td><td>0</td><td>0.02</td><td>0.01</td><td>0</td></tr>
<tr><td>应征义务兵</td><td>0.53</td><td>0</td><td>0</td><td>0.26</td><td>0.74</td></tr>
</table>

续表

统计项目		综合	博士	硕士	本科	专科
就业率构成百分比（%）	国家基层项目	0.05	0	0.02	0.12	0.01
	地方基层项目	0.17	0	0.03	0.24	0.13
	待就业	16.65	6.82	6.83	15.56	17.95
	不就业拟升学	0.13	0	0.01	0.04	0.2
	其他暂不就业	0.04	0	0.02	0.03	0.05
	自主创业	0.48	0	0.56	0.75	0.3
	自由职业	0.15	0	0.11	0.36	0
	升学	6.15	0	5.06	13.31	1.3
	出国、出境	0.72	0	0.31	1.57	0.15

注：因江西按教育部规定每年 8 月 31 日就业率统计结束时，应征义务兵、国家和地方基层项目，以及公务员及事业单位公开招考工作仍未结束，故以上相关分项统计数据与年终政府各部门统计数据会有差异，一般情况下是年终数据大于以上统计数据。

资料来源：《江西省高校毕业生就业质量报告》（2019 届）。

（三）部分专业就业困难

近年来，许多高校盲目追求综合化、规模化，在专业设置上盲目跟风，开设了许多就业率较低的专业，高校专业设置与市场需求之间的结构性矛盾愈演愈烈，导致大量毕业生处于有业难就的困境。2014 年 10 月 14 日，教育部公布了近两年就业率较低的 15 个本科专业名单，分别是食品卫生与营养学、生物科学、旅游管理、社会体育指导与管理、市场营销、动画、知识产权、广播电视编导、表演、艺术设计学、播音与主持艺术、音乐表演、电子商务、贸易经济、公共事业管理。同时，全国各省、自治区、直辖市也相继公布了就业率较低的本科专业名单。从江西省的情况看，秘书学、翻译、动画、资产评估等专业就业形势严峻。在就业率前十名排行榜中，工业工程、飞行器制造工程等工科专业依然受到追捧，而以往报考火爆的经济、建筑、土木工程等“热门”专业均榜上无名，如表 3-23 所示。

表 3-23　2014 年高校本专科毕业生就业率前十名专业

	名次	专业名称	毕业人数/人	就业率/%		名次	专业名称	毕业人数/人	就业率/%
本科层次	1	工业工程	288	92.36	专科层次	1	营销与策划	569	91.73
	2	飞行器制造工程	282	91.48		2	旅游管理	1388	90.85
	3	热能与动力工程	353	90.36		3	酒店管理	1113	90.47
	4	临床医学	2439	90.03		4	光伏材料加工与技术	866	90.41
	5	无机非金属材料工程	360	89.72		5	传播工程技术	624	89.74
	6	护理学	845	89.72		6	财务管理	798	89.72
	7	测控技术与仪器	677	89.51		7	会计	8173	89.56
	8	水利水电工程	444	88.96		8	报关与国际货运	551	89.29
	9	陶瓷艺术设计	451	89.91		9	机械设计与制造	647	88.56
	10	通信工程	1316	88.52		10	电气自动化技术	1097	87.14

资料来源：《江西省高校毕业生就业质量报告》(2014 届)。

2020 年 3 月 3 日，江西省高等院校毕业生就业工作办公室公布了《江西省 2019 届高校毕业生就业质量报告》，从江西省的情况来看，在就业率前十名排行榜中，思想政治教育，工业工程、材料化学等理工科专业依然受到追捧，陶瓷设计与工艺、设计类、美术规划类专业就业形势严峻，如表 3-24、表 3-25 所示。

表 3-24　2019 年高校本专科毕业生就业率前十名专业

	名次	专业名称	毕业人数/人	就业率/%		名次	专业名称	毕业人数/人	就业率/%
本科层次	1	思想政治教育	308	93.18	专科层次	1	临床医学	2335	90.74
	2	工业工程	255	92.94		2	治安管理	546	89.74
	3	材料化学	485	92.57		3	应用电子技术	695	88.92
	4	给排水科学与工程	439	91.57		4	人力资源管理	538	88.66

续表

	名次	专业名称	毕业人数/人	就业率/%		名次	专业名称	毕业人数/人	就业率/%
本科层次	5	地理信息科学	213	91.54	专科层次	5	医学美容技术	504	88.49
	6	材料成型及控制工程	989	91.1		6	口腔医学	554	88.44
	7	物理学	460	91.08		7	医学检验技术	1531	88.37
	8	食品科学与工程	228	90.78		8	光伏发电技术与应用	965	88.18
	9	采矿工程	202	90.59		9	通信技术	892	87.78
	10	汉语国际教育	424	90.56		10	飞行器制造技术	524	87.78

资料来源：《江西省高校毕业生就业质量报告》（2019 届）。

表 3-25　2019 年高校本专科毕业生就业率后十名专业

	名次	专业名称	毕业人数/人	就业率/%		名次	专业名称	毕业人数/人	就业率/%
本科层次	1	医学检验技术	282	69.14	专科层次	1	美术教育	537	64.24
	2	陶瓷艺术设计	722	72.02		2	陶瓷设计与工艺	597	65.32
	3	绘画	210	74.76		3	助产	1993	70.84
	4	音乐学	1777	75.29		4	体育教育	528	73.86
	5	生物医学工程	328	75.3		5	空中乘务	1005	74.62
	6	风景园林	262	75.95		6	数字媒体艺术设计	994	76.55
	7	动画	801	76.4		7	艺术设计	583	77.01
	8	应用心理学	300	77		8	视觉传播设计与制作	675	77.03
	9	表演	746	77.34		9	畜牧兽医	542	77.3
	10	视觉传达设计	2029	78.16		10	物流管理	2465	77.48

资料来源：《江西省高校毕业生就业质量报告》（2019 届）。

(四) 省外就业略高于省内就业

从就业地域看，大学生选择在省外就业的略高于省内。如表 3-26 所示，江西省 2014 届高校毕业生在省内就业的人数为 104499 人，占已就业人数的 49.56%，就业人数排名前三位的设区市分别是：南昌市 48960 人，赣州市 12818 人，九江市 9148 人。其中，在省内就业的博士、硕士、本科和专科毕业生分别有 88.46%、68.17%、50.6% 和 42.15% 选择在南昌市就业，表明省会城市对高校毕业生更有吸引力；江西省 2014 届高校毕业生在省外就业的人数为 105147 人，占已就业人数的 49.87%。省外就业人数排名前七位的省份分别是：广东省 27113 人，浙江省 18269 人，上海市 9652 人，江苏省 8306 人，福建省 7833 人，北京市 3766 人，安徽省 3750 人，表明毕业生选择省外就业时更偏向于沿海及经济发达地区。

表 3-26　2014 年江西省毕业生就业地域

	地域	就业人数 / 人	比例 /%		地域	就业人数 / 人	比例 /%
省内就业	南昌市	48960	46.85	省外就业	广东省	27113	25.79
	赣州市	12818	12.27		浙江省	18269	17.37
	九江市	9148	8.75		上海市	9652	9.18
					江苏省	8306	7.90
					福建省	7833	7.45
					北京市	3766	3.58
					安徽省	3750	3.57
	总计	104499	49.85		总计	105147	50.15

注：合计数为全部毕业生人数。

资料来源：《江西省高校毕业生就业质量报告》(2014 届)。

从江西省各设区市对省内高校毕业生的吸纳总量来看，如表 3-27 所示吸纳总量最高的是南昌市，共吸纳了江西省高校 2019 届毕业生 60426 人 (含本省和外省生源)；第二是赣州市，共吸纳了 16505 人；第三是九江市，共吸纳了 10336 人。吸纳总量最低的是鹰潭市，为 1881 人；第二是萍乡市，为 3282 人；第三是新余市，为 3294 人。

表 3-27 2019 年江西省高校毕业生在省内各设市区及省直管市就业情况统计

单位：人，%

市（县）名称	本市（县）生源总体就业情况			本市（县）生源在本地就业	
	毕业人数 / 人	就业人数 / 人	就业率	人数 / 人	占比 /%
江西省南昌市	26003	21757	83.67	14556	66.9
江西省景德镇市	6841	5634	82.36	2209	39.21
江西省萍乡市	9092	7635	83.97	2528	33.11
江西省九江市	26168	21803	83.32	6838	31.36
江西省新余市	5325	4416	82.93	1424	32.25
江西省鹰潭市	4011	3254	81.13	1073	32.97
江西省赣州市	41056	34695	84.51	12323	35.52
江西省吉安市	24146	20040	83	5346	26.68
江西省宜春市	18996	15996	84.21	5378	33.62
江西省抚州市	18019	14964	83.05	4690	31.34
江西省上饶市	25578	21486	84	6585	30.65
江西省共青城市	3377	318	9.42	67	21.07
江西省瑞金市	1659	2812	83.27	491	17.46
江西省安福县	382	1361	82.04	221	16.24
江西省丰城市	6195	5233	84.47	897	17.14
江西省南城县	1627	1372	84.33	247	18
江西省阳县	6285	5225	83.13	636	12.17

资料来源：《江西省高校毕业生就业质量报告》（2019 届）。

从江西省各设区市对省内高校毕业生的人才吸引能力来看，人才吸引能力最强的是南昌市，在 2019 届高校毕业生中，南昌生源为 26003 人，在本地就业的有 14556 人，但非本地生源（含本省籍非本市和外省籍生源，下同）毕业生在南昌就业的有 45870 人，占 2019 届毕业生在南昌就业的 75.91%，省会城市的人才聚集效应得到了充分的体现；第二是新余市，2019 届新余生源的毕业生有 5325 人，在本地就业的有 1424 人，但非本地生源毕业生在新余就业的有 1870 人，占 2019 届毕业生在新余就业的 56.77%；第三是景德镇市，2019 届景德镇生源的毕业生有 6841 人，在本地就业的有 2209 人，但非本地生源毕业生在景德镇就业的有 2679 人，占 2019 届毕业生在景德镇就业的 54.81%，“景漂”一词形象地说明了陶瓷文化对毕业生强大的吸引力。应届高校毕业生人才吸引能力最弱的是萍乡市，非本地生源毕业生在萍乡就业人数占在萍乡就业总数的 22.97%；倒数第二是抚州市，占比为 24.82%；倒数第三是赣州市，该占比为 25.34%。

从江西省各设区市生源流向省外就业的数量来看，最高的是上饶市流向省外就业人数为 9083 人，占本地生源已就业总量的 42.27%；其次是赣州市，流向省外就业人数为 14131 人，占本地生源已就业总量的 40.73%；第三是抚州市，流向省外就业的人数为 5962 人，占本地生源已就业总量的 39.84%。流出量占比最低的是南昌市，占比为 25.28%，低于全省平均数 36.8% 的水平；其次是景德镇市，占比为 31.65%；第三是新余市，占比为 33.99%，如表 3-28 所示。

表 3-28　2019 年江西省高校毕业生（按生源分类）就业情况统计

市（县）名称	本市（县）生源在本省非生源地就业		本市（县）生源在省外就业		非本市（县）生源在本地就业（含省外）	
	人数 / 人	占比 /%	人数 / 人	占比 /%	人数 / 人	占比 /%
江西省南昌市	1701	7.82	5500	25.28	45870	176.4
江西省景德镇市	1642	29.14	1783	31.65	2679	39.16
江西省萍乡市	2175	28.49	2932	38.4	754	8.29
江西省九江市	6502	29.82	8463	38.82	3498	13.37
江西省新余市	1491	33.76	1501	33.99	1870	35.12
江西省鹰潭市	1025	31.5	1156	35.53	808	20.14
江西省赣州市	8241	23.75	14131	40.73	4182	10.19
江西省吉安市	6418	32.03	8276	41.3	1981	8.2

续表

市（县）名称	本市（县）生源在本省非生源地就业		本市（县）生源在省外就业		非本市（县）生源在本地就业（含省外）	
	人数 / 人	占比 /%	人数 / 人	占比 /%	人数 / 人	占比 /%
江西省宜春市	4684	29.28	5925	37.04	2379	12.52
江西省抚州市	4312	28.82	5962	39.84	1548	8.59
江西省上饶市	5818	27.08	9083	42.27	2557	10
江西省共青城市	140	44.03	111	34.91	396	11.73
江西省瑞金市	1055	37.52	1266	45.02	141	4.18
江西省安福县	613	45.01	527	38.70	64	3.86
江西省丰城市	2200	42.04	2136	40.82	332	5.36
江西省南城县	536	39.07	589	42.93	76	4.67
江西省阳县	2054	39.31	2535	48.52	210	3.34

资料来源：《江西省高校毕业生就业质量报告》（2019 届）。

二、江西高校毕业生就业存在的问题

（一）就业总量压力不减，就业困难

江西省劳动力市场供大于求，经济活动主体吸纳就业的能力较弱，就业市场有效就业需求不足，这是造成江西省大学生就业困难问题的重要原因。一方面，江西省各类高校毕业生人数长期处于高位，大学生劳动力供给数量相对江西省经济发展水平而言规模较大。另一方面，江西省经济发展较为滞后，省内各类企业总量较少，用人需求较多的大型企业中，江西省仅有 8 家中国 500 强企业，中国民营企业 500 强仅有 6 家，特别是中小微企业发展不足，难以起到大量吸纳大学毕业生的作用。

根据江西省第四次全国经济普查公报（第二号）的数据，2018 年年末，全省共有从事第二产业和第三产业活动的法人单位 45.44 万个，产业活动单位 53.16 万个，个体经营户 160.45 万个。和 2013 年第三次全国经济普

查的结果相比有显著的增长，但横向比，江西省不管是法人单位还是个体经营户都弱于周边省份，即便在全国，江西省法人单位的数量也仅排到第十八九的位置。没有活跃的经济活动单位，又怎能支撑得起数量庞大的劳动力就业？

此外，近年来各种突发事件频出，比如中美贸易战、新冠疫情，不管是国内突发事件还是外部不确定性因素的冲击，对就业都会产生影响：一方面，在短期内对就业造成直接冲击，造成就业困难，失业现象加重；另一方面，影响范围的不断扩展和影响程度的逐步加深，经济下行压力大，经济增长减速，从而对就业带来不利影响。在这样的一个大环境之中，江西省大学毕业生就业形势必然会变得异常严峻，大学生就业工作面临巨大压力。以疫情对大学生就业的影响为例，因大学生毕业分配期疫情较严重，单位或取消了用人计划，或不到学校招聘，学生也不能去单位面试。所以，一旦发生类似的突发事件，必将使大学生就业工作越发困难。

（二）就业期望不切实际，有业不就

高校毕业生普遍存在眼高手低的现象，不愿从基层做起，盲目追求体面、舒适的工作环境，缺乏吃苦耐劳精神。自 2012 年出现第一批 90 后毕业生以来，大学生的畸形的就业观念一直饱受质疑。90 后大学生由于生活条件优越，心理承受能力差，好高骛远，就业稳定性差，对工作、对未来的重要性没有正确的认识，就业意愿不强，啃老现象较为严重，而家长普遍的溺爱观念更是助长了这种不良习气。2021 年，最后一批 90 后学子（1999 年）也走出了校园、走向工作岗位。在双选会招聘现场对企业的访谈中，企业招聘方普遍认为，大学生缺乏吃苦耐心精神，情绪浮躁，契约意识差，有的经常无故迟到、旷工，更有甚者在未通知企业的情况下自动离职。因此，目前大学生就业难，和大学生就业意识弱有一定的关系。

当然，造成高校学子有业不就的原因还有来自就业质量方面的问题。

随着社会经济的发展进步，我国进入高质量发展阶段，高校毕业生对就业质量的追求意识也越来越强烈。在江西省整体就业质量水平偏低的情况下，一部分毕业生选择暂时不去签订就业协议，宁可继续等待或来年继续考研。

（三）就业结构性矛盾凸显，有业难就

完善的劳动力市场应起到合理配置劳动力资源，满足劳动者就业和用人单位用人的需求的作用，而我国的劳动力市场远未达到完善状态，劳动力市场分割、信息不对称等问题较为严重，我国地域性、结构性失业十分突出，一些地区人才过剩，而另一些地区却出现人才短缺。此外，毕业生所学专业与用人单位用人要求不匹配也是有业难就的重要原因。教育部公布了近年来就业率较低的本科专业名单，应届生求职网也公布了江西就业率较低的专业，过去受到热捧的如法律、新闻、电子商务等专业就业趋冷。此外，部分高校在开设专业时缺乏合格的师资和硬件条件，无法保证教学质量，加上我国高校普遍重理论轻实践，因此毕业生的专业理论素质和实践操作能力广受质疑。在访谈中，许多企业表示，大学毕业生动手能力弱，职业素养较低，很难满足企业的用人需求。这种能力不匹配造成了一方面企业众多岗位招不到合适的人才，另一方面大学生找不到合适工作的尴尬局面。

（四）就业歧视现象严重

调查显示，毕业生在求职中遇到的歧视现象较为普遍，主要有学历歧视，即对毕业院校的歧视、性别歧视、工作经验歧视。在各类就业歧视中，性别歧视出现的频率最高，调查显示，男大学生比女大学生的签约率高，80% 的女大学生在就业时遇到过性别歧视，在一些工科院校，尤其是理工类专业，性别歧视几乎成了公开的秘密，有些企业在招聘前就申明不接受女大学生，有 34% 的女大学生有多次被拒绝的经历。此外，学历歧视也是

重灾区，虽然国家明文规定企业在招聘时不得在限定条件中加入“只招收985、211院校学生”字样，但有相当部分的企业仍然或明或暗地将学历背景作为筛选的重要条件，在985、211院校较为集中的北京、上海、广州等地，一些企业在薪酬待遇上按照学校类别明码标价，这也直接触发了社会对国家设立985、211院校的广泛质疑，一些教育学者呼吁取消这种或隐或显的歧视政策。

三、江西省高校毕业生就业问题的原因分析

（一）区域经济发展不平衡，对大学毕业生留赣就业的吸引力弱

数据显示，江西省大学毕业生有超过一半选择在省外就业，北京市、上海市、广东省等经济发达地区成为大学生外出就业的首选。出现这一现象的主要原因在于江西省经济发展的滞后，就业机会和发展空间狭窄，不能吸引大学生就业。另外，江西省大型企业较少，中小企业吸纳就业的作用不明显。所以，不少大学毕业生必然需要向省外发展以寻求就业机会，这就又造成江西省人才的外流，对江西经济发展带来不利的影响。江西省发展需要大量的人才，在就业难与人才外流的双重压力下，江西省必须采取就业需求促进政策，千方百计扩大需求。

（二）大学毕业生就业能力与就业观念问题

大学生的就业能力是指大学生能够获得职业和职业发展成功的综合素质，包括专业知识、职业技能、心理素质和人际交往能力等维度。调查显示，江西大学生就业能力自我评价普遍较低，表现在以下几个方面。①专业知识较弱。这主要表现在部分大学生的专业学习能力较差，未能充分掌握本专业的基本理论知识和应用，同时高校在专业课程设置上缺乏预见性，许多课程内容不能适应经济社会的迅猛变革，大学生在校期间学到的专业知识不符合用人单位的需求。②实践能力欠缺。由于我国教育理念重理论

轻实践的现象较为严重，高校设置的实践课程往往质量不高，流于形式，大学生在毕业年度的实习经历弄虚作假现象严重，许多大学生在毕业时没有明确的职业方向，盲目实习甚至不去实习的现象很多。③准备不足。许多大学生没有明确的职业规划，高校在大学生入学时开设的职业生涯课程或者设计大赛由于大学生对就业缺乏认识而往往流于形式，效果不佳，而大学后期开设的就业指导课程大多讲授就业合同签订及人事关系转接等内容，较少对大学生就业进行进一步的职业生涯辅导。④学习能力不足。本书所指的学习能力是大学生主动学习、弥补自身缺陷的能力。我国高等教育教育制度实行的是严进宽出的政策，许多大学生在经历了激烈的高考竞争进入大学后未能延续良好的学习习惯，对专业知识掌握不牢，也不够注重自身综合素质特别是情商的发展，导致就业能力不足。⑤心理素质较差。新生代大学生生活条件优越，没有经历过太多的挫折和苦难，独生子女占大多数，因此在个人心理素质方面有所欠缺。

（三）社会、用人单位人才观念片面落后

虽然我国已经经历了40多年的改革开放，不断吸收着国际先进的教育、就业理念，但传统的人才观念根深蒂固，影响较深，短时间内难以产生根本性的改变。一是学生家长和大学生个人对名牌、重点大学趋之若鹜，考研深造依然受到热捧，而对高职高专院校不屑一顾，过度教育十分普遍。但连年的就业调查表明，研究生就业率低于本科生和大专生的现象持续多年，许多硕士研究生处于高不成低不就的尴尬状态。与之相反，职业院校一方面生源告急，另一方面却是企业大量的用人需求得不到满足，这种矛盾状态值得反思。二是许多用人单位在招录大学生时将各类院校按照985、211、一本、二本等分为三六九等，在薪酬待遇和晋升机会上差别对待，甚至一些用人单位直接将只录用“985、211或某某大学毕业生”等字样写进招聘信息中。在没有经过科学合理的人才测评的情况下，用人单位的这种用人理念显然减少了非“重点大学”毕业生的就业机会。

（四）就业市场机制不完善，就业服务有欠缺，就业政策实施力度弱

近年来，面对日益严峻的大学生就业难问题，党中央、国务院高度重视，政府各相关部门每年都出台专门文件，采取各种措施鼓励大学生就业创业，江西省政府按照中央政府政策结合本省实际情况也实施了许多推动大学生就业的政策。但从调查结果来看，政策的宣传和实施仍存在问题。比如宣传不到位的问题，大学生对各项就业促进政策的了解程度普遍不高，相当部分的调查对象对就业政策不知晓。在关于影响大学生对就业政策满意程度的因素的提问中，“政策宣传不到位，我不能了解”排名首位。

第四章

“十四五”时期江西省的就业形势

本章包括三小节内容，一是江西省就业发展的基本特征。从就业规模、就业率、失业率、就业结构、就业人员素质、就业质量、公共就业服务等方面的变化进行定量分析。二是江西省各类市场主体吸纳就业的情况及省际比较分析。市场主体是就业机会的主要提供者，利用全国经济普查数据比较分析江西省及其他省份各类市场主体（企业）的培育和发展状况，以及比较分析企业吸纳就业的情况和特征，进一步把握江西省就业发展的状况。三是“十四五”时期江西省就业形势预测。结合江西省就业发展的状况，利用劳动就业的统计数据，对“十四五”时期江西省劳动力供给、劳动力需求及就业结构的变动进行预测，研判“十四五”时期江西省面临的就业总量矛盾和就业的结构性矛盾。

第一节　江西省就业发展的基本特征

总体来说，到目前为止，江西省的就业规模不断扩大，就业结构继续优化，就业质量明显改善，劳动者素质不断提升，公共就业服务不断完善，就业工作总体成效显著。

一、就业规模不断扩大，就业形势总体稳定

一是城乡就业人数不断增加。2019 年年末，江西省城乡就业人数达到近 2632 万人，是 2001 年的 1.28 倍。江西省就业人数占全国总就业人数的比重也逐年提高，由 2001 年的 2.82% 提高到 2019 年的 3.4%，如图 4-1 所示。

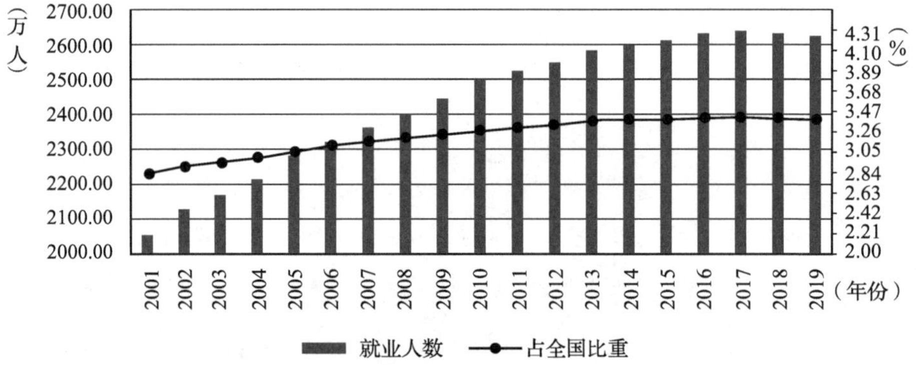

图 4-1　2001—2019 年江西省就业人数及占全国比重

资料来源：《江西统计年鉴》(2020)、《中国统计年鉴》(2020)，以下同。

二是从就业人员的增长速度来看，2001—2018 年，江西省就业人数的年均增长速度为 1.38%，其中，“十五”期间年均增速为 2.6%，“十一五”期间年均增速为 1.86%，“十二五”期间年均增速为 0.81%，“十三五”期间年均增速为 -0.07%，如图 4-2 所示。2001—2018 年，全国就业人数的平均年增长速度仅为 0.35%，其中“十五”期间年均增速为 0.63%，“十一五”期间年均增速为 0.37%，“十二五”期间年均增速为 0.34%，“十三五”期间年均增速为 -0.06%。

与全国平均水平相比，江西省就业人员增长速度要明显高于全国。

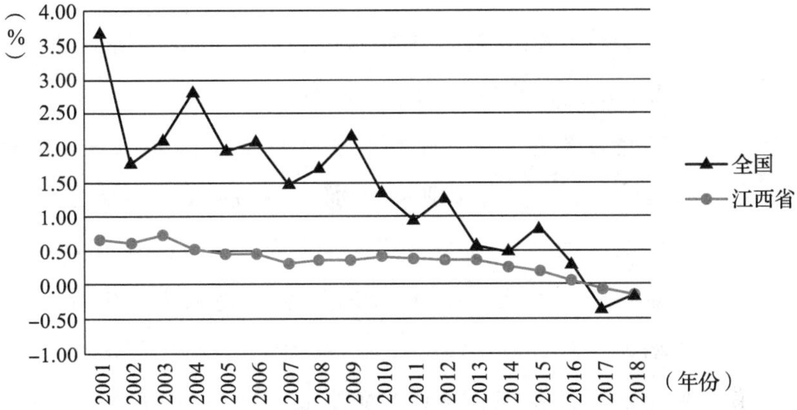

图 4-2　2001—2018 年全国和江西省就业人员的年均增长速度

三是就业率稳步提高。就业率，或者称为就业人口比率，是指一国或地区工作年龄人口中的就业比例。高比率意味着一国或地区人口中就业者的比重较大，反之，则意味着有较大比例的人口没有直接参与到与市场相关的活动中，这部分人口可能处于失业状态，也可能是他们完全退出了劳动力市场。计算就业率时，就业率定义为各地区就业人数和根据统计资料计算得到的 15 岁及以上人口数之比。尽管全国就业率水平出现逐步下降趋势，但江西省这些年却一直呈现与之相反的上升趋势，从 2012 年开始，江西省就业率就一直高于全国平均水平，如图 4-3 所示。

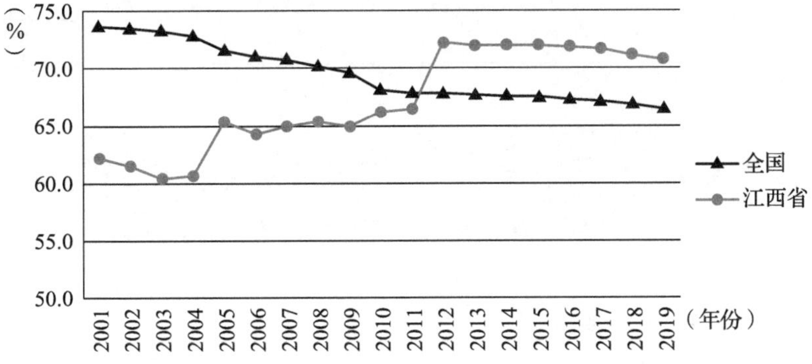

图 4-3　2001—2019 年全国和江西省就业率

就业人口比率反映了一个经济体创造就业的能力，因此，人们通常认为，就业人口比率较高是一个积极的信号。但就业人口比率较高的原因并不一定是积极的，例如，如果教育选择有限，年轻人就会随意去从事一份工作，而不是留在学校里积累他们的人力资本。

依据就业率的定义来讲，就业率较高意味着就业状况的一个积极信号，说明就业状况总体较好，因为毕竟吸纳了那么多的劳动力加入了就业大军；反过来讲，就业率低，或者就业率下降，则意味着有较大比例的人口没有直接参与到与市场相关的活动中，更多的劳动力要么进入失业人员队伍，要么完全退出劳动力市场，也就是说，总体就业状况趋于恶化。所以，从全国就业率的变动来看，我国长期以来面临的就业压力和严峻的就业形势并没有得到改善，反而有越来越困难的趋势。江西省虽然好于全国的平均状况，但是最近几年，就业率也出现下降态势。

四是城镇登记失业率保持低位并有所下降。随着就业规模的扩大，江西省城镇登记失业率在 2001—2019 年一直保持 3% ～ 4%，2019 年低于 3% 的水平。与全国相比，明显低于全国平均水平，如图 4-4 所示。

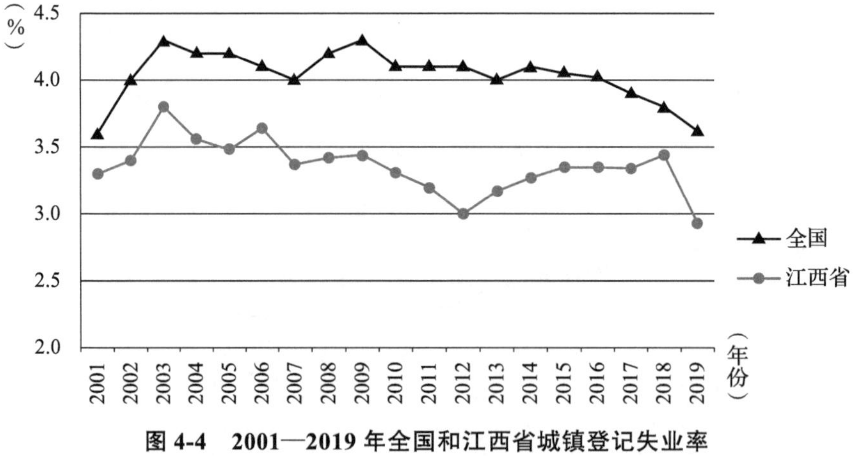

图 4-4　2001—2019 年全国和江西省城镇登记失业率

二、就业结构继续优化

从 2010—2018 年江西省三次产业就业结构变化情况来看，总体而言，江西省三次产业就业结构的演变符合产业结构演进的一般规律。发达国家产业结构演进的历程表明，伴随着经济发展水平的不断提高，劳动力在各产业之间发生规律性转移，首先是劳动力从第一产业转向第二产业，随着经济发展水平的进一步提高，第二产业吸纳劳动力的能力将衰弱，劳动力将更多地向第三产业转移。就业人员在三大产业之间的分布由最早的“一二三”逐步演变成今天“三二一”的格局，而且这一进程还在不断加深。这是经济学家所揭示的工业化进程中第一产业劳动力向第二、三产业转移的规律。江西省也同样在经历这一进程，图 4-5 反映了 1991—2017 年江西省三次产业就业结构变化趋势。

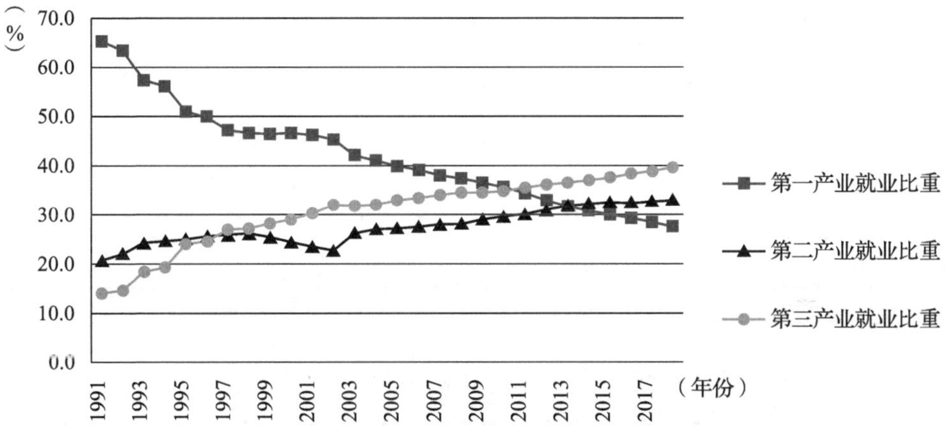

图 4-5　1991—2017 年江西省三次产业就业结构变化趋势

从数据来看，第一产业就业比重下降显著，由 2010 年占优势的 35.6% 下降到 2018 年的 27.5%，下降了 8.1 个百分点；第二、三产业就业比重均有所上升，分别提高 3.3 个和 4.8 个百分点。到了 2013 年，江西省三次产业就业结构第一次成为“三二一”格局。江西省三次产业就业结构的演变也揭示了劳动力转移的方向，即农业富余劳动力向非农产业持续转移，且第二、三产业对劳动力的吸纳能力逐年增强，尤其是第三产业，已成为吸纳江西劳动力就业的主阵地。如表 4-1 所示，“十二五”时期，对于农村劳动力的转移，第二产业吸纳能力要略强于第三产业，但到了“十三五”时期，第三产业的就业吸纳能力越来越强，成为吸纳农村劳动力的主要力量。

表 4-1　2010—2018 年江西省三次产业就业结构

单位：%

时间	第一产业就业比重	第二产业就业比重	第三产业就业比重
2010	35.6	29.6	34.8
2011	34.4	30.1	35.5
2012	32.9	31.0	36.1
2013	31.7	31.8	36.5
2014	30.8	32.2	37.0
2015	30.0	32.5	37.5
“十二五”时期变化	-4.4	2.4	2.0
2016	29.3	32.4	38.3
2017	28.5	32.7	38.9
2018	27.5	32.9	39.6
2010—2018 年变化	-8.1	3.3	4.8
“十三五”时期变化	-1.8	0.5	1.3

资料来源：《江西统计年鉴》(2019)。

尽管如此，但目前江西省三次产业就业结构仍然落后于全国平均水平，2018 年，全国三次产业就业比重分别为 26.1%、27.6%、46.3%，相比之下，江西第一产业就业比重仍然较高，而第三产业就业比重较低。

对江西省三次产业就业结构的评价，可以结合结构偏离度和协调系数来进行。

经济的可持续发展，必然要求产业结构与就业结构之间协调有序发展，但在经济发展的不同阶段，三次产业通常都会面临着产业结构与就业结构不相匹配，或者说失衡的情况。结构偏离度就是反映产业结构与就业结构失衡的一个重要指标，其计算公式如下。

$$结构偏离度=\frac{某产业国内生产总值比重}{某产业就业比重}-1$$

其中，某产业国内生产总值（GDP）比重和就业比重的比值也称为比较劳动生产率。

当结构偏离度为零时，该产业的产值和劳动力要素的比重相同，产业结构与就业结构处于均衡状态，偏离度越接近于零，产业结构和就业结构越接近均衡状态。当偏离度大于零时，该产业的产值比重高于就业比重，意味着该产业用了较少的劳动力生产出了相对较多的产品，劳动生产率较高，还可以容纳多余的劳动力使得产业结构与就业结构达到均衡状态。当结构偏离度小于零时，说明该产业用了较多的劳动力但产出相对较低，存在剩余劳动力的可能，使得该产业的比较劳动生产率较低。因此，当结构偏离度趋近于零时，说明产业结构相对合理；反之，说明产业结构还不够协调，还需要做进一步的调整。

结构偏离度不仅可以反映某一产业的就业比重和产出比重是否协调一致，还可以把各产业结构偏离度系数的绝对值加总，用来体现三大产业整体的发展质量，考察产业结构是否合理，产业发展速度是否具有均衡性及产业结构是否具有协调性。

对于不同地区产业结构和就业结构偏差问题的比较，我们还可以通过计算产业结构和就业结构的协调系数来进行。协调系数可以从另一个不同的角度来进一步验证各地区产业结构偏离度的分析结果。

协调系数的计算公式如下。

$$H_{se}=\frac{\sum_{i}(S_iE_i)}{\sqrt{\sum S_i^2\sum E_i^2}}$$

其中，H_{se}就是前面所定义的两种结构的协调系数，目的是反映研究对象区域的两种结构之间的协调性，并且可以确定该系数的取值范围为$0\leqslant H_{se}\leqslant 1$。另外，变量$S_i$代表的是当地第i产业的产业结构，$E_i$则相应代表的是该产业的就业结构。就协调系数的含义而言，产业结构协调系数越趋向于零，则表示产业结构和就业结构之间愈加没有很好的协调发展；如果该数值和 1 越接近，则代表两种结构之间存在很好的协调，是一种均衡的发展状态。表 4-2 为 2010—2018 年江西省三次产业结构偏离度与协调系数。

表 4-2 2010—2018 年江西省三次产业结构偏离度与协调系数

年份	第一产业偏离度	第二产业偏离度	第三产业偏离度	总偏离度	协调系数
2010	−0.648	0.839	−0.049	1.536	0.853
2011	−0.662	0.823	−0.056	1.541	0.857
2012	−0.650	0.739	−0.040	1.430	0.876
2013	−0.664	0.692	−0.028	1.383	0.885
2014	−0.665	0.642	−0.005	1.311	0.895
2015	−0.659	0.560	0.042	1.262	0.910
2016	−0.667	0.484	0.102	1.253	0.920
2017	−0.678	0.473	0.099	1.250	0.923
2018	−0.687	0.418	0.132	1.237	0.931

长期以来，江西省第一产业结构偏离度均小于零，且有扩大趋势，说明第一产业就业比重和产值比重一直处于失衡的状态，江西省第一产业占 GDP 不到 1/10 的产出却容纳了将近 1/3 的劳动力，这意味着第一产业需要释放大量的剩余劳动力出来，所以，在较长一段时间内，江西省就业工作面临的一个重要问题就是农村劳动力的就业问题。

第二产业结构偏离度是下降的，但其始终维持在一个较高的水平。结构偏离度大于零，说明第二产业产值比重大于就业比重，意味着该产业用了较少的劳动力生产出了相对较多的产品，劳动生产率较高，还可以容纳多余的劳动力。但实际上，第二产业目前吸纳新增就业的能力十分有限，其原因主要还是我国传统上以发展重化工业及资本密集型工业为主的模式，在没有根本扭转之前必然会影响第二产业吸纳就业的作用。所以，第二产业结构偏离度为正，且数值较大，我们要看到的并不仅仅是理论上具有扩大就业的可能，更重要的是要看到，结构长期失衡本身是一件不好的事情，对经济可持续发展必定会带来负面影响。从第二产业未来扩大就业的潜力来说，最大的潜力在于第二产业相关行业的中小企业及小微企业的发展。

第三产业结构偏离度近年来有上升的势头，且偏离度大于零，这意味着第三产业还能容纳多余劳动力，发挥扩大就业作用的空间还很大。特别是目前江西省第三产业不管是产值比重还是就业比重都还不是很高，即便与全国的平均水平相比，江西省也还有很大的提升空间，这是未来江西省解决就业问题的一个主阵地。以后的任务就是如何进一步提高第三产业在国民经济中的整体地位，如何进一步提高第三产业对经济的贡献，从而更大发挥出第三产业吸纳就业的作用。

从总偏离度这一指标来看，2010 年以来，江西省三次产业的总偏离度呈逐年下降的趋势，说明江西省近年来产业结构失衡的情况在不断改善。这一点从协调系数也可以得到佐证，2010 年以来，江西省产业结构和就业结构的协调系数呈显著的逐年上升趋势，不断逼近 1，2018 年已达到 0.931，说明江西省三大产业的 GDP 结构和就业结构这两种结构之间存在较好的协调关系。合理的产业结构对促进经济和就业增长有重要意义，近年来，在全国经济增速总体放缓的背景下，江西省的速度能够处于全国各省前列，和江西省产业结构的优化不无关系。虽然目前江西省的总体水平仍然处于相对落后的位置，但如果在一系列有利因素的促进下能够有较大的提升，这对江西省扩大就业，缓解就业压力有积极意义。

三、就业人员素质不断提高

江西省就业人员中大专及以上受教育程度人员占比由 2006 年的 4.5% 上升到 2019 年的 16.3%，提高了 11.8 个百分点，高素质人才增长比较显著。不过与全国平均水平相比还是较低，同期，全国就业人员中大专及以上受教育程度人员占比由 6% 上升到 22.8%，提高了 16.8 个百分点，明显高于江西省水平，如图 4-6 所示。

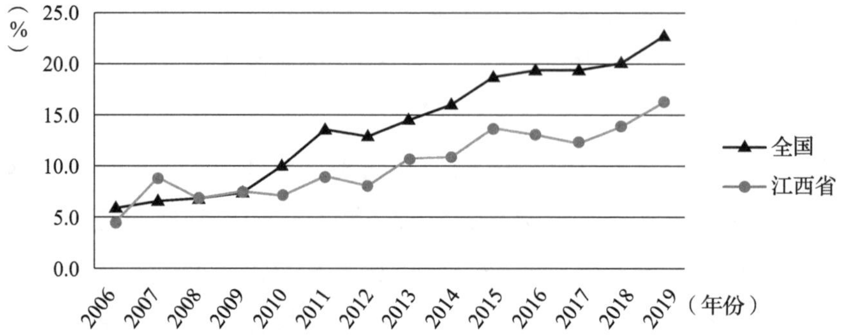

图 4-6　2006—2019 年全国和江西省就业人员中大专及以上所占比例

资料来源：历年《中国劳动统计年鉴》。

从就业人员平均受教育年限来看，2006 年“十一五”开端之年，江西省就业人员的平均年限为 7.3 年，2019 年提高到 10 年，尽管仍然低于全国平均水平，但江西省受教育程度的提升还是很显著的。同期，全国就业人员受教育年限由 7.8 年提高到 10.5 年，如图 4-7 所示。

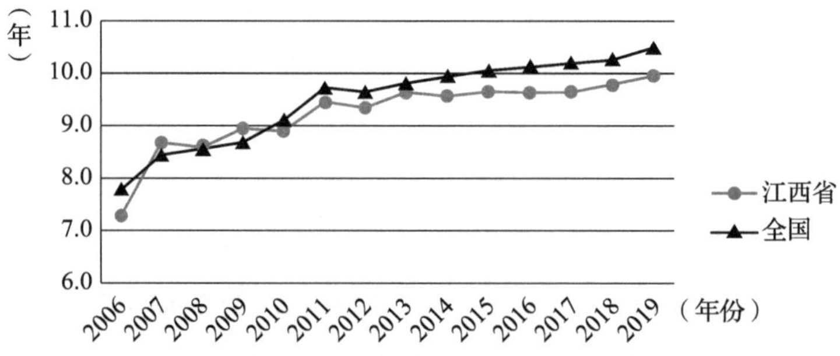

图 4-7　2006—2019 年全国和江西省就业人员平均受教育年限

资料来源：历年《中国劳动统计年鉴》。

四、就业质量明显改善

就业质量是一个多维概念，国内外机构和学者相继提出了多种衡量就业质量的指标体系和方法。宏观层面上对我国地区就业质量评价的研究近些年也不少，本书采用最新研究文献的数据来分析目前江西劳动力就业质量的变化。一是戚聿东、刘翠花和丁述磊（2020）测算的全国各地区就业质量指数。他们区分了过程指标和结果指标，并选取就业环境、就业能力、劳动报酬和劳动保护4个一级指标（均采用结果指标，宏观统计数据）设计中国省级就业质量评价指标体系；图4-8为参考他们的测算结果绘制的2008—2018年江西省就业质量指数。二是人口和就业统计司课题组（2020）对全国及分省就业质量指数的测算结果。他们利用全国月度劳动力调查微观数据，选取与工作特征直接相关的月平均工资、未充分就业比例、超时工作比例、合同签订率4个指标构建就业质量指数，分别代表劳动工资、就业充分、工作生活平衡、就业稳定4个维度。

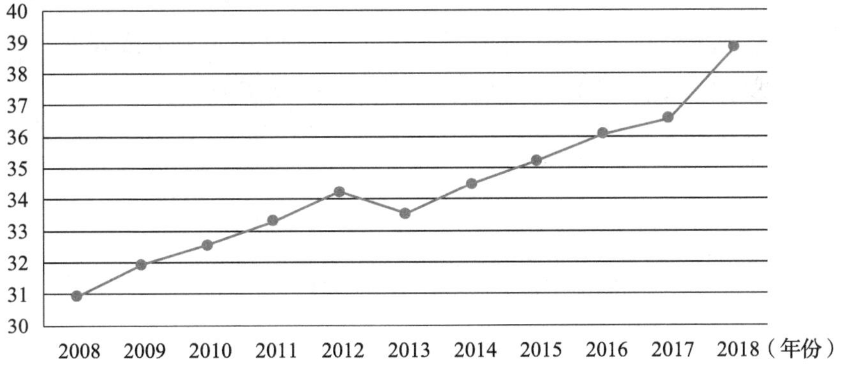

图4-8 2008—2018年江西省就业质量指数

注：参考戚聿东、刘翠花和丁述磊（2020）的测算结果绘制。

从测算结果来看，戚聿东、刘翠花和丁述磊（2020）测算的江西省就业质量指数在2008—2018年提高了8个点左右，而且折线图也表明了就业质量指数提升的趋势。同样，人口和就业统计司课题组（2020）的研究结果由于受微观调查数据的限制，尽管只有2016年、2017年和2018年三年的数值，但从三年的得分来看，从2016年的19.2提高到2018年的20.1，就业质量指数提高了0.9。

此外，利用CFPS 2018年的调查数据也能够分析江西省劳动力就业质量的基本情况。尽管在CFPS 2018年的调查问卷中并没有直接的调查上述就业质量指标的题目，但设置了工作满意度的调查内容，具体包括工作收入满意度、工作安全满意度、工作环境满意度、工作时间满意度、工作晋升满意度及工作整体满意度，对工作满意度的调查一定程度上也反映了该地区劳动力就业质量的水平。表 4-3 是江西省 CFPS 2018 年工作满意度调查的平均得分及其与全国得分水平的比较。

表 4-3 江西省 CFPS 2018 年工作满意度调查的平均得分及其与全国得分水平的比较

地区	工作收入满意度	工作安全满意度	工作环境满意度	工作时间满意度	工作晋升满意度	工作整体满意度
全国样本	3.487778	3.906228	3.758597	3.694655	3.437232	3.763154
江西样本	3.209581	3.730539	3.45509	3.508982	3.365269	3.48503

从江西 CFPS 2018 年工作满意度调查的得分来看，虽然工作满意度的各个维度得分均略低于全国整体水平，但各项得分均大于中位数得分 3，说明江西省从业人员对工作的满意度评价还是比较满意的。

第二节　市场主体吸纳就业的情况及省际比较分析

市场主体是就业机会的主要提供者。本节主要利用第四次全国经济普查数据，分析江西省各类市场主体发展情况及其吸纳就业的作用，并对江西省和其他省份的情况进行比较分析，从企业视角说明江西省这些年就业发展的情况[①]。

一、法人单位吸纳就业的基本情况

依据全国经济普查的主要指标解释，法人单位是指有权拥有资产、承担负债，并独立从事社会经济活动（或与其他单位进行交易）的组织。在统计中，法人单位包括企业法人、事业单位法人、机关法人、社会团体及其他成员组织法人、其他法人。2018 年全国和各省、区、市法人单位和企业数及其就业人数如表 4-4 所示。

① 本小节所用的数据均来源于《中国经济普查年鉴》(2018)。

表 4-4 2018 年全国和各省、区、市法人单位和企业数及其就业人数

地区	法人单位数 / 个	从业人员数 / 人	企业数 / 个	企业从业人员数 / 人	企业数占法人单位数的比重 /%	企业从业人数占法人单位从业人数的比重 /%
全国	21787273	362390080	18568617	298276245	85.23	82.31
北京市	988483	12661023	947835	10941182	95.89	86.42
天津市	291151	4697982	273214	4082528	93.84	86.90
河北省	1150955	13524956	1008314	10536969	87.61	77.91
山西省	462193	7152887	366030	5274041	79.19	73.73
内蒙古自治区	297176	4262782	232068	2775974	78.09	65.12
辽宁省	600313	8258076	516434	6292671	86.03	76.20
吉林省	187449	3774567	136618	2557569	72.88	67.76
黑龙江省	256191	4135303	194607	2679403	75.96	64.79
上海市	440696	11248985	409598	10084108	92.94	89.64
江苏省	2053630	38281170	1859211	34578766	90.53	90.33
浙江省	1545153	28741022	1383840	25898115	89.56	90.11
安徽省	813279	13097735	699699	10811028	86.03	82.54
福建省	702826	16790336	605529	14961312	86.16	89.11
江西省	454387 排名第 18	9421645 排名第 15	354445 排名第 20	7564854 排名第 15	78.01 排名第 22	80.29 排名第 12
山东省	1801301	26044119	1547260	21662670	85.90	83.18
河南省	1279238	22544568	1036999	18040107	81.06	80.02
湖北省	853168	14736930	688373	11949162	80.68	81.08
湖南省	622764	12817074	462081	9752100	74.20	76.09
广东省	3126550	43360766	2834228	38262410	90.65	88.24
广西壮族自治区	490277	7126502	384717	5116187	78.47	71.79
海南省	100096	1498473	85886	1039917	85.80	69.40

续表

地区	法人单位数/个	从业人员数/人	企业数/个	企业从业人员数/人	企业数占法人单位数的比重/%	企业从业人数占法人单位从业人数的比重/%
重庆市	512470	9436217	454215	8165484	88.63	86.53
四川省	761937	16528523	570296	13064399	74.85	79.04
贵州省	348149	5585145	280475	3890787	80.56	69.66
云南省	453286	6857161	362186	4880197	79.90	71.17
西藏自治区	47215	785366	28141	445575	59.60	56.73
陕西省	532220	8583025	422744	6440234	79.43	75.03
甘肃省	229632	3655778	145851	2287904	63.52	62.58
青海省	72869	1117007	51811	713342	71.10	63.86
宁夏回族自治区	68817	1261053	50340	898450	73.15	71.25
新疆维吾尔自治区	243402	4403904	175572	2628800	72.13	59.69

数据显示，2018年江西省全部法人单位数占全国法人单位数的比例为2.09%，江西省法人单位就业人数占全国法人单位就业人数的比例为2.60%；2018年，江西省法人单位数与法人单位从业人数在全国除港澳台地区外的31个省、区、市中分别排名为第18和第15。这说明江西省法人单位不管是数量还是吸纳的从业人员数在全国来说均处于较落后状况。

从法人单位不同机构类型的构成来说，首先占比最大的是企业法人。如表4-4所示，2018年全国企业法人数占全部单位法人数的比例为85.23%，企业从业人数占全部法人单位从业人数的比例为82.31%。2018年，江西省企业数占全国企业数的比例为1.91%，江西省企业就业人数占全国企业就业人数的比例为2.54%；2018年，江西省企业数与企业从业人数在全国31个省份中分别排名为第20和第15。2018年江西省企业数占法人单位数的比重为 78.01%，企业从业人数占法人单位从业人数的比重为 80.29%，均低于全国平均水平；2018 年企业数占全部法人单位数的比重在全国 31 个省、区、市中排第 22 位，企业从业人数占全部法人单位从业人数的比重在全国 31 个省、区、市中排第 12 位。这说明江西省企业培育和发展不足，但企业吸纳就业的作用却十分显著，企业法人培育发展不足严重制约了江西省扩大就业规模。

除企业法人之外，在单位法人的不同机构类型中，吸纳就业人数占比较大的还有事业单位和机关法人。2018 年，全国事业单位和机关从业人数占全部法人单位从业人数的比例分别为 9.1% 和 4.1%，江西省这两个比例分别为 10.5% 和 4.6%，但这并不意味着江西省在这两类机构的从业人员就多了，实际上反而是少了。这两类机构从业人员占比采用总人口更合适，以总人口中的事业单位和机关从业人员的比例来看，全国平均水平分别是 2.356% 和 1.072%，江西省则为 2.129% 和 0.927%，如果以全国的平均水平来衡量的话，意味着江西省要达到全国的比例，则这两类机构可以增加就业人员 17.3 万人。

二、企业法人吸纳就业的基本情况和特征

企业法人是指依据《中华人民共和国公司登记管理条例》《中华人民共和国企业法人登记管理条例》等国家法律和法规，经各级市场监管机关登记注册，领取《企业法人营业执照》的企业，包括公司制企业法人和非公司制企业法人。不具有法人资格但依法成立的个人独资企业、合伙企业在统计上视同法人[①]。

（一）不同控股情况的企业吸纳就业的情况

2018 年，在全部企业法人中，不同控股情况的企业及吸纳就业的情况如表 4-5 所示。从企业数量来看，江西省公有制企业（含国有控股和集体控股企业）占全部企业的比重要高于全国平均水平，国有企业占比高出全国平均值 0.7 个百分点。非公有制企业中，江西省私人控股企业占全部企业的比

① 根据《中国经济普查年鉴》（2018）的定义。

重为 93.5%，全国平均值为 93.6%，港澳台商控股企业和外商控股企业占全部企业的比例则低于全国平均值。在全部企业中，江西省全部企业数在全国 31 个省、区、市中排第 20 位，国有企业数排第 17 位，集体企业数排第 19 位，私营企业数数排第 20 位，港澳台商企业数排第 14 位，外商控股企业数排第 18 位。

表 4-5　2018 年全国和各省、区、市不同控股情况的企业构成及吸纳就业的情况

单位：%

地区	企业数占比 /%					从业人数占比 /%				
	国有控股	集体控股	私人控股	港澳台商控股	外商控股	国有控股	集体控股	私人控股	港澳台商控股	外商控股
全国	1.3	0.9	93.6	0.6	0.4	12.6	2.2	72.9	4.0	3.6
北京市	1.6	1.8	92.4	0.6	0.7	20.1	3.0	63.0	5.4	6.0
天津市	2.5	0.9	87.0	0.8	1.1	17.7	1.8	59.7	5.8	7.7
河北省	0.9	0.6	96.6	0.1	0.1	13.3	2.0	78.3	1.0	1.5
山西省	2.7	1.6	94.8	0.1	0.1	34.3	3.5	56.8	1.7	1.0
内蒙古自治区	2.0	0.7	91.3	0.1	0.1	24.5	2.0	64.4	1.3	0.9
辽宁省	1.7	1.6	91.8	0.3	0.6	21.9	4.2	61.2	2.4	5.4
吉林省	2.7	1.1	88.8	0.1	0.2	27.9	2.5	57.1	1.0	2.3
黑龙江省	2.9	1.5	91.0	0.1	0.1	37.0	2.9	49.5	1.1	1.3
上海市	2.5	1.5	86.7	2.7	3.9	15.0	1.9	54.0	9.0	15.3
江苏省	0.8	0.6	95.4	0.6	0.7	6.0	1.9	78.5	4.0	6.4
浙江省	0.9	0.9	96.3	0.4	0.6	4.5	2.0	86.0	2.7	2.4
安徽省	1.1	0.8	90.3	0.1	0.1	13.5	1.9	75.3	1.3	1.2
福建省	1.3	0.8	94.9	1.1	0.5	7.7	1.2	79.0	6.6	3.4
江西省	2.0（17）	0.9（19）	93.5（20）	0.3（14）	0.1（18）	13.2（23）	2.3（16）	76.1（8）	2.9（7）	1.4（17）
山东省	0.8	0.6	96.3	0.2	0.3	11.2	3.5	75.7	1.3	2.8
河南省	0.9	0.7	93.7	0.1	0.0	10.3	2.1	79.6	2.0	0.6

续表

地区	企业数占比 /%					从业人数占比 /%				
	国有控股	集体控股	私人控股	港澳台商控股	外商控股	国有控股	集体控股	私人控股	港澳台商控股	外商控股
湖北省	1.3	1.0	92.4	0.2	0.1	13.7	2.2	74.2	2.1	1.5
湖南省	1.6	0.9	94.1	0.2	0.1	11.5	3.1	77.7	2.2	1.1
广东省	0.7	0.6	92.5	2.0	0.5	7.3	1.6	66.5	11.9	6.2
广西壮族自治区	1.8	1.2	94.1	0.2	0.2	20.3	3.0	68.4	2.3	1.5
海南省	2.2	1.1	79.9	0.5	0.2	18.0	2.8	56.2	2.1	1.6
重庆市	1.1	0.5	96.4	0.2	0.1	12.7	1.2	79.4	1.6	1.6
四川省	1.9	1.2	93.6	0.2	0.2	15.2	2.4	74.9	1.5	1.6
贵州省	2.5	1.1	93.9	0.1	0.1	22.4	2.2	68.3	0.6	0.8
云南省	1.9	1.2	93.9	0.1	0.1	16.0	3.0	74.8	0.8	0.7
西藏自治区	4.4	2.2	84.5	0.1	0.1	15.3	2.4	71.3	1.0	0.6
陕西省	1.9	1.0	92.3	0.1	0.1	24.8	2.9	65.2	0.8	1.2
甘肃省	2.7	1.3	88.9	0.1	0.0	32.8	4.6	55.1	0.2	0.5
青海省	2.9	1.0	92.5	0.1	0.1	28.6	2.5	63.2	0.7	0.3
宁夏回族自治区	2.3	0.6	94.3	0.1	0.1	21.4	1.9	71.4	0.4	0.9
新疆维吾尔自治区	3.8	0.7	91.5	0.1	0.1	31.3	2.1	59.0	0.5	0.4

注：根据第四次全国经济普查数据计算，江西省括号内的数字分别是在全国 31 个省、区、市中不同控股情况的企业数量占全部企业数量的比例和不同控股情况的企业从业人数占全部企业从业人数的比例的排名情况。

虽然江西省企业总数和各类不同控股情况企业数量在全国排位比较靠后，发展情况不是很好，但是，它们吸纳就业的作用却很明显。在不同控股情况企业的就业构成中，私人控股企业就业人员占比表现亮眼，私人企业吸纳了 76.1% 的从业人员，这一比例高出全国平均值 3.2 个百分点，私人企业就业吸纳能力在全国31个省、区、市中排在第8位，港澳台商控股企业的就业吸纳能力排在全国第7位。总的来讲，江西省公有制企业发展水平和就业吸纳能力在全国均处于较低水平，但非公有制企业，特别是私人控股企业虽然发展不足，企业数量不多，但却表现出了非常强劲的就业吸纳能力。换言之，如果非公有制企业还有大的发展，那么它们对稳定和扩大就业的作用将更为显著。

（二）不同规模分组的企业吸纳就业的情况

2018年，在全部企业法人中，不同规模分组的企业构成及吸纳就业的情况如表4-6所示。从企业数量来看，江西省大型企业占全部企业的比重与全国平均水平基本持平，中型企业占比略高出全国平均值，小型企业占全部企业的比重为18.87%，全国平均值为13.16%，微型企业占全部企业的比例则低于全国平均值约6个百分点。在全部企业中，江西省全部大型企业数在全国31个省、区、市中排第19位，中型企业数排第15位，小型企业数排第15位，微型企业数排第20位。

表4-6　2018年全国和各省、区、市不同规模的企业构成及吸纳就业的情况

单位：%

地区	企业数占比				从业人数占比			
	大型企业	中型企业	小型企业	微型企业	大型企业	中型企业	小型企业	微型企业
全国	0.18	1.33	13.16	85.34	20.64	23.00	33.73	22.63
北京市	0.27	1.19	9.61	88.93	30.52	20.75	27.86	20.87
天津市	0.24	1.30	10.31	88.15	22.63	21.58	34.21	21.58
河北省	0.10	0.74	7.72	91.44	18.49	16.88	30.59	34.04
山西省	0.20	1.16	8.60	90.04	28.69	22.62	25.03	23.66
内蒙古自治区	0.18	1.31	8.47	90.04	21.69	23.23	29.47	25.61
辽宁省	0.16	1.15	8.55	90.14	22.19	20.88	31.48	25.46
吉林省	0.28	1.90	12.03	85.80	28.44	20.03	30.74	20.79
黑龙江省	0.22	1.30	9.13	89.35	29.57	21.15	25.74	23.54

续表

地区	企业数占比				从业人数占比			
	大型企业	中型企业	小型企业	微型企业	大型企业	中型企业	小型企业	微型企业
上海市	0.60	3.12	19.37	76.90	30.32	24.70	31.60	13.39
江苏省	0.16	1.31	15.02	83.51	22.42	22.76	34.57	20.26
浙江省	0.15	1.36	13.79	84.70	18.64	28.81	34.49	18.06
安徽省	0.13	1.20	13.13	85.54	17.01	21.52	36.28	25.19
福建省	0.20	1.73	21.05	77.01	17.69	29.68	34.81	17.82
江西省	0.18（19）	1.69（15）	18.87（15）	79.25（20）	18.27（23）	22.45（15）	38.63（2）	20.66（26）
山东省	0.13	1.09	12.30	86.47	20.25	18.56	34.84	26.35
河南省	0.12	1.19	18.49	80.19	16.72	21.16	37.15	24.96
湖北省	0.17	1.49	17.07	81.27	19.17	22.04	35.50	23.29
湖南省	0.18	1.99	21.27	76.56	12.90	26.17	40.26	20.67
广东省	0.16	1.04	10.27	88.53	22.37	21.19	32.28	24.17
广西壮族自治区	0.14	1.20	9.06	89.59	19.35	25.13	30.41	25.11
海南省	0.29	1.81	9.80	88.10	22.32	22.08	27.96	27.64
重庆市	0.20	1.40	16.69	81.72	17.26	25.99	33.16	23.58
四川省	0.23	2.12	17.32	80.33	17.04	28.46	36.02	18.48
贵州省	0.14	1.30	11.09	87.47	20.24	18.73	31.54	29.49
云南省	0.16	1.32	11.78	86.75	14.37	22.49	36.37	26.78
西藏自治区	0.35	1.70	13.44	84.51	9.77	18.91	33.29	38.02
陕西省	0.20	1.35	11.77	86.68	22.59	20.08	31.76	25.57
甘肃省	0.22	1.58	10.84	87.35	23.53	23.01	28.30	25.16
青海省	0.24	1.33	10.87	87.57	19.69	19.41	32.56	28.34
宁夏回族自治区	0.25	2.04	13.95	83.75	21.87	22.49	32.13	23.52
新疆维吾尔自治区	0.26	1.89	10.18	87.66	23.47	22.80	30.97	22.76

注：根据第四次全国经济普查数据计算，江西省括号内的数字分别是在全国31个省、市、区中不同规模的企业数量占全部企业数量的比例和不同规模的企业从业人数占全部企业从业人数的比例的排名情况。

从不同规模的企业吸纳就业的作用来看，在不同规模企业的就业构成中，江西省小型企业就业人员占比表现亮眼，吸纳了38.63%的从业人员，这一比例高出全国平均值约5个百分点左右，小型企业就业吸纳能力在全国31个省、区、市中排在第2位，但其他类型企业吸纳就业的情况不是很理想。大中微型企业从业人员占比分别为18.27%、22.45%和20.66%，均低于全国平均水平，它们的就业吸纳能力在全国的排位也不理想，分别为第23、第15和第26。总的来讲，江西省大中小微型企业发展水平在全国均处于较低水平，但小型企业却表现出了很强的就业吸纳能力，而微型企业吸纳就业的作用还有待进一步提高。作为稳定和扩大就业的主力军，目前江西省小微企业的发展与其他省份相比还有较大的差距，但也意味着还有很大的发展空间。

此外，从小微企业从业人员的行业分布来看，从业人数最多的四个行业分别是制造业、批发和零售业、建筑业及租赁和商务服务业，江西省与全国及其他省份的情况并无差别。与全国平均水平相比，不同行业从业人员所占比重相差较大的分别是制造业、交通运输、租赁和商务服务业、科学技术及信息软件行业。其中，制造业和交通运输业从业人员比重比全国高出3.63和2.47个百分点，而租赁和商务服务业、科学技术及信息软件行业从业人员比重分别比全国低1.64、1.54和0.88个百分点，如表4-7所示。因此，江西省小微企业在租赁和商务服务业、科学技术及信息软件这三个行业仍然有就业潜力可挖。

表4-7　2018年全国和江西省小微企业从业人员的行业分布

单位：%

全国		江西省	
行业	就业人数占比	行业	就业人数占比
制造业	36.31	制造业	39.94
批发和零售业	16.77	批发和零售业	15.15
建筑业	11.61	建筑业	12.34
租赁和商务服务业	10.67	租赁和商务服务业	9.03

续表

全国		江西省	
行业	就业人数占比	行业	就业人数占比
房地产业	4.23	交通运输	6.49
科学技术	4.08	房地产业	3.42
交通运输	4.02	科学技术	2.54
信息软件	3.06	住宿和餐饮业	2.21
住宿和餐饮业	2.67	信息软件	2.18
居民服务	1.72	文化体育	1.50
文化体育	1.59	采矿业	1.49
电力水生产	1.13	居民服务	1.34
采矿业	0.91	电力水生产	1.29
水利环境	0.60	水利环境	0.54
金融业	0.33	农林牧渔业	0.29
农林牧渔业	0.17	金融业	0.15
卫生和社会工作	0.13	卫生和社会工作	0.12

（三）不同行业企业吸纳就业的情况

2018 年，在全部企业法人中，江西省不同行业（大类）分组的企业构成及吸纳就业的情况如表 4-8 所示。批发和零售业、制造业、租赁和商务服务业三大行业是企业分布最多的行业。与全国水平相比，在企业的行业分布构成中，建筑业，交通运输、仓储和邮政业，租赁和商务服务业所占比重高出全国水平 1 个百分点以上，而批发和零售业及科学研究和技术服务业所占比重则低于全国水平比较明显。

2018 年，江西省 18 个行业（大类）的企业数量在全国的排名不是很理想。除了农、林、牧、渔业，采矿业，制造业，电力、热力、燃气及水生产和供应业及交通运输、仓储和邮政业 5 个行业在全国排名比较靠前外，其他行业的企业数量悉数排在比较靠后的位置，这些行业的企业发展不理想。

从就业情况来看，2018年江西省不同行业（大类）分组的企业构成及吸纳就业的情况如表4-8所示。制造业，建筑业及批发和零售业，租赁和商务服务业，房地产业及交通运输、仓储和邮政业6个行业从业人员所占比例排在前面。与全国水平相比，在企业从业人员的行业分布构成中，制造业，建筑业，交通运输、仓储和邮政业3个行业从业人员所占比重高出全国水平的1个百分点以上，特别是制造业高出全国水平4.71个百分点，成为吸纳就业作用最突出的行业。而批发和零售业，信息传输、软件和信息技术服务业，租赁和商务服务业，科学研究和技术服务业所占比重则低于全国水平1个百分点以上。

表4-8　2018年江西省不同行业（大类）分组的企业构成及吸纳就业的情况

单位：%

行业（大类）	企业法人数				企业从业人数			
	全国行业占比	江西省行业占比	差额	江西省企业数排名	全国行业占比	江西省行业占比	差额	江西省占比排名
农、林、牧、渔业	0.33	0.69	0.36	10	0.19	0.26	0.07	12
采矿业	0.38	0.85	0.47	11	2.00	1.38	−0.62	21
制造业	17.51	17.63	0.12	12	34.78	39.49	4.71	5
电力、热力、燃气及水生产和供应业	0.57	1.45	0.88	9	1.55	1.75	0.2	19
建筑业	6.56	7.78	1.22	17	19.47	22.29	2.82	10
批发和零售业	34.02	32.49	−1.53	20	13.07	11.75	−1.32	27
交通运输、仓储和邮政业	3.05	4.80	1.75	12	4.03	5.21	1.18	9
住宿和餐饮业	2.31	1.87	−0.44	21	2.36	1.64	−0.72	28
信息传输、软件和信息技术服务业	4.91	4.26	−0.65	21	3.33	1.95	−1.38	30
金融业	0.73	0.46	−0.27	23	0.19	0.09	−0.1	28
房地产业	3.98	3.80	−0.18	20	4.23	3.24	−0.99	27

续表

行业（大类）	企业法人数				企业从业人数			
	全国行业占比	江西省行业占比	差额	江西省企业数排名	全国行业占比	江西省行业占比	差额	江西省占比排名
租赁和商务服务业	12.20	13.21	1.01	18	7.13	5.54	−1.59	27
科学研究和技术服务业	6.16	3.98	−2.18	21	3.32	1.86	−1.46	31
水利、环境和公共设施管理业	0.60	0.67	0.07	21	0.78	0.69	−0.09	24
居民服务、修理和其他服务业	2.55	2.18	−0.37	21	1.38	0.98	−0.4	28
教育	1.07	1.00	−0.07	20	0.57	0.49	−0.08	21
卫生和社会工作	0.37	0.31	−0.06	22	0.54	0.42	−0.12	23
文化、体育和娱乐业	2.67	2.56	−0.11	20	1.07	0.98	−0.09	21

总体而言，江西企业发展不足，表现在多数行业企业发展水平落后，这种状况本身就制约了企业吸纳就业的作用，再加上不少按行业分组的企业从业人员比重低于全国水平，这些行业的企业吸纳就业能力本来就偏低，从而导致作为就业机会的主要提供者，江西各类市场主体在稳定和扩大就业方面并没有充分发挥应有的作用。特别值得重视的是，第三产业所属行业除了交通运输、仓储和邮政业外，其他行业在全国均处于比较落后的水平，这些行业从业人员所占比重也均低于全国平均水平，在全国 31 个省、区、市中的排名也均处于落后地位，这与当前我国第三产业成为吸纳就业的主力军的地位严重不符。

（四）影响市场主体发展的内外部因素

市场主体是就业机会的主要提供者，做活、做大、做强各类市场主体是江西省稳定和扩大就业的基础。培育和发展各类市场主体，一方面需要持续优化营商环境，为各类市场主体，特别是中小微企业的发展提供一个良好的外部环境；另一方面要引导企业做好“内功”，提高企业的信息化水平和技术创新意识与技术创新能力，企业只有自身本领过硬才能经受住市场风浪的考验，在市场竞争中立于不败之地，为稳定和扩大就业发挥积极作用。

从市场主体发展的内外两方面因素来讲，首先是作为外部因素的营商环境。近年来营商环境的重要性凸显，优化营商环境已经成为各地方政府发展经济的基础性工程和重要抓手，学术界也十分重视营商环境的评价研究。张三保、康璧成和张志学（2020）回顾和概述了国内外营商环境评价体系研究成果，包括国际上的世界银行营商环境评价指标体系、经济学人智库（EIU）营商环境评价指标体系、全球创业观察（GEM）创业环境评价指标体系及经济合作与发展组织（OECD）创业环境评价指标体系等，国内有中国分省份市场化指数（樊纲等，2001）、中国城市营商环境评价指标体系（李志军，2019）、聂辉华等（2019）构建的中国城市政商关系评价指标体系等。这些主流的营商环境评价体系为相关研究提供了很好的借鉴作用。在相关研究成果中，江西省的营商环境评价结果并不能使人满意。比如，在孙群力和陈海林（2020）利用MIMIC模型对我国地区营商环境的评价结果中，江西省2011—2016年营商环境评价指数平均值仅排在全国第21位；彭迪云、陈波和刘志佳（2019）对2007—2017年长江经济带11省市营商环境综合评价值中，江西省居第9位，在长江经济带上海市、江苏省、浙江省、湖北省、安徽省、重庆市、四川省、湖南省、江西省、贵州省和云南省11个省市中江西省仅好于贵州省和云南省；丁鼎、高强和李宪翔（2020）对我国36个省会城市、直辖市及计划单列市城市营商环境评价中，2016年和2017年南昌市分别居第25、26位；张三保、康璧成和张志学（2020）对我国各省份营商环境的评价中，营商环境包含市场环境、政务环境、法律制度环境和人文环境4个子环境，江西营商环境的总体评价结果虽然较好，排全国第13位，但是其中的子环境政务环境却排在全国第21位，市场环境也只排在第18位。在丁鼎、高强和李宪翔（2020）的研究中，2016年和2017年南昌市不仅城市营商环境居第25、26位，排名靠后，而且其中分项的政务环境指数的得分更靠后，在36个城市中排第34位。政务环境是营商环境的构成要素之一，是营商环境的重要组成部分，其重要性居于营商环境建设的首位。中山大学徐现祥教授主持的《深化商事制度改革研究》课题研究认为，政府职能部门提供政务服务、市场主体在这一过程中耗费时间和金钱成本，市场主体与政府职能部门打交道的环境即为政务环境。因此，从时间和金钱成本的下降来看，全球各国政府在政务环境建设中有所作为，政务环境建设具有全球普遍性。国内外研究也验证了更优的政务环境在促进企业进入、增加就业、加快经济增长等方面的积极作用。徐现祥教授课题组的研究表明，政务环境更优的地区，市场主体数量多。商事制度改革旨在降低“大众创业、万众创新”的制度性成本，因此，更完备的硬件软件设施、更高效的办事效率，都将降低潜在市场主体在审批中的时间成本，潜在市场主体对此做出反应、进入市场，从而推动形成大众创业的局面，激发市场活力①。所以，江西省培育发展各类市场主体，在改善和提升江西省营商环境的过程中，首先是江西省政务环境的改善与提升。

此外，从市场主体发展的内因来讲，中国有句老话，“打铁还靠自身硬”。江西省在培育发展各类市场主体的过程中，除了改善包含政务环境的营商环境这一外部因素，还要引导企业在信息化建设及技术创新等多方面提升自身发展质量，增强企业的市场竞争能力。

表4-9是全国和各省、区、市企业信息化建设的情况。其包括五个方面，即使用局域网的企业比重、使用互联网的企业比重、建立网站的企业比重、有电子商务交易的企业比重和使用信息化管理的企业比重，最后一列为信息化建设综合指数，是前五项的平均值。如表4-9所示，江西省企业的信息化建设水平比较落后，综合指数得分为63.7，低于全国总体水平，且在全国31个省份中排名也比较靠后，仅为第20，其他几个分项指标的情况也不理想，除了使用互联网的企业比重得分略高于全国整体水平，排名也稍稍靠前，其他分项指标得分均低于全国水平，且排名均比较靠后。

① 中山大学《16省份政务环境报告》。

表 4-9　全国和各省、区、市企业信息化建设的情况

单位：%

地区	使用局域网的企业比重	使用互联网的企业比重	建立网站的企业比重	有电子商务交易的企业比重	使用信息化管理的企业比重	信息化建设综合指数
全国	73.0	99.5	47.1	10.05	96.5	65.2
北京市	80.3	99.8	53.2	20.73	96.5	70.1
天津市	77.4	98.9	43.1	6.59	94.3	64.1
河北省	68.3	99.3	48.0	6.68	94.9	63.4
山西省	67.2	99.6	35.3	6.26	95.4	60.8
内蒙古自治区	72.4	99.4	39.8	6.13	95.9	62.7
辽宁省	74.7	98.8	45.5	4.95	94.6	63.7
吉林省	71.2	99.1	40.0	4.94	96.3	62.3
黑龙江省	67.1	99.0	39.2	4.72	96.0	61.2
上海市	83.3	99.5	57.1	10.73	96.9	69.5
江苏省	76.0	99.5	55.1	8.64	97.0	67.2
浙江省	76.5	99.8	47.8	11.94	97.5	66.7
安徽省	78.2	99.7	54.6	11.81	97.7	68.4
福建省	72.9	99.8	40.4	10.85	96.8	64.2
江西省	69.3（21）	99.7（11）	45.3（15）	8.26（21）	95.7（25）	63.7（20）
山东省	71.4	99.5	47.7	13.50	97.6	65.9
河南省	64.5	99.7	41.2	6.79	97.7	62.0
湖北省	71.5	99.7	50.1	9.15	97.6	65.6
湖南省	69.8	99.6	45.1	10.28	97.4	64.4
广东省	75.2	99.4	51.1	9.76	93.2	65.7
广西壮族自治区	66.0	99.5	21.8	8.85	96.2	58.5
海南省	76.1	99.2	49.7	12.97	96.7	66.9
重庆市	70.4	99.8	42.7	11.57	97.9	64.5

续表

地区	使用局域网的企业比重	使用互联网的企业比重	建立网站的企业比重	有电子商务交易的企业比重	使用信息化管理的企业比重	信息化建设综合指数
四川省	73.2	99.8	46.6	11.46	97.7	65.8
贵州省	63.4	99.1	36.2	9.67	96.0	60.9
云南省	65.5	99.6	37.5	10.36	97.2	62.0
西藏自治区	67.7	98.6	45.0	11.18	95.1	63.5
陕西省	67.4	99.7	46.0	10.94	96.6	64.1
甘肃省	71.8	99.8	42.9	7.50	96.7	63.7
青海省	70.6	99.7	46.0	8.99	97.3	64.5
宁夏回族自治区	76.2	99.7	44.2	8.54	97.4	65.2
新疆维吾尔自治区	64.8	99.4	28.5	5.08	97.2	59.0

注：江西省括号内数字为在全国 31 个省、区、市中的排名。本小节所用的数据均来源于《中国经济普查年鉴》(2018)。

表 4-10 是全国各省、区、市企业研究与开发 R&D 活动主要指标，相关的主要指标涵盖了从投入、产出到政府政策支持的情况，反映了各地区企业技术创新的基本状况。图 4-9 反映了江西省企业 R&D 活动主要指标在全国的排名。从各个主要指标的排名来看，虽然江西省企业 R&D 活动的主要指标在绝对值上和排名前列的地区相关指标的绝对值有很大差距，但排名的情况还不错，基本排在第 15 名之前，江西省的情况好于半数以上的地区。换言之，江西省企业在技术创新方面的表现相对情况还不是很差，处于全国 31 个省、区、市的中间水平。值得重视的是，江西省委、省政府对促进企业技术创新的相关政策落实情况在全国 31 个省、区、市中的表现也处于中上游，政府相关政策落实情况包括来自政府部门的研究开发经费、研究开发费用加计扣除减免税及高新技术企业减免税三项资金合计将近 60 亿元，政策落实的资金总额居全国第 13 位。

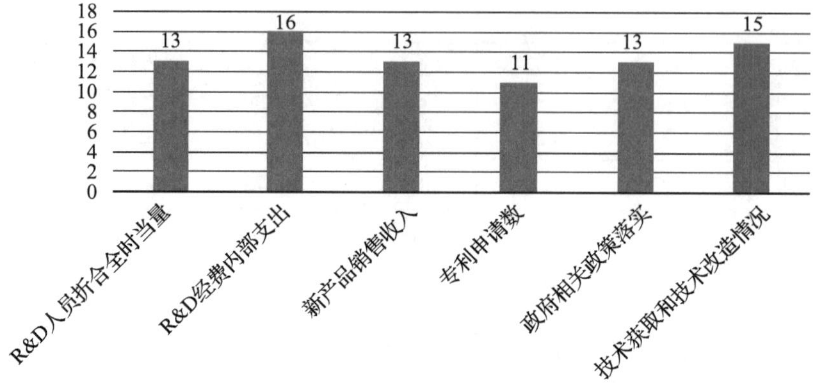

图 4-9　江西省企业 R&D 活动主要指标在全国的排名

注：作者根据《中国经济普查年鉴》(2018)数据计算。

在当前背景下，技术创新是推动企业可持续发展的重要动力，而企业的可持续发展又是稳定和扩大就业，促进就业可持续增长的基础。

表 4-10　全国各省、区、市企业研究与开发 R&D 活动主要指标

省份	R&D 人员折合全时当量 / 人年	R&D 经费内部支出 / 万元	新产品销售收入 / 万元	专利申请数 / 件	政府相关政策落实情况 / 万元	技术获取和技术改造情况 / 万元
北京市	46929	2740102.7	41366175	20655	993585.5	1089497.8
天津市	53280	2528761	38556643	15051	382531.8	533484.4
河北省	68956	3819915.7	52288698	16707	467085.3	1251605.9
山西省	27228	1312531.1	19413025	5423	254416.8	542645
内蒙古自治区	15777	1033594.4	10282645	3769	139171.7	317355.2
辽宁省	53133	3006013.9	45567574	12485	502174.9	1791414.8
吉林省	11124	575014.9	13474958	3333	178806.8	306429.3
黑龙江省	13110	605680.1	5613764.4	2764	148848.5	458555
上海市	88016	5548768.1	97967290	29258	1744330	4365060.6
江苏省	455530	20245195	284250383	165096	3617211.7	4519254.6
浙江省	394147	11473921	233081591	100254	2240079.5	2589023.1

续表

省份	R&D人员折合全时当量/人年	R&D经费内部支出/万元	新产品销售收入/万元	专利申请数/件	政府相关政策落实情况/万元	技术获取和技术改造情况/万元
安徽省	106744	4973027.4	95323850	56596	1181550	2039889.8
福建省	120723	5249416.9	53008984	31529	791163.6	1941538.4
江西省	67394	2677714	45117850	26303	590787.8	802768.2
山东省	236515	14184975	152465038	60928	2010034.4	2933374.8
河南省	128054	5289250	76882017	27603	605560.5	1283056.9
湖北省	105041	5255193.9	88629723	28003	730281.2	1022318.4
湖南省	102800	5167217.3	76162442	26339	956210	1668188.4
广东省	621950	21072031	393760563	241700	5780475.9	7756767.2
广西壮族自治区	17228	891031.1	18335851	6239	174092.7	659175.3
海南省	1971	113707.5	1053103.2	576	40647.3	15217.1
重庆市	61956	2992091.1	42163130	18049	298801.7	579933.4
四川省	77848	3423923.2	35763417	26277	635278.7	1126016.3
贵州省	20041	762279.7	7469914.1	5976	121399.3	485802.5
云南省	24048	1070171.5	9288302.7	6190	112374.4	505284.2
西藏自治区	326	8624.9	181066.7	39	2626.3	22
陕西省	39315	2165553.8	20333648	10182	582470.9	544170.7
甘肃省	8026	476151.3	2751331.1	3342	81156.8	426335.4
青海省	1157	67715.8	1232661.8	859	17287.2	31714.1
宁夏回族自治区	7060	369910.2	4826467.1	2205	50171.9	452377.9
新疆维吾尔自治区	5806	448778.8	4328588.7	3568	106508.7	260290.3

资料来源：本小节所用的数据均来源于《中国经济普查年鉴》(2018)。

第三节 “十四五”时期江西省就业形势预测

基于灰色预测方法得到的结果表明，“十四五”时期，江西省劳动力供给数量继续维持小幅增长趋势，但增速与前期相比略有下降；目前江西省的15岁及以上劳动力人口的劳动参与率水平较高，虽然近年来略有下降，但一直保持在73%以上，而全国平均水平目前已降至68.19%，“十四五”时期江西省的劳动参与率预计仍将维持在73%左右。“十四五”时期，江西省经济发展对劳动力的需求规模取决于就业弹性和经济增速等因素，近年来，就业弹性下降趋势明显，经济增速下行风险加大，江西省劳动力需求规模的扩张受到相应阻碍，从而加大了江西省就业压力，预计“十四五”时期江西省的就业弹性与经济增长的变化趋势大体不变，对经济和就业形势不容乐观。总的来说，“十四五”时期，江西省劳动力供求的总量矛盾虽然不是十分突出，但劳动力供大于求的局面仍然存在。同时，对江西省“十四五”就业结构的预测和分析表明，第一产业就业比重在“十四五”时期将降低3.21个百分点，第二、三产业继续承接农业剩余劳动力的转移就业。江西省三次产业就业结构未来将继续沿着当前的路径发展，即第一产业就业比重继续下降，第二、三产业就业比重继续上升，继续维持“三二一”的三大产业就业结构的格局，就业结构持续优化。在这一进程中，伴随着经济结构的演变，“十四五”时期江西省就业的结构性矛盾仍将进一步凸显。此外，上述预测分析结果并没有考虑各种突发性事件对就业形势的影响和冲击，一旦发生突发事件，至少在短期必将加剧就业矛盾，对社会产生极为不利的后果。

一、江西省“十四五”时期劳动力供求预测及分析

（一）江西省“十四五”时期劳动力供给预测

劳动力供给预测有两个基本的环节，一是预测劳动力资源数量（或者称

为劳动力人口，即指15岁及以上劳动年龄人口的数量)，二是对劳动年龄范围内人口的劳动参与率的预测，两方面结合在一起，最后得到有效劳动力供给数量。我们首先利用灰色预测方法，基于过去劳动力人口的历史数据，预测江西省“十四五”时期劳动力人口数量，然后结合劳动参与率，测算出未来一段时期内的劳动力供给数量。

1. 劳动力资源数量预测

严格意义上讲，劳动力资源数量预测是一种完善的劳动力供给预测模型和方法，是需要综合考虑人口自然变动和迁移流动因素的，所以，对劳动力资源的预测不仅要测算封闭条件下的劳动年龄人口数量，还要预测净迁移人口。但由于劳动力迁移流动存在很大的随机性，要把握未来劳动力迁移的变动规律较为困难，因此大多数研究往往只局限于封闭条件下劳动力的预测。我们也作此简化处理，采用灰色预测方法进行预测。

（1）灰色预测方法简介。

灰色预测方法是一种对含有不确定因素的系统进行预测的方法。灰色预测是对在一定范围内变化的、与时间有关的灰色过程进行预测。灰色预测通过鉴别系统因素之间发展趋势的相异程度，即进行关联分析，并对原始数据进行生成处理来寻找系统变动的规律，生成有较强规律性的数据序列，然后建立相应的微分方程模型，从而预测事物未来发展趋势的状况。

最常用的灰色模型的具体形式有GM（1，1）模型，GM（1，1）模型是一阶、一个变量的微分方程模型，称为单序列一阶线性动态模型。利用相应的计算软件，可以很容易地对模型进行求解，进而得到相应的预测方程。本书采用DPS数据处理系统，用该软件建立GM（1，1）模型的基本步骤为

①对原始数据 $x^{(0)}=\{x_1^0, x_2^0, x_3^0, \cdots, x_n^0\}$ 做一次累加生成，即令

$$x_k^{(1)}=\sum_{i=1}^{k}x_i^{(0)}(k=1, 2, \cdots, n)$$

得到一次累加生成数序列为

$$x^{(1)}=\{x_1^{(1)}, x_2^{(1)}, \cdots, x_n^{(1)}\}$$

②构造累加矩阵与常数项向量。

$$B=\begin{pmatrix} -\frac{1}{2}[x^{(1)}(1)+x^{(1)}(2)] & 1 \\ -\frac{1}{2}[x^{(1)}(2)+x^{(1)}(3)] & 1 \\ M & M \\ -\frac{1}{2}[x^{(1)}(n-1)+x^{(1)}(n)] & 1 \end{pmatrix}, \quad Y_N=\begin{pmatrix} x^{(0)}(2) \\ x^{(0)}(3) \\ M \\ x^{(0)}(n) \end{pmatrix}$$

③用最小二乘法解灰参数。

$$\begin{pmatrix} a \\ b \end{pmatrix}=(B^TB)^{-1}\cdot B^T\cdot Y_N$$

④将灰参数代入时间函数。

$$\hat{x}^{(1)}(k+1)=\left[x^{(0)}(1)-\frac{u}{a}\right]e^{-ak}+\frac{u}{a}$$

⑤对上式求导还原。

$$\hat{x}^{(0)}(k+1)=-a\left[x^{(0)}(1)-\frac{u}{a}\right]e^{-ak}\text{，或}$$

$$\hat{x}^{(0)}(k+1)=\hat{x}^{(1)}(k+1)-\hat{x}^{1}(k)$$

⑥计算残差。

$$\text{误差：}q(k)=\text{实际值}-\text{模型值}$$

$$\text{相对误差：}e(k)=\frac{\text{实际值}-\text{模型值}}{\text{实际值}}$$

⑦模型诊断及运用模型进行预测。

为了分析模型的可靠性，需要对模型的预测结果进行精度检验。灰色预测检验一般有残差检验、关联度检验和后验差检验三种。

其中，残差检验是最常用的检验方法，也容易操作，首先计算原始序列与预测序列的绝对误差序列及相对误差序列，若模型相对误差绝对值的最大值小于或等于某个预先确定的阈值，则认为预测模型效果好。即：若 $\max_k|e(k)|\leqslant\varepsilon$，则认为残差估计满意，预测模型好，$\varepsilon$ 为相对误差限，是

决策者按精度需求预先确定的阈值。通常情况下，残差估计不超过5%，则认为模型好。

此外，后验差检验也是目前比较通用的模型诊断方法，这是一种常用的基于概率统计的基本检验方法。它以预测误差为基础，根据其绝对值的大小，考察预测误差较小的点出现的概率，以及与预测误差的方差有关指标的大小。DPS数据处理系统就是采用这一检验方法。其基本步骤如下。

①计算观察数据离差 S_1。

$$S_1^2 = \sum_{k=1}^{m} [x^{(0)}(k) - \bar{x}^{(0)}(k)]^2$$

②计算预测误差的离差 S_2。

$$S_2^2 = \frac{1}{m-1} \sum_{k=1}^{m-1} [q^{(0)}(k) - \bar{q}^{(0)}(k)]^2$$

③计算后验差比值C与小误差概率p。

$$C = \frac{S_1}{S_2}$$

$$p = \{ | q^{(0)}(k) - q^{(0)} < 0.6745 S_1 | \}$$

对于外推性好的预测来说，一个指标是比值C必须小。作为预测指标来说，C越小越好，一般要求 $C < 0.35$，最大时 $C \leqslant 0.65$。外推性好的预测的另一个指标是“小误差概率p大”。这是一个相对偏差，一般要求小误差概率 $p \geqslant 0.95$，不得小于0.75，如表4-11所示。

表4-11 与预测精度等级对应的p和C的值

预测精度等级	p	C
好	> 0.95	< 0.35
合格	> 0.8	< 0.5
勉强合格	> 0.75	< 0.65
不合格	≤ 0.75	≥ 0.65

因此，根据后验比C与小误差概率p对模型进行诊断，当 $p > 0.95$，$C < 0.35$ 时模型可靠，这时可以根据模型对系统行为进行预测。

（2）江西省“十四五”时期劳动力资源数量的预测结果。

预测使用的数据为江西省2010—2018年劳动力资源总数，原始数据来源于《江西统计年鉴》（2019）。运用DPS数据处理系统中的灰色系统方法GM（1，1）模型进行预测，灰色预测模型参数和江西省“十四五”时期劳动力资源数量的预测值如表4-12、表4-13所示。

模型参数如下。

a = −0.006766　　　　　b = 3443.815340

x（t + 1）= 512395.580296e0.006766t + −508977.980296

表4-12　灰色预测模型参数

No.	观察值	拟合值	误差	相对误差 %
X（2）	3480.5	3478.7	1.8053	0.0519
X（3）	3495.5	3502.3	−6.8118	−0.1949
X（4）	3524.7	3526.1	−1.3893	−0.0394
X（5）	3551.6	3550.0	1.5718	0.0443
X（6）	3577.6	3574.1	3.4704	0.097
X（7）	3606.8	3598.4	8.4053	0.233
X（8）	3624.2	3622.8	1.3755	0.038
X（9）	3639.1	3647.4	−8.3201	−0.2286
后验比C	0.0735 很好	—	—	—
小误差概率p	1.0000 很好	—	—	—

表4-13　江西省“十四五”时期劳动力资源数量的预测值

单位：万人

年份	预测值
2021	X（t + 3）= 3722.2
2022	X（t + 4）= 3747.4
2023	X（t + 5）= 3772.9
2024	X（t + 6）= 3798.5
2025	X（t + 7）= 3824.3

预测模型的后验比C小于0.35，小误差概率p大于0.95，模型诊断表明模型可靠。从上述预测结果来看，江西省“十四五”时期劳动力资源总数

（15岁及以上人口的数量）最高将达到3824.3万人，最低也有3722.2万人。这一预测结果与目前江西省劳动力资源规模相比，意味着未来江西省15岁及以上劳动力人口还将稳步增长，年均增长率为0.68%左右，和“十二五”时期的年均增速相比略有下降。劳动力人口的小幅增长，一方面为江西省经济发展提供了丰富的人力资源，但另一方面也加大了江西省的就业压力。

2. 劳动参与率的估计

有效预测劳动力供给数量，除了预测劳动力人口数量，还需要估计劳动参与率。劳动力供给数量是劳动力人口乘以劳动参与率，而劳动参与率是经济活动人口除以劳动力人口的比率。劳动参与率往往受劳动者个体选择偏好及宏观经济政策环境的影响，存在一定的主观性，难免会使预测结果出现偏差。要比较准确地预测劳动参与率，方法上存在较大瓶颈，这也是目前众多研究结论不一致的重要原因。因此，本书采用一种比较简单的做法，减少相应的预测环节。实际上，如果预测环节越多，一旦不能很好地控制每个预测环节的误差的话，那么就越容易导致更大的误差，反而会使预测结果偏离实际。

图4-10是2000—2019年全国和江西省15岁及以上劳动参与率的变化情况，通过比较可以发现，我国15岁及以上劳动参与率长期以来一直处于下降趋势，到2019年，全国劳动力参与率降到68.19%，但这一水平仍然高于许多世界主要经济体国家，随着我国经济发展水平的不断提高，劳动参与率仍有下降的空间。与全国水平变化不同的是，江西省劳动参与率却较长时期保持在一个比较稳定的水平，且这一水平显著高于全国水平。如图4-10所示，2010—2019年，江西省15岁及以上劳动力参与率一直维持在73%～75%，实际上，这一数据还可能低估了江西省劳动参与率水平，因为其中经济活动人口数据并未包含所有的实际失业人数。为什么江西省劳动参与率水平这些年一直居高不下？这与江西省经济发展水平有一定的联系，以人均GDP水平为例，江西省人均GDP目前还处于较低水平，2018年江西省人均GDP为47434元，大致相当于全国2014年的平均水平，而2014年之前中国15岁及以上劳动参与率均为70%以上（见表4-14），这也就不难解释目前江西省劳动参与率较高的问题，也就是说，江西省较

高的劳动参与率是与其较低经济发展水平相对应的，只有当经济发展到一定程度，劳动参与率才会有明显的下降趋势。所以，我们可以假定，如果“十四五”时期，江西省经济未有显著提升，农村劳动力占比下降缓慢，那么江西省15岁及以上劳动力参与率即便有所下降，也仍将保持在较高水平，假设这一水平为2019年江西省劳动力参与率波动的下限值73%左右。

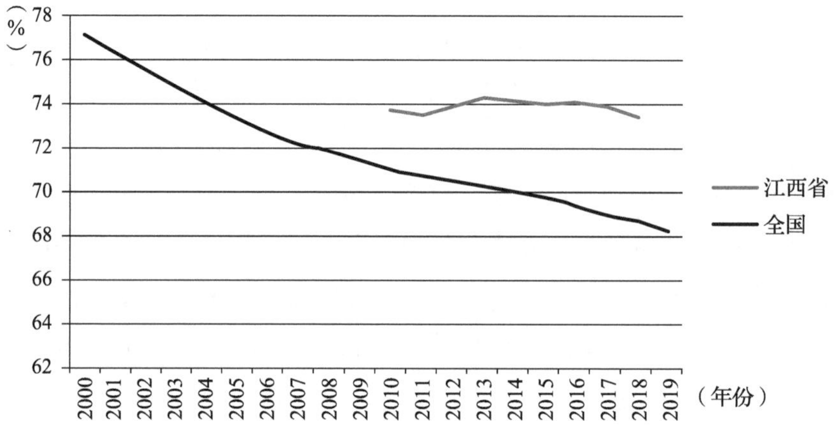

图 4-10　2000—2019 年全国和江西省 15 岁及以上劳动力参与率

资料来源：历年《中国劳动统计年鉴》《江西统计年鉴》。

表 4-14　2010—2019 年劳动参与率与人均 GDP

单位：%，元

年份	中国劳动参与率	中国人均 GDP	江西省劳动参与率	江西省人均 GDP
2010	70.97	30808	73.72	21253
2011	70.74	36302	73.47	26150
2012	70.53	39874	73.86	28800
2013	70.3	43684	74.22	31930
2014	70.04	47173	74.13	34674
2015	69.73	50237	73.95	36724
2016	69.37	54139	74.00	40400
2017	68.93	60014	73.89	43424
2018	68.72	66006	73.40	47434
2019	68.19	—	—	—

资料来源：世界银行网站，历年《中国统计年鉴》《江西统计年鉴》。

3. 江西省“十四五”时期劳动力供给数量的预测结果

根据上述对劳动力人口数量和劳动参与率的预测，我们可以推算出江西省“十四五”时期劳动力的供给情况，如表 4-15 所示。“十四五”时期，江西省劳动力有效供给数量为年均 2717 万～ 2792 万人。

表 4-15 江西省“十四五”时期劳动力供给数量预测值

单位：万人

年份	预测值
2021	2717
2022	2736
2023	2754
2024	2773
2025	2792

（二）江西省“十四五”时期劳动力需求预测

对劳动力需求的预测目前主要采用两种方法，一是通过测算经济增长的就业弹性，再结合未来经济增长率推算出就业需求量的变化，这种方法最大的优点是简单方便，但问题是未考虑其他因素对就业的影响，或者需要假定影响就业的其他因素保持不变这样一个前提。二是利用回归分析模型预测。通常是建立就业人员对 GDP 的双对数回归模型，这样做实质上也是通过 GDP 增长的就业弹性来预测劳动力需求。除了建立双对数模型外，也有文献利用柯布—道格拉斯生产函数模型来预测劳动力需求。他们首先建立经济总量、资本投入和技术投入关于时间 t 的回归模型，并预测出未来若干年的数据，最后将预测的经济总量、资本投入和技术投入数据代入柯布—道格拉斯模型，反推出未来的劳动力投入，即劳动力需求数量。这种方法其实也会造成很大的误差。本书分别利用定义计算法和双对数回归模型法计算江西省 2010—2018 年的就业弹性值，以便进行对比验证，然后在此基础上预测不同区域劳动力需求数量。

1. 就业弹性及其测算

就业弹性系数表示劳动力就业的增长率与经济增长率之间的比率，指GDP每变化1%，就业人数随着变化多少个百分点。根据定义，我们可以直接用考察期内的就业增长率除以经济增长率来计算就业弹性，这就是常用的定义计算法。如果用G_L表示就业的增长速度，G_Y表示经济的增长速度，则就业弹性为：

$$E = \frac{G_L}{G_Y}$$

表4-16为基于定义计算的江西省2011—2018年的就业弹性。

表4-16 基于定义计算的江西省2011—2018年的就业弹性

单位：%

时间	就业增长率	GDP增长率	就业弹性
2011	1.353	12.5	0.108
2012	0.924	11.0	0.084
2013	1.279	10.1	0.127
2014	0.564	9.7	0.058
2015	0.480	9.1	0.053
“十二五”时期平均	—	—	0.086
2016	0.833	9.0	0.093
2017	0.305	8.8	0.035
2018	-0.359	8.7	-0.041
“十三五”时期平均	—	—	0.029
2010—2018年平均	—	—	0.065

从计算结果来看，2011—2018年，江西省就业弹性平均值为0.065，即GDP每增加1%，就业增长0.065%，经济增长吸纳就业的能力表现较弱。从变化趋势来看，就业弹性总体上呈明显的下降趋势，2018年甚至出现负值，其中，“十二五”时期江西省平均就业弹性值为0.086，到“十三五”时期下降到只有0.029。2011—2018年江西省就业弹性变化趋势如图4-11所示。

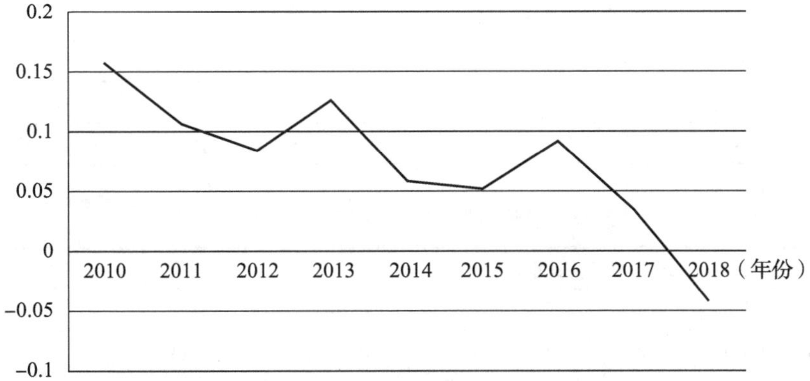

图 4-11 2010—2018 年江西省就业弹性变化趋势

此外，就业弹性还可以利用回归分析方法来计算。回归分析模型为

$$\ln L = \alpha + \beta \ln Y + \varepsilon$$

其中，L、Y 分别表示就业人数和实际国内生产总值，并分别取对数，ε 表示误差项，参数 β 即为就业弹性，它表示实际 GDP 增长 1%，就业人数增长 β%。基于江西省 2011—2018 年的相关统计数据，利用上述模型估计出的结果如表 4-17 所示。

表 4-17 就业弹性模型拟合结果

变量	系数	标准误	t 值	p 值
GDP	0.068598	0.008072	8.498746	0.0001
C（常数）	7.231584	0.074422	97.17045	0.0000
调整的 R 平方	0.910519	—	—	—

上述估计结果表明，江西省 2011—2018 年就业弹性为 0.069，即实际 GDP 增长 1%，就能够带来 0.069% 左右的就业总量增长。回归方程的检验结果显示，调整的 R 平方值和 F 统计量比较理想，变量的 t 检验也显著，而且表 4-18、表 4-19 的结果也表明，不存在自相关和异方差问题。此外，为了避免伪回归，进一步对相关变量进行单位根检验，如表 4-20 和表 4-21 所示。检验结果表明，模型中的变量为平稳变量。所以对江西省就业弹性的估计结果比较理想。

表 4-18　模型估计的自相关检验

Breusch & Godfrey 自相关检验			
F-statistic	0.631821	∞∞Prob.F(2,5)	0.5693
Obs*R-squared	1.815681	∞∞Prob.Chi-Square(2)	0.4034

表 4-19　模型估计的异方差检验

Breusch-Pagan-Godfrey 异方差检验			
F-statistic	0.919882	∞∞Prob.F(1,7)	0.3695
Obs*R-squared	1.045336	∞∞Prob.Chi-Square(1)	0.3066
Scaled explained SS	0.500330	∞∞Prob.Chi-Square(1)	0.4794

表 4-20　变量的单位根检验

零假设：变量 LNL 存在单位根				
Exogenous：Constant				
Lag Length：0（Automatic-based on SIC，maxlag=1）				
			t-Statistic	∞Prob.*
Augmented Dickey-Fuller test statistic			−3.815504	°0.0262
Test critical values：	1%level		−4.582648	
	5%level		−3.320969	
	10%level		−2.801384	
*MacKinnon（1996）one-sided p-values.				

表 4-21　变量的单位根检验

零假设 : 变量 LNY 存在单位根				
Exogenous：Constant，Linear Trend				
Lag Length：1（Automatic-based on SIC，maxlag=1）				
			t-Statistic	∞Prob.*
Augmented Dickey-Fuller test statistic			−3.944807	°0.0319
Test critical values：	1% level		−4.582648	
	5% level		−3.320969	
	10% level		−2.801384	
*MacKinnon（1996）one-sided p-values.				

综上所述，可以发现，基于回归分析模型估计的就业弹性结果与前面基于定义测算的就业弹性基本一样。本书假定“十四五”时期江西省的就业弹性大体保持不变，即平均就业弹性为0.069。当然，这一假定或许可能高估江西省“十四五”期间的就业弹性，毕竟最近几年江西省就业弹性下降比较明显，特别是2018年，就业弹性为负值，就业总量不增反降。但我们的依据是，目前的平均就业弹性0.069是一个较低值，后面几年的平均值再降低的程度有限，特别是当前我们政府高度重视就业工作，未来，随着就业优先政策的不断完善，在政策刺激下，经济发展吸纳就业能力的增强是可期的。

2. 江西省“十四五”时期经济增长估计与劳动力需求预测结果

预测“十四五”时期江西省的劳动力需求，除了就业弹性，还需要对经济增长的情况做出预测。从数据来看，如图4-12所示，2010年以来，与全国情况一样，江西省国内生产总值指数呈下降趋势，尽管近些年下降趋势有所放缓，再考虑到这些年越来越多的不确定性因素的冲击和影响，因此，未来一段时间，潜在增长率不会上升已成为不争的事实，更大的可能性是持续小幅降低。不过，江西省的经济增长速度还是高于全国平均水平，甚至比很多省份都要高一些。所以，对江西省“十四五”时期经济增长的估计，我们假设了两种情况，一种是比较理想的状况，或者说高方案；一种是托底的状况，或者说低方案。假设到“十四五”时期比较理想的增长率为8%左右，而把6%的增速假定为托底的增长速度，或者说政府容忍的增长底线。

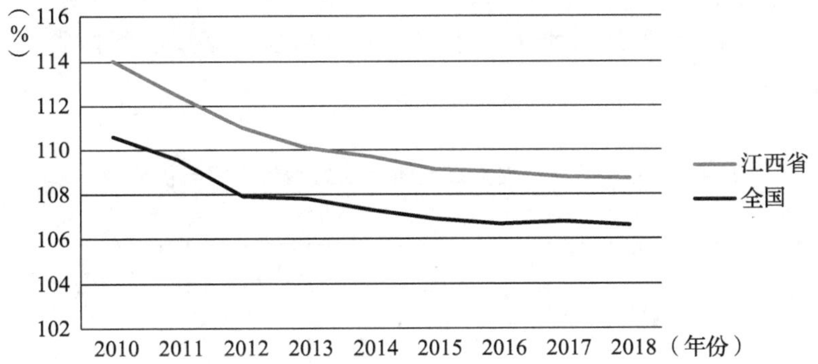

图4-12 2010—2018年江西省及全国的经济增长速度

资料来源：历年《中国统计年鉴》。

依照上述对就业弹性和经济增长速度的预测假设，我们可以估算出江西省“十四五”时期劳动力需求状况，如表4-22所示。

表4-22　江西省“十四五”时期劳动力需求预测结果

单位：万人

年份	低方案	高方案
2021	2668.5	2679.4
2022	2679.4	2694.0
2023	2690.3	2708.6
2024	2701.3	2723.4
2025	2712.3	2738.2

从预测结果来看，“十四五”时期，如果江西省经济增长速度能够适当保持年均8%左右的速度，达到我们预测的高方案结果，则每年的劳动力需求在2700万上下，为2679万～2738万人；如果经济增长持续走低，保持在年均6%左右，则劳动力需求为2668万～2712万人。比较两个方案，我们觉得未来不应该太乐观，因此低方案可能更合适。

（三）“十四五”时期江西省劳动力供求关系

根据“十四五”时期江西省劳动力供给和需求的预测结果，用劳动力供给数量除以劳动力需求数量，可以得到“十四五”时期江西省劳动力的供求比率，预测的劳动力供给数量减去劳动力需求数量则为供需缺口，结果如表4-23所示。我们用劳动力供求比率和供需缺口来反映江西省“十四五”时期劳动力供求关系和就业形势的总体情况。

表4-23　“十四五”时期江西省劳动力供求比率与供需缺口

单位：万人

年份	低方案		高方案	
	供求比率	供求缺口	供求比率	供求缺口
2021	1.018	48.5	1.014	37.6
2022	1.021	56.6	1.015	42.0

续表

年份	低方案		高方案	
	供求比率	供求缺口	供求比率	供求缺口
2023	1.024	63.7	1.017	45.4
2024	1.026	71.7	1.018	49.6
2025	1.029	79.7	1.020	53.8

总体而言，“十四五”时期，江西省劳动力供求关系供略大于求，劳动力供求比率较小。但即便如此，每年的劳动力供求缺口对江西来说还是压力不小。特别是，如果“十四五”时期就业弹性和经济增长速度保持在一个较低水平的话，劳动力供求的总量矛盾仍然会十分显著，就业形势不容乐观。反过来，如果未来能够有效提升经济增长吸纳就业的能力，提高就业弹性，并且能够继续维持江西省经济发展速度在全国的前列，则“十四五”时期江西省就业形势的总量压力不会比目前加大很多。

二、“十四五”时期江西省三次产业就业结构预测

预测使用的原始数据来源于《江西统计年鉴》（2019）数据，即江西省2000—2018年就业人员的三大产业构成，运用DPS数据处理系统中的灰色系统方法GM（1，1）模型分别预测2021—2025年三大产业就业比重，然后对三大产业就业比重进行归一化处理，得到最后的预测结果。三大产业就业比重预测模型参数与结果预测值如表4-24～表4-27所示。

表4-24 第一产业就业比重预测模型参数与结果

No.	观察值	拟合值	误差	相对误差/%
X（2）	45.3	44.1296	1.1704	2.5838
X（3）	42	42.8583	−0.8583	−2.0436
X（4）	41	41.6237	−0.6237	−1.5212
X（5）	39.9	40.4246	−0.5246	−1.3148
X（6）	39.1	39.2601	−0.1601	−0.4095
X（7）	38	38.1291	−0.1291	−0.3398

续表

No.	观察值	拟合值	误差	相对误差 /%
X（8）	37.4	37.0307	0.3693	0.9873
X（9）	36.5	35.964	0.536	1.4685
X（10）	35.6	34.928	0.672	1.8877
X（11）	34.4	33.9218	0.4782	1.3901
X（12）	32.9	32.9446	−0.0446	−0.1356
X（13）	31.7	31.9956	−0.2956	−0.9324
X（14）	30.8	31.0739	−0.2739	−0.8892
X（15）	30	30.1787	−0.1787	−0.5957
X（16）	29.3	29.3094	−0.0094	−0.0319
X（17）	28.5	28.465	0.035	0.1227
X（18）	27.5	27.645	−0.145	−0.5274
后验比 C	0.0893 很好	—	—	—
小误差概率 p	1.0000 很好	—	—	—
X（t+3）	—	25.32	—	—
X（t+4）	—	24.59	—	—
X（t+5）	—	23.88	—	—
X（t+6）	—	23.19	—	—
X（t+7）	—	22.52	—	—

表 4-25　第二产业就业比重预测模型参数与结果

No.	观察值	拟合值	误差	相对误差 /%
X（2）	22.7	25.3554	−2.6554	−11.6976
X（3）	26.2	25.8234	0.3766	1.4376
X（4）	27	26.3	0.7	2.5926
X（5）	27.2	26.7854	0.4146	1.5242
X（6）	27.5	27.2798	0.2202	0.8007
X（7）	28	27.7833	0.2167	0.7738
X（8）	28.1	28.2961	−0.1961	−0.698
X（9）	29	28.8184	0.1816	0.6262

续表

No.	观察值	拟合值	误差	相对误差 /%
X（10）	29.6	29.3503	0.2497	0.8435
X（11）	30.1	29.8921	0.2079	0.6909
X（12）	31	30.4438	0.5562	1.7942
X（13）	31.8	31.0057	0.7943	2.4978
X（14）	32.2	31.578	0.622	1.9317
X（15）	32.5	32.1608	0.3392	1.0436
X（16）	32.4	32.7544	−0.3544	−1.0939
X（17）	32.7	33.359	−0.659	−2.0153
X（18）	32.9	33.9747	−1.0747	−3.2666
后验比 C	0.2690 很好	—	—	—
小误差概率 p	0.9412 好	—	—	—
X（t+3）	—	35.89	—	—
X（t+4）	—	36.55	—	—
X（t+5）	—	37.23	—	—
X（t+6）	—	37.92	—	—
X（t+7）	—	38.61	—	—

表 4-26 第三产业就业比重预测模型参数与结果

No.	观察值	拟合值	误差	相对误差 /%
X（2）	32	31.5011	0.4989	1.559
X（3）	31.8	31.9381	−0.1381	−0.4343
X（4）	32	32.3812	−0.3812	−1.1912
X（5）	32.9	32.8304	0.0696	0.2116
X（6）	33.4	33.2858	0.1142	0.3419
X（7）	34	33.7476	0.2524	0.7424
X（8）	34.5	34.2157	0.2843	0.824
X（9）	34.5	34.6904	−0.1904	−0.5518
X（10）	34.8	35.1716	−0.3716	−1.0679
X（11）	35.5	35.6595	−0.1595	−0.4494
X（12）	36.1	36.1542	−0.0542	−0.1502
X（13）	36.5	36.6558	−0.1558	−0.4267

续表

No.	观察值	拟合值	误差	相对误差 /%
X（14）	37	37.1643	−0.1643	−0.444
X（15）	37.5	37.6798	−0.1798	−0.4795
X（16）	38.3	38.2025	0.0975	0.2545
X（17）	38.9	38.7325	0.1675	0.4306
X（18）	39.6	39.2698	0.3302	0.8338
后验比 C	0.0943 很好	—	—	—
小误差概率 p	1.0000 很好	—	—	—
X（t+3）	—	40.93	—	—
X（t+4）	—	41.49	—	—
X（t+5）	—	42.07	—	—
X（t+6）	—	42.65	—	—
X（t+7）	—	43.25	—	—

表 4-27　江西省“十四五”时期三次产业就业比重预测值

单位：%

年份	第一产业就业比重预测值	第二产业就业比重预测值	第三产业就业比重预测值
2021	24.79	35.14	40.07
2022	23.96	35.61	40.43
2023	23.15	36.08	40.77
2024	22.36	36.54	41.11
2025	21.58	36.99	41.43
“十四五”时期变化	−3.21	1.85	1.36

注：预测结果为归一化（三次产业就业比重之和等于 100%）处理后的结果。

从预测结果来看，江西省“十四五”时期三次产业就业结构将继续沿着当前就业结构演化的路径发展，即第一产业就业比重继续下降，第二、三产业就业比重继续上升，继续维持“三二一”的三大产业就业结构的格局，就业结构持续优化。从预测的结果来看，“十四五”时期第一产业就业比重将由 24.79% 下降到 21.58%，降低 3.21 个百分点，第二、三产业就业比重分别从35.14%提高到36.99%，从40.07%提高到41.43%，分别提高1.85个和1.36个百分点，第二、三产业继续承接农业剩余劳动力的转移就业。

三、不确定性因素对就业形势的影响分析

前文对江西省“十四五”时期就业形势的预测判断没有考虑不确定性因素的影响，也就是说，假定在此期间没有各种突发性事件的冲击，那么江西省“十四五”时期劳动力的供求状况、就业结构大体呈上述预测态势演变。但是，近年来，各种突发事件频发，不确定性因素对经济和就业的影响越演越烈，因此，对未来就业形势的研判必须考虑这种不确定性因素的影响。

不管是国内突发事件还是外部不确定性因素的冲击，它们对就业的影响特征具有双重性，即突发事件一是在短期内对就业造成直接冲击，造成就业困难，失业现象加重；二是通过影响范围的不断扩展和影响程度的逐步加深，对经济增长造成下行压力，经济增长减速，从而对就业带来不利影响。

以中美贸易摩擦和新冠疫情为例，2018年开始的中美贸易摩擦，在叠加国内经济下行，第四次产业革命、结构调整及我国经济由高速增长阶段转向高质量发展阶段的转型等诸多因素的影响下，陡然加大了各地促进就业工作的压力。江西省2018年就业人数与2017年相比不升反降，虽然主要原因是与人口结构变化有关，但一定程度上与上述因素的影响也有直接关系。首先，在当前世界开放经济背景下，中国作为全球最大的货物贸易国，中美贸易摩擦增加了中国经济增长的不确定性，加大了经济下行的风险，经济下行风险越大，保持就业稳定和扩大就业的任务就越艰巨。其次，与贸易摩擦直接相关的行业就业形势不容乐观，比如劳动密集型行业，由于劳动力成本优势，我国对美国的贸易顺差主要来自以劳动密集型为主的商品贸易。此外，制造业也与贸易摩擦直接相关，中美贸易摩擦中，“中国制造2025”相关行业的贸易争端是其主要内容之一，贸易摩擦不利于我国制造业景气状况，这无疑会增大近1亿制造业领域劳动力的就业压力。相

关研究表明，贸易摩擦将造成我国就业规模的一定下降，带来我国劳动力市场就业结构的恶化，同时，贸易摩擦将对不同城市和地区的就业造成冲击。

贸易摩擦的影响区域主要为经济发达地区，外贸依存度较高的城市和地区将受到更大冲击，而且由于贸易摩擦持续时间较长，它对就业的影响也会在较长时间内存在。江西省虽然算不上经济发达地区和外贸依存度较高的地区，但江西省对这些地区的劳务输出规模较大，贸易摩擦使经济发达地区劳动力吸纳能力减弱，甚至出现中西部地区的劳动力回流，从而不利于江西农村劳动力实现跨区域就业，“十四五”时期江西省本来就面临很大的农村劳动力就业压力，贸易摩擦的持续无疑使江西农村劳动力的就业形势更加严峻。同时，贸易摩擦恶化了经济增长的外部环境，国内所有地区都无法避免由此带来的经济增长的不确定性，江西经济增长因此受到负面影响，也必将导致江西的就业压力增加。

当前新冠疫情对就业的影响更不容小视。为了抵御疫情的扩散，举国上下所实行的隔离措施无疑会对经济和就业产生巨大的影响。实际上，突发公共卫生事件已有前车之鉴，那就是2002—2003年发生的“非典”疫情（SRAS）。与贸易摩擦相比，这类突发公共卫生事件对就业的影响除了带来经济增长的不确定性，更主要是对特定行业、特定群体就业的直接影响。从行业来看，受冲击最大的主要是服务业，如旅游业、社会服务业、商贸业、餐饮业、客货运输业等，这些行业都属于流动性行业，既服务于流动人群，本身又多由流动状态的劳动者来从事，许多就业岗位产生于人的流动中，由于疫情防控的基本要求是减少跨区域流动，通过隔离来控制交叉扩散，因此对这些行业就业的影响也相应较大。从就业方式来看，主要影响灵活就业。从人群来看，农村劳动力、城市普通劳动力是受影响最主要的群体，农村劳动力和城市普通劳动力是从事灵活就业的主要群体，也是受冲击影响最大的服务业从业人员的主要群体，疫情对他们的影响主要是短期内失去工作，或者短期内找工作困难。此外，疫情对大学生就业也有影响，单位或取消、减少用人计划，或推迟到学校招聘。这几类群体本来就是目前各地就业工作所关注的几个重点群体，所以，一旦发生类似的突发事件，必将使各地促进就业工作越发困难。

总的来说，不管是中美贸易摩擦还是新冠疫情，就业受到直接影响最大的都集中在服务业和劳动密集型行业，涉及的群体主要是农村劳动力和城市普通劳动力，这类劳动力群体具有文化程度和技能水平较低，就业稳定性较差，工资水平不高且社会保障力度较弱的特点，但他们是我们这个社会的基石，突发事件冲击的恰恰是这些群体的工作岗位，这些群体受到的不利影响最为严重。对于未来“十四五”时期的就业工作来说，建立应对突发事件的反应机制，是防范和应对类似突发性事件对就业的冲击与影响，化解短期矛盾的必要手段。

第五章

“十四五”时期江西省稳定和扩大就业、推动高质量就业的重点问题分析

经过多年的努力，各级政府就业政策不断完善，就业战略也逐步成熟。但在不同时期，促进就业创业工作还必然面临不同性质、不同阶段的矛盾问题。“十四五”时期，江西省促进就业面临的问题，有的是长期存在、至今尚未解决的老问题，比如就业的总量矛盾问题、重点群体的就业问题、企业发展水平不高、就业的新增长点缺乏的问题及某些领域的结构性矛盾问题；有的是目前就业领域存在的比较突出和显著的问题，还将延续到“十四五”时期，比如就业质量有待提高的问题，公共就业服务供给不足，尤其是基层公共就业服务能力不足的问题，以及经济新业态发展催生的就业新形态问题；有的问题现在还只是苗头性的趋势，但到“十四五”时期可能会进一步加强，比如新科技革命和产业变革背景下人工智能冲击下的技术性失业风险问题，以及比较频繁

的突发事件对就业的冲击问题。总的来说，这些问题要么是影响劳动力供给或者劳动力需求从而造成就业的总量矛盾问题，要么是属于就业的结构性矛盾问题，或者是劳动力供求匹配过程中的公共就业服务领域存在的问题。在所有的问题中，结构性矛盾问题是核心，公共就业服务和就业政策要从根本上为解决就业的结构性矛盾问题服务。

第一节 江西省就业的总量矛盾问题

基于前文的预测分析，“十四五”时期，江西省劳动力供求的总量矛盾虽然不是十分突出，但劳动力供大于求的局面仍然存在，就业总量压力不减。

一、劳动力供给方面的问题

（一）江西省劳动力供给数量仍然保持逐年增长，总量压力不减

从供求总量来看，劳动力供给关键在人口结构及其变动。江西 15 ～ 60 岁劳动力人口仍然处于缓慢上升中，15 ～ 60 岁人口数量 2010 年为 29704437 人，2015 年为 30037290 人，2018 年为 30014025 人，“十四五”时期，15 ～ 60 岁劳动力人口规模仍将处于高位。2015 年总人口中 5 ～ 9 岁人口比重为 7.45%，也大于同期 50 ～ 54 岁人口比例 5.5%，意味着“十四五”时期劳动力人口数量依然小幅增长。2018 年的数据也是如此，10 ～ 14 岁人口比例略大于同期 54 ～ 59 岁人口比例，分别为 6.13% 和 5.73%。只要新进入劳动力人口的数量大于退出劳动力人口的数量，那么，劳动力人口规模将依然处于高位增长，劳动力供给的总量压力依然不减[①]。

（二）江西省劳动力素质偏低

劳动力供给方面，除了劳动力供给数量问题，还有就是劳动力素质问题。如表 5-1 所示，江西就业人员平均受教育年限为 9.6 年，这一水平不仅低于全国平均水平 10.1 年，而且在全国 31 个省、区、市里面居于第 24 位。在江西省就业人员受教育程度的构成中，高中以下较低受教育水平的就业人员占比较高，而接受职业教育和普通高等教育的就业人员比重较低，大学本科和研究生学历的就业人员比重更低。

① 根据《江西统计年鉴》和《中国统计年鉴》数据推算。

表 5-1　全国和各省、区、市就业人员受教育程度构成

单位：%，年

地区	未上过学	小学	初中	普通高中	中等职业	高等职业	大学专科	大学本科	研究生	平均年限
全国	2.3	16.9	43.4	12.8	5.2	1.2	9.4	8.0	0.8	10.1
北京市	0.1	2.3	20.7	12.5	7.0	1.6	18.2	30.4	7.2	13.5
天津市	0.4	7.1	34.5	11.8	10.4	1.3	13.6	18.7	2.3	11.8
河北省	0.9	12.3	49.8	13.5	6.0	1.0	9.8	6.2	0.5	10.3
山西省	1.2	11.7	45.2	14.0	5.7	1.1	11.6	8.9	0.8	10.6
内蒙古自治区	2.0	16.0	43.7	12.6	3.8	0.6	11.9	8.9	0.5	10.3
辽宁省	0.4	11.2	51.3	9.9	5.1	1.2	10.0	9.9	0.9	10.5
吉林省	0.7	16.4	46.9	13.7	4.1	1.1	8.4	8.3	0.5	10.2
黑龙江省	0.8	15.2	51.1	11.8	3.3	0.9	8.3	8.0	0.6	10.1
上海市	0.6	4.4	28.8	12.2	5.8	2.1	16.4	25.0	4.8	12.7
江苏省	2.0	13.4	37.8	13.1	6.6	2.0	13.5	10.8	0.9	10.8
浙江省	1.8	15.0	37.2	14.1	4.1	1.3	12.6	12.9	1.0	10.8
安徽省	7.1	20.0	46.7	9.3	3.5	0.7	7.0	5.2	0.4	9.1
福建省	2.3	19.3	40.1	12.0	6.3	1.1	9.0	9.2	0.6	10.1
江西省	1.9	19.9	47.7	14.0	4.2	0.9	6.4	4.7	0.3	9.6
山东省	2.4	14.6	46.5	12.5	7.1	1.1	8.5	6.5	0.6	10.1
河南省	2.1	14.2	51.6	14.4	4.1	1.1	7.6	4.6	0.3	9.8
湖北省	2.7	17.1	43.3	13.8	5.9	1.4	8.2	6.5	1.1	10.0
湖南省	1.2	15.5	43.6	17.5	4.7	1.2	9.1	6.5	0.6	10.2
广东省	0.5	10.7	41.9	18.9	7.6	1.8	10.8	7.3	0.5	10.8
广西壮族自治区	1.0	18.0	51.6	9.6	5.7	1.1	7.3	5.2	0.4	9.7
海南省	1.8	12.9	51.4	12.7	5.7	0.9	7.9	6.5	0.3	10.0
重庆市	1.9	27.2	33.3	12.5	4.5	1.2	10.7	7.8	0.9	9.9
四川省	3.4	29.4	39.2	9.8	4.1	1.0	7.6	5.1	0.4	9.2
贵州省	8.4	32.2	39.1	6.7	2.9	0.5	4.8	5.2	0.2	8.3
云南省	4.7	32.6	42.8	6.1	3.7	0.7	4.6	4.5	0.4	8.6

续表

地区	未上过学	小学	初中	普通高中	中等职业	高等职业	大学专科	大学本科	研究生	平均年限
西藏自治区	23.7	46.4	12.8	3.3	1.4	0.5	6.0	5.5	0.2	6.7
陕西省	2.3	13.0	44.2	14.1	4.4	1.6	11.4	8.2	0.7	10.4
甘肃省	4.8	24.6	40.6	11.8	3.2	0.7	7.2	6.8	0.3	9.3
青海省	6.1	25.1	35.7	10.1	2.8	0.7	10.5	8.9	0.2	9.5
宁夏回族自治区	5.2	16.5	39.7	11.2	4.8	0.9	11.7	9.7	0.5	10.1
新疆维吾尔自治区	1.4	16.3	40.7	10.6	6.1	1.1	12.4	10.8	0.7	10.5

资料来源:《中国劳动统计年鉴》(2018);平均受教育年限等于各阶段就业人员比例乘以相应的年数,未上过学为1年,小学为6年,初中为9年,普通高中和中等职业教育为12年,高等职业教育和大学专科为15年,大学本科为16年,研究生为19年。

前文在我们的调查中也反映了相似的情况,高中及以下文化程度的从业人员占比较大,而较高学历文化程度从业人员的占比较小,在全部1000多个受访者中,初中及以下水平占38.4%,高中水平占24.7%,大专高职水平为17.9%,本科及以上水平占19%。

此外,我们利用CFPS 2018年数据①也可以看到,江西省2018年CFPS总共有效样本692份,其中当前工作状态处于在业状态的有465份。表5-2和表5-3为样本的学历构成。调查数据表明,江西省从业人员中初中及以下学历的比例高达79.14%,而大专及以上学历的比例仅为8.17%。这种情况大大低于全部调查样本的平均水平。全部样本中处于在业状态的有21517份,从业人员中初中及以下学历的比例为71.27%,而大专及以上学历的比例为14.64%,如表5-3所示。因此,江西省从业人员较低的受教育水平严重地制约了他们的就业竞争力,也为促进就业、提高就业质量的工作增加了非常大的困难。

① 北京大学中国社会科学调查中心CFPS 2018年数据。

表 5-2 CFPS 2018 江西样本的学历

单位：人，%

当前工作状态	CFPS 2018 个人问卷受访者已完成的最高学历						
	文盲、半文盲	小学	初中	高中、中专	大专	大学本科	总计
不适用	44	47	19	22	0	2	134
	32.84	35.07	14.18	16.42	0	1.49	100
失业	1	2	1	0	0	1	5
	20	40	20	0	0	20	100
在业	146	103	119	59	28	10	465
	31.4	22.15	25.59	12.69	6.02	2.15	100
退出劳动力市场	34	24	16	10	1	3	88
	38.64	27.27	18.18	11.36	1.14	3.41	100
总计	225	176	155	91	29	16	692
	32.51	25.43	22.4	13.15	4.19	2.31	100

表 5-3 CFPS 2018 全部样本的学历

单位：人，%

当前工作状态	CFPS 2018 个人问卷受访者已完成的最高学历								
	文盲、半文盲	小学	初中	高中、中专	大专	大学本科	硕士	博士	总计
不适用	1076	1265	897	788	22	50	3	0	4101
	26.24	30.85	21.87	19.21	0.540	1.220	0.0700	0	100
失业	18	48	93	62	36	17	1	1	276
	6.520	17.39	33.70	22.46	13.04	6.160	0.362	0.362	100
在业	4530	4398	6408	3033	1693	1344	105	6	21517
	21.05	20.44	29.78	14.10	7.870	6.250	0.490	0.0300	100
退出劳动力市场	2037	1483	1804	1032	290	118	9	0	6773
	30.08	21.90	26.64	15.24	4.280	1.740	0.130	0	100
总计	7661	7194	9202	4915	2041	1529	118	7	32667
	23.45	22.02	28.17	15.05	6.250	4.680	0.360	0.0200	100

（三）重点群体的就业问题突出

劳动力供给方面的第三个问题是重点群体的就业问题。《江西省“十三五”

促进就业规划》提出，大力拓展就业渠道，促进重点群体就业，主要是要统筹做好高校毕业生、农村劳动力、就业困难人员等重点群体就业工作。这几个重点群体既包括新成长的劳动力群体，也包括需要转移就业的农村剩余劳动力，以及需要再就业的城镇失业人员和就业困难群体，实际上他们就是劳动力供给中的主体部分，如果他们的就业问题解决了，就意味着我们朝着更高质量更充分就业的目标迈出了坚实的一步。目前，在高校毕业生就业领域，江西省构建了越来越完善的促进高校毕业生就业创业服务体系及政策体系，在解决就业困难人员的问题上取得显著的成效，也在推动农村剩余劳动力转移就业方面获得了丰富的经验。但促进重点群体就业的工作是一项长期工作，需要根据不断变化的实际情况解决新问题。

在我们对江西省普通从业人员的调查中，农村劳动力、年龄较长者及文化程度较低人员，尤其是初中及以下文化程度的劳动力，这几个群体仍然是目前就业状况比较艰难的主要群体。与其他受访者相比，他们普遍认为找工作更不容易，就业质量也较低，他们在工资水平、失业经历与目前对失业的忧虑及在签订劳动合同方面都处于劣势。更重要的是，他们并没有因为就业处于劣势地位，就得到公共就业服务和就业政策的特别惠顾，他们在获得公共就业服务，了解就业政策和得到优惠政策帮助等方面均不及同组别内的其他人员。

对于高校毕业生，首先是本专科和研究生毕业学生数、在校学生数及招生人数近些年都继续在不断增长，如表 5-4 所示。近年来招生人数的增长意味着未来毕业学生数的增长，也就是说江西省大学生就业市场仍将保持大学毕业生劳动力供给的逐年增长，这必将给江西省高校毕业生的就业形势和就业工作带来总量上的压力。同时，目前高校毕业生在就业中越来越注重就业质量，不满意的工作宁肯暂时不就业，以及相当一部分同学宁可选择暂时不签订就业协议，或者在就业和考研“二战”（继续第二次考研）之间选择考研“二战”甚至“三战”，无疑对当前高校毕业生就业工作也带来较大的影响。

表 5-4　江西省研究生和本专科毕业生、在校生和招生数

单位：人

年份	研究生毕（结）业学生数	研究生在校学生数	研究生招生人数	本专科毕（结）业学生数	本专科在校学生数	本专科招生人数
2011	5791	23824	8353	225802	828599	246027
2012	7086	25209	8950	232048	851119	237734
2013	7853	26330	9407	240601	861849	247389
2014	8122	27660	9704	240289	916415	283187
2015	8829	28868	10313	234541	984489	286796
2016	9008	30344	10775	256369	1038951	295980
2017	9132	40430	13477	295985	1048289	288453
2018	10091	42406	14757	310976	1054400	296321
2019	10621	45860	16029	303308	1134950	359431

资料来源：《中国教育统计年鉴》（2020）。

二、劳动力需求方面的问题

劳动力需求方面的问题，突出表现在三个方面：一是劳动力需求的主体，即各种组织形式的经济活动单位，特别是企业的发展状况不是很理想；二是就业的新增长点比较缺乏，且吸纳就业的能力较弱；三是越来越频发的国内外不确定性因素的冲击。

（一）江西省各类市场主体培育发展不足

全国第四次经济普查结果可以很清楚说明江西经济活动主体的情况。根据江西省第四次全国经济普查公报（第二号）的数据，2018 年年末，全省共有从事第二产业和第三产业活动的法人单位 45.44 万个，产业活动单位 53.16 万个，个体经营户 160.45 万个。与 2013 年第三次全国经济普查的结果相比有显著的增长，但横向来看，江西省不管是法人单位还是个体经营户都弱于周边省份，如表 5-5 所示。

表 5-5　江西省与周边省份经济活动主体比较

单位：万个

	广东省	浙江省	福建省	湖北省	安徽省	湖南省	江西省
一、法人单位							
企业法人	283.42	138.4	60.55	68.84	69.97	46.22	35.45
机关、事业法人	5.98	3.6	3.42	5.06	3.24	5.51	3.95
社会团体	2.44	2	1.6	1.18	1.31	1.21	0.86
其他法人	20.82	10.6	4.71	10.24	6.81	9.34	5.18
总计	312.66	154.6	70.28	85.32	81.33	62.28	45.44
二、产业活动单位							
第二产业	71.5	49.3	16.44	16.82	19.3	11.17	10.93
第三产业	267.36	118.6	63.22	81.51	75.15	60.23	42.23
总计	338.86	167.9	79.66	98.33	94.45	71.4	53.16
三、个体经营户							
第二产业	64.2	67.6	36.36	48.87	57.79	73.47	29.67
第三产业	453.4	253.9	193.71	275.14	321.03	371.6	130.78
总计	517.6	321.5	230.07	324.01	378.82	445.07	160.45

江西省周边有 6 个省份，有三个省是和江西省同处于中部地区的省份，省情和江西省有许多相似之处，另外三个省是经济发达省份。与这些省份相比，江西省的经济活动单位数量有很大的差距。如表 5-5 所示，江西省的单位法人数量仅相当于广东省、浙江省、福建省、湖北省、安徽省、湖南省这六个省份的 0.15、0.29、0.65、0.53、0.56 和 0.73，其中，企业法人相当于这六个省份的 0.13、0.26、0.59、0.51、0.51 和 0.77。个体经营户的情况也是如此，江西省个体经营户数量分别相当于广东省、浙江省、福建省、湖北省、安徽省和湖南省这六个省份的 0.31、0.50、0.70、0.50、0.42 和 0.36，明显落后于周边这些省份。没有活跃的经济活动单位，又怎能支撑得起数量庞大的劳动力就业？

图 5-1 是 2009—2018 年江西省新开业的企业数在全国 31 个省、区、市中的排名及历年江西省新开业企业数占全国新开业企业数的比重。从图中可以看出，2017 年表现最好，新开业企业数排名上升到全国第 15 位，新开业企业数占全国的比重也提高到 2.249%，但 2018 年并没有保持这种良好势

头。大部分年份，江西省新开业企业数不管是在全国的排名还是占全国的比重，表现都并不理想。

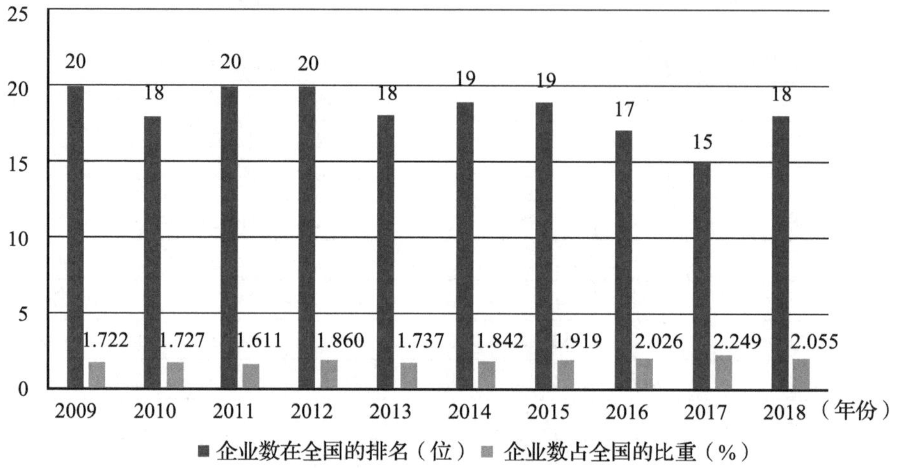

图 5-1　2009—2018 年江西省新开业的企业数情况

我们从 2018 年企业的运营状态的统计数据也可以看到同样的问题。如图 5-1 和图 5-2 所示，2018 年江西省的企业法人单位数占全国总量的 1.909%，在全国 31 个省份中排第 20 位。从企业运营状态来看，2018 年筹建的企业数仅占全国筹建企业总数的 1.044%，在全国排第 25 位，不及邻省

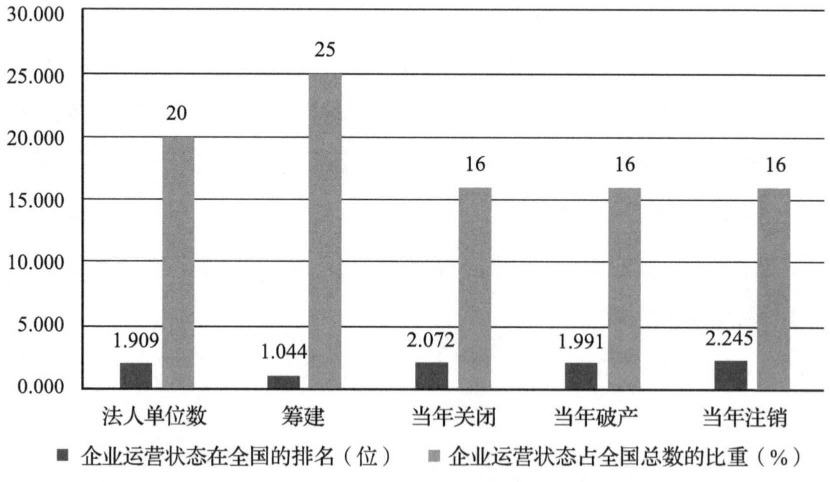

图 5-2　2018 年江西省企业运营状态情况

安徽的1/5；但当年关闭、当年破产、当年注销的企业数却排全国第16位，占全国总量的比例在2%左右，与企业筹建情况形成鲜明对比，筹建的少，关闭、破产与注销的却多。江西省各类市场主体，特别是企业的培育发展确实存在一定的问题，市场主体是就业机会的主要提供者，市场主体的培育发展尚且如此，它们对就业增长的贡献自然受到制约。

实际上，在我们前文第四章的分析中，相关研究成果表明，江西省的营商环境评价结果并不能让人满意，尤其是政务环境的评价结果不佳。而企业自身发展的内功方面也有许多不足，比如企业信息化建设水平不高、技术创新能力还不强等，再加上江西省本身又是经济发展相对落后的省份，经济发展水平和企业投资本来就相互影响、相互制约。

（二）就业的新增长点缺乏

劳动力需求方面的另一个问题是寻求就业新增长点。传统就业部门可以再挖掘的就业潜力有限，扩大就业更需要新增长点。目前，就业的新增长点主要来源于经济新业态、新模式催生出新行业、新职业；来源于灵活就业方式成为就业新增长点；来源于创新创业拉长产业和就业的链条，打造新的增长点。以零售业为例，我们把有店铺零售看作传统业态，无店铺零售看作新业态。第四次全国经济普查的数据表明，江西省零售新业态的发展并不是很理想，新业态零售业法人单位数占整个零售业法人单位数的比重仅为24.8%，低于全国30.1%的平均水平，这一水平在全国31个省、区、市中排在第13位，而经济发达地区这一比重明显高出其他地区很多。从资产来看也是如此，江西省新业态零售资产总计占整个零售业的比重为17.7%，低于全国21.7%的平均水平，这一水平在全国31个省、区、市中排在第17位。尽管江西省新业态零售发展水平不是很理想，但它的就业吸纳能力却很显著。新业态零售从业人员总数达到九万多人，新业态零售从业人员占整个零售业的比重为19.6%，与全国20.0%的平均水平相当，这一水平在全国31个省、区、市中排在第9位，如表5-6所示。

表 5-6　全国和各省、区、市零售新业态发展情况

单位：%

地区	法人单位数占比	资产总计占比	从业人数占比
全国	30.1	21.7	20.0
北京市	19.8	23.9	17.8
天津市	42.7	31.3	23.4
河北省	24.6	14.3	14.7
山西省	27.9	32.5	16.9
内蒙古自治区	23.1	21.7	16.0
辽宁省	26.5	30.7	15.8
吉林省	20.3	10.7	13.3
黑龙江省	16.0	10.5	10.7
上海市	30.2	29.2	21.1
江苏省	31.2	17.5	19.0
浙江省	44.9	24.1	30.0
安徽省	23.9	14.1	17.1
福建省	42.5	28.0	31.5
江西省	24.8 （全国排名第 13）	17.7 （全国排名第 17）	19.6 （全国排名第 9）
山东省	22.7	17.0	15.5
河南省	20.3	16.6	14.2
湖北省	23.8	15.5	16.3
湖南省	23.5	16.5	17.0
广东省	53.5	29.1	34.0
广西壮族自治区	21.3	20.7	13.8
海南省	33.1	20.6	18.2
重庆市	24.4	17.5	17.7
四川省	23.5	20.6	16.7
贵州省	16.3	13.7	13.1
云南省	19.5	17.3	17.1

续表

地区	法人单位数占比	资产总计占比	从业人数占比
西藏自治区	27.5	38.0	27.7
陕西省	31.2	28.9	21.5
甘肃省	20.3	25.8	15.8
青海省	30.2	24.6	23.8
宁夏回族自治区	20.6	15.4	11.9
新疆维吾尔自治区	22.1	14.2	14.5

注：比重为新业态（无店铺零售）占整个零售业比重。

此外，在前文的调查中，我们发现，首先经济新业态带来的就业效应没有充分显现，以平台经济为例，江西省在省内平台就业的劳动力数量占全部受访从业人员的比重仅为8%。其次，在灵活就业方面，调查中以临时用工、季节性工作及弹性工作时间方式工作的从业人员占比合计为47%，灵活就业方式已经成为目前人们的一种重要工作方式。最后就是创新创业对就业的拉动作用，目前全省各地正在深入推进创业孵化平台建设，以创业孵化基地建设作为杠杆来撬动创业带动就业效应，但离“大众创业、万众创新”的局面还有一些差距。调查中发现，江西省普通劳动力虽有比较强烈的创业意愿，但把意愿付诸行动，真正在创业的比例还是不高。但好的方面是有回家乡创业打算的受访者人数众多，占到全部受访从业人员的1/3。实际上，近年来现代农业、乡村旅游等的发展壮大，带动农民工返乡人数不断增多，而伴随着返乡人员创业，必然带动更多的劳动力就业。

（三）“十四五”时期江西省劳动力需求的影响因素

如果没有突发性事件的冲击，短期内劳动力需求的变化不会太大，劳动力需求实际上相对稳定。“十四五”时期劳动力需求的影响因素包括经济下行、经济结构的调整、技术进步、工资水平、突发事件的冲击及就业政策的影响等。

具体来说，经济下行虽然不利于就业，但增长速度放缓，经济总量还是增加的，且增加的绝对数量甚至还越来越大。经济基数变了，支撑就业增长的空间就大了，因此，经济下行对就业的影响并不是说必定使就业减少。

经济结构的调整，必然使一些行业减少劳动力需求，但另一些行业又会创造劳动力需求，即产生所谓的“创造性破坏”效应，如果创造出的新需求大于减少的劳动力需求，那么，经济结构的调整对就业总的影响还是正向的。

技术进步，新技术的应用，对劳动力需求的影响归根结底是通过产业结构变动而产生的，技术进步使传统行业和新兴行业不断交替变换，产业结构因此调整、优化升级，从而对就业带来影响，这种影响同样也是“创造性破坏”，具有双重性；同时，它既有直接减少和增加相关行业就业岗位的直接影响，又有通过促进生产力增长来促进就业增长的间接影响；而且技术进步对就业的影响既有短期影响和冲击，又有长期影响。技术进步对就业的影响机制比较复杂，但在某一特定时期，新技术对就业影响的总效应，归根结底取决于创造岗位和破坏岗位孰多孰少。

劳动力市场中工资水平是影响劳动力需求的根本因素，目前不断提高的人工成本，使企业对劳动力的需求受到极大制约。

近年来越来越频发的各种突发性事件，比如中美贸易摩擦、新冠疫情，还有一些比较严重的自然灾害（洪涝、干旱），对劳动力需求的短期冲击影响非常明显，迫切需要相应的应急机制来加以应对，特别是要注重对各种突发事件引发的系统性风险的预防。

另外，还有就业政策的影响，这些年采取了许多政策措施，从积极的就业政策，鼓励“大众创业、万众创新”，到就业优先政策，市场主体蓬勃发展，新产业、新业态不断涌现，对稳定和扩大就业产生了积极影响。

江西省目前的就业总量矛盾，虽说是劳动力供大于求的问题，但根本上还是劳动力需求方面的问题。突出表现在经济发展水平与企业发展状况不够理想，既有就业岗位难以保持稳定，而就业岗位的新增长点又不够，如果再叠加国内外不确定性因素的冲击，更会加剧就业总量压力。

第二节 江西省就业的结构性矛盾问题

就业的结构性矛盾问题是指由于经济结构变化引起的就业和失业问题，主要表现为“人岗不匹配”，求职人员的知识结构和技能不适应市场需要或者新的岗位需要，出现招工难和就业难并存的局面，即一方面“有活没人干”，另一方面“有人没活干”。

如图 5-3 所示，2010 年以后，江西省历年的求人倍率就一直在大于 1 的水平上运行，特别是前几年，江西省的求人倍率一度超过 2，劳动力市场出现用工紧缺的情况。但同时，根据我们对江西省劳动力就业状况的问卷调查结果，遍布全省 11 个设区市 1000 多名受访者却普遍反映找一份自己愿意做的工作并不容易，调查中代表就业难易程度的量表题项，平均得分仅为 2.71，低于中位数 3，认为工作容易找或者非常容易找的受访者比例只有 23.8%。

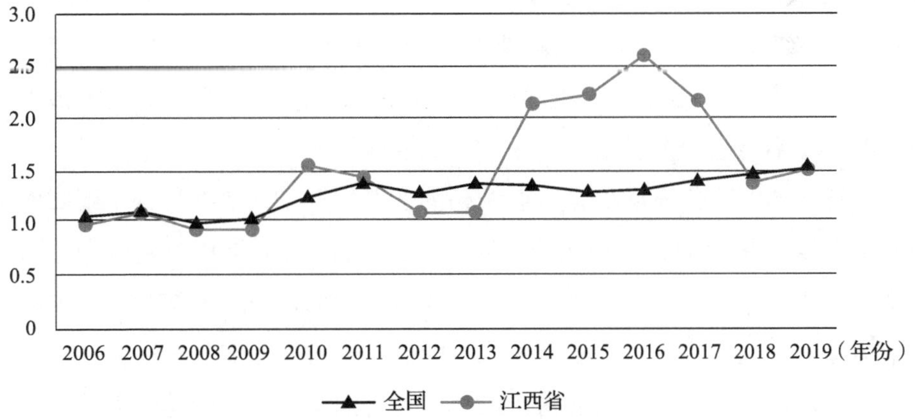

图 5-3 2006—2019 年全国和江西省求人倍率

资料来源：历年《中国劳动统计年鉴》。

之所以出现上述情况，近些年越来越快的经济结构变化是一个主要原因。越来越多的新产业、新工作在经济结构变化中不断涌现，新工作意味着新的技能要求，如果求职者自身不能适应这一变化的要求，就容易出现前文所说的“有活没人干”和“有人没活干”。

经济结构的变化首先反映在产业结构的变化上。2018 年江西第一、二、三产业就业比重分别为 27.5%、32.9%、39.6%，就业的产业结构呈现“三二一”格局，而且过去产业结构失衡的情况在不断改善，三大产业 GDP 构成和就业构成的关系越来越趋于协调，但与全国相比，目前江西省三次产业就业结构仍然落后于全国平均水平，2018 年，全国三次产业就业比重分别为 26.1%、27.6%、46.3%，相比之下，江西省第一产业就业比重仍然较高，而第三产业就业比重较低。

根据前文的分析与预测，江西省“十四五”时期三次产业就业结构仍将呈现第一产业就业比重继续下降，第二、三产业就业比重继续上升，维持“三二一”格局，且就业结构持续优化。预计到“十四五”末，第一产业就业比重将下降到 21.58，比 2018 年降低近 6 个百分点，如果以 2018 年 2636.1 万人的就业规模来说，6 个百分点就意味着 158 万人，意味着“十四五”时期由第一产业转移出来的劳动力将超过 150 万人，这 150 多万劳动力将由第二、三产业来承接。江西省目前第三产业就业比重尚处于较低水平，未来还有较大的吸纳就业的潜力，因此，主要的问题不是能不能承接这 150 多万劳动力的转移就业，而是这 150 多万由第一产业转移出来的劳动力能不能适应未来第二、三产业的就业需要。

经济结构的变化还反映在行业结构的变化上。如表 5-7 所示，第四次全国经济普查结果表明，2018 年年底，在江西省法人单位从业人员中，居前三位的行业是：制造业占 30.6%；建筑业占 17.1%；批发和零售业占 9.4%。在个体经营户从业人员中，居前三位的行业是：批发和零售业占 43.2%；住宿和餐饮业占 13.5%；制造业占 13.2%。与全国相比，不管是法人单位从业人员还是个体经营户从业人员，排在前三位的行业都是一样，只不过不同行业的占比稍有不同。2018 年年底，在全国法人单位从业人员中，居前三位的行业是：制造业占 27.3%；建筑业占 15.2%；批发和零售业占 10.5%。在个体经营户从业人员中，居前三位的行业是：批发和零售业占 43.2%；住宿和餐饮业占 15.0%；制造业占 11.0%。

表 5-7 全国和江西省按行业门类分组的法人单位与个体经营户从业人员比例

单位：%

行业	全国		江西省	
	法人单位	个体经营户	法人单位	个体经营户
采矿业	1.6	0.1	1.1	0.2
制造业	27.5	11.4	30.6	13.2
电力、热力、燃气及水生产和供应业	1.2	0.1	1.4	0.1
建筑业	15.5	6.4	17.1	10.3
批发和零售业	10.5	43.4	9.4	43.2
交通运输、仓储和邮政业	3.7	7.9	4.6	4.9
住宿和餐饮业	1.8	15.2	1.3	13.5
信息传输、软件和信息技术服务业	2.6	0.3	1.5	0.6
金融业	4.8	—	3.7	—
房地产业	3.3	1.1	2.5	0.4
租赁和商务服务业	6.0	2.0	4.4	1.3
科学研究和技术服务业	3.1	0.3	1.8	0.2
水利、环境和公共设施管理业	0.9	0.1	0.7	5.2
居民服务、修理和其他服务业	1.1	8.7	0.8	3.8
教育	5.8	0.9	7.1	1.0
卫生和社会工作	3.0	0.9	3.1	0.9
文化、体育和娱乐业	1.1	1.2	1.2	1.2
公共管理、社会保障和社会组织	6.5	—	7.7	—
总计	100	100	100	100

资料来源：各省第四次全国经济普查公报。

从第三产业内的行业发展来看，目前我国第三产业行业结构不断优化，传统服务业比重有所降低，新兴生产性服务业增势强劲，满足人民群众对美好生活需要的生活性服务业蓬勃发展，由此也给相关行业的就业增长带来了新的机会。江西省在这些行业的就业情况虽然稍显落后，但已意味着未来的增长潜力强劲。在新兴生产性服务业中，信息传输、软件和信息技术服务业，租赁和商务服务业，科学研究和技术服务业的法人单位从业人员占比分别为 1.5%、4.4% 和 1.8%，个体经营户从业人员占比分别为 0.6%、1.3% 和 0.2%，总的来说，低于同期的全国水平。同期这三个行业全国的法人单位和个体经营户从业人员比例分别为 2.6%、6.0% 和 3.1%，以及 0.3%、2.0% 和 0.3%。在满足人民群众对美好生活需要的生活性服务行业中，不管是居民服务、修理和其他服务业还是文化、体育和娱乐业，江西省的法人单位和个体经营户从业人员比例均低于全国的法人单位和个体经营户从业人员比例。上面这些行业本来应该是近些年吸纳新增就业的重要力量，但在江西省的作用却不是很理想。

不管是产业结构变化还是行业结构变化，它们所带来的不同岗位和不同职位的转变，对相关从业人员都提出了新的技能要求，只有适应新行业、新岗位的市场需要和岗位知识结构与技能的需要，才能在新的行业、新的岗位找到自己的位置。目前，江西省还有不少劳动力文化水平偏低，技能单一。在对随机抽取的江西省 1000 多名普通从业人员的调查中我们发现，受访从业人员初中及以下占 38.4%，高中水平占 24.7%，大专高职水平占 17.9%，本科及以上为 19%，高中及以下文化水平的从业人员超过了半数。在全部 1000 多名受访对象中也只有 27.8% 拥有国家颁发的职业资格证书。而 CFPS 2018 年的调查数据反映的情况更加不理想。这种文化水平和技能条件的劳动力是难以在结构调整所提供的新行业、新岗位中竞争就业的。

第三节　劳动力就业质量不高问题

实现更高质量和更充分就业是各级政府就业工作追求的根本目标。就业质量是反映劳动力就业状况的一个重要指标，它是一个综合性、多维度的概念，最早由国际劳工组织（ILO）在 1995 年召开的社会发展问题世界首脑会议上以“核心劳工标准”的形式提出。就业质量反映了劳动者与生产资料结合的优劣程度，涉及就业的回报率、保障度、稳定性等多个维度。通常认为，高质量就业既包括直接的收入回报，也体现为收入的公平性、工作的稳定性、就业者的工作认可度和社会地位等，甚至还包含了劳动者的主观判断。

一、江西省劳动力就业质量的状况

对于某一个地区就业质量的水平的评价，一般有两个视角，即宏观视角和微观视角，前者基于宏观统计数据，后者基于微观调查数据。从宏观视角来看，目前已有研究的结果均表明，江西省劳动力就业质量水平在全国 31 个省份中处于比较落后的位置。表 5-8 为近年来相关研究文献测算的江西省就业质量指数在全国的排名。

表 5-8 相关研究文献测算的江西省就业质量指数在全国的排名

研究者	数据期限	江西省就业质量指数在全国 31 省、区、市的排名	文献名称
赖德胜、苏丽锋、孟大虎、李长安	2007—2008 年	2008 年第 24 位	中国各地区就业质量测算与评价
苏丽锋	2000—2010 年	2010 年第 20 位	我国转型期各地就业质量的测算与决定机制研究
朱火云、丁煜、王翻羽	2005—2011 年	2011 年第 8 位	中国就业质量及地区差异研究
孔微巍、廉永生、张敬信	2005—2014 年	2014 年第 24 位	我国劳动力就业质量测度与地区差异分析——基于各省市 2005—2014 年面板数据的实证分析
人口和就业统计司课题组、贾毓慧、冯帅章	2016—2018 年	2018 年第 27 位	中国城镇就业质量指数研究
戚聿东、刘翠花、丁述磊	2008—2018 年	2018 年第 24 位	数字经济发展、就业结构优化与就业质量提升

注：作者根据相关文献资料整理。

从近年来相关研究文献对江西就业质量指数的测算结果来看，长期以来，大部分研究结论都认为，江西就业质量在全国31个省份中得分排名靠后，就业质量相对其他省份偏低。实际上，除了朱火云等人（2014）测算的结果比较靠前外，其他文献的结果排名均在20位以后，说明基于宏观视角的研究结论还是比较一致的，江西省的就业质量总体水平在全国是比较落后的。

基于微观调查数据的视角，一是我们利用课题组2019年在江西省11个设区市进行的江西省劳动力就业状况调查，二是利用CFPS 2018年的调查数据，其中江西省的有效样本数为692份。

在对江西省劳动力就业状况的调查中，我们设计了包括收入水平、工作稳定性及劳动权益保障等在内的相应题项来调查江西省普通从业人员的就业质量状况。调查发现，受访从业人员就业质量不高，主要表现在以下几方面。

（1）对自己的收入满意度不高，较低收入水平的从业人员占比较大。

（2）大部分受访者经历过失业且目前还担心会失业，工作稳定性较差。尤其是农村劳动力、40岁以上年龄较长者、文化程度较低人员及灵活就业人员经历的失业情况更为严重。

（3）没有和用人单位签订劳动合同的打工者所占比例较高，从业人员的劳动权益保障情况不是很理想。

此外，利用CFPS 2018年的调查数据也能够分析江西省劳动力就业质量的基本情况。尽管在CFPS 2018的调查问卷中并没有直接调查上述就业质量指标的题目，但问卷设置了工作满意度的调查内容，具体包括工作收入满意度、工作安全满意度、工作环境满意度、工作时间满意度、工作晋升满意度及工作整体满意度。满意度评价中非常不满意、不太满意、一般、比较满意和非常满意对应得分为1、2、3、4和5分。对工作满意度的调查一定程度上也反映了该地区劳动力就业质量的水平。表5-9是江西省2018年工作满意度调查的平均得分及其与全国和周边省份得分水平的比较。

表 5-9 江西省 2018 年工作满意度调查的平均得分及其与全国和周边省份得分水平的比较

地区	工作收入满意度	工作安全满意度	工作环境满意度	工作时间满意度	工作晋升满意度	工作整体满意度
全国	3.487778	3.906228	3.758597	3.694655	3.437232	3.763154
江西省	3.209581	3.730539	3.45509	3.508982	3.365269	3.48503
广东省	3.428198	3.843342	3.741514	3.655352	3.374674	3.699739
福建省	3.328947	3.828947	3.776316	3.644737	3.447368	3.605263
浙江省	3.652174	4.013043	3.891304	3.821739	3.478261	3.834783
安徽省	3.364341	3.821705	3.697674	3.643411	3.139535	3.697674
湖南省	3.324607	3.827225	3.685864	3.507853	3.287958	3.717277
湖北省	3.473684	3.905263	3.736842	3.673684	3.242105	3.694737

从工作整体满意度得分来看，江西省约为 3.485，虽然高于一般水平 3 分，但低于全国样本的平均得分，同时与江西省周边省份得分相比，也明显低于周边省份的得分，哪怕是同为中部地区省份的安徽省、湖南省和湖北省均明显高于江西省。分项目来看，工作收入满意度、工作安全满意度、工作环境满意度这三个方面，江西省表现最差，均低于全国及周边省份的平均得分；工作时间满意度也仅仅略高于湖南省；工作晋升满意度略高于安徽省和湖南省。可见，如果以工作满意度来衡量就业质量的话，江西省的情况明显不如周边省份，也低于全国平均水平。

二、江西省劳动力就业质量不高的原因

什么原因导致江西省普通从业人员就业质量不高？从理论上来说，人力资本、社会资本、职业培训、就业行业、工作地区与距离等都会对就业质量产生影响，其中人力资本、社会资本和职业培训是最主要的影响因素。人力资本因素主要包括从业人员的文化程度、健康状况、技能水平等，社会资本因素主要关注就业方式（找工作是否动用社会网络）对其

就业质量的影响。总的来说，教育和培训是提升人力资本的主要途径，人力资本对就业质量的提升有积极作用。社会资本对就业质量会产生正向影响，拥有越丰富的社会资本的劳动力就越可能得到较高质量的工作。但社会资本对就业质量也可能带来“负面效应”，即网络紧密度越高（通过亲密的人找到工作），其工作收入并不会越高，参与社会保险的可能性也没有越大。

表 5-10 ～表 5-12 的分析结果说明了以文化程度为代表的人力资本、以熟人介绍工作为代表的社会资本及职业技能培训等因素与就业质量的关系。表 5-10 说明，人力资本提升有利于提高就业质量，即受教育水平越高，越有助于提高收入，减少失业，提高就业稳定性，以及签订劳动合同增强劳动权益的保障。表 5-11 说明，社会资本对提高就业质量并没有产生积极作用，通过熟人介绍获得工作的从业人员，他们并没有在工资收入、就业稳定性及签订劳动合同方面获得任何优势，反而明显低于通过线上线下招聘取得工作的从业人员的就业质量。表 5-12 说明了职业技能培训和就业质量的关系，培训能够显著提高工资收入和签订劳动合同增强劳动权益的保障，但对就业稳定性的影响并不显著，有没有接受培训并不会造成失业的显著差异，但如果接受培训的经历越丰富，则可以降低失业的风险。

表 5-10　人力资本与就业质量的关系

单位：%

		月平均收入	失业经历	劳动合同
		3000 元以下	有	没有
文化程度	初中及以下	33.0	71.8	64.8
	高中（含中专）	23.7	66.5	47.5
	大专、高职	21.5	56.5	28.0
	本科及以上	20.2	38.9	27.3
卡方检验的显著性		显著	显著	显著

表 5-11 社会资本与就业质量的关系

单位：%

		月平均收入	失业经历	劳动合同
		3000 元以下	有	没有
获取工作途径	熟人介绍	31.5	71.6	49.4
	现场招聘	18.5	50.6	18.5
	招聘网站	13.5	63.5	20.8
	其他方式	28.0	56.9	62.8
卡方检验的显著性		显著	显著	显著

表 5-12 职业培训与就业质量的关系

单位：%

		月平均收入	失业经历	劳动合同
		3000 元以下	有	没有
培训经历	从来没有	34.4	58.8	66.9
	一次	29.9	64.7	42.1
	二次	23.6	66.7	30.9
	三次	17.1	63.8	37.1
	四次及以上	12.7	56.9	31.5
卡方检验的显著性		显著	不显著	显著

基于上述对从业人员就业质量影响因素的分析，说明人力资本提升和职业技能培训对提高从业人员就业质量有积极的正向影响，而社会资本因素并没有体现出对就业质量提高的正向效应。

第四节 基层公共就业服务供给和服务能力不足

以服务对象需求为导向，向社会提供覆盖全民、贯穿全程、辐射全域、便捷高效的全方位公共就业服务，对促进就业增长有着重大的现实意义。《江西省“十三五”促进就业规划》提出，要按照保基本、可持续、均等化的原则，建立健全公共就业服务体系，将城乡所有劳动者、各类用人单位全部纳入公共就业服务范围，不断拓展公共就业服务功能。由江西省人社厅、省发改委、省财政厅联合印发的《关于推进全方位公共就业服务的实施意见》进一步明确了服务清单，按相关规定向城乡劳动者免费提供的服务包括：就业创业和劳动用工政策法规咨询、相关扶持政策受理；人力资源供求、市场工资指导价位、职业培训、见习岗位等信息服务；职业介绍、职业指导和创业开业指导；公共就业专项活动服务；办理就业登记（劳动用工备案)、失业登记等事务；办理高等学校、中等职业学校、技工学校毕业生接收手续；流动人员人事档案管理服务；劳动关系协调和劳动权益保护等，并提出实现公共就业服务事项“一网通办，全省通办”。

以职业指导和创业服务为例，图 5-4 为 2006—2019 年江西省劳动力接受职业指导情况。2006—2019 年，江西省劳动力接受职业指导人数基本呈下降趋势，当然这种趋势不仅仅是江西省，全国的趋势也是如此。此外，江西省历年接受职业指导人数占全国接受职业指导总人数的比重也时有反复，近几年这一比例也是连年下降，而且江西省劳动力接受职业指导的人数占全国比重水平较低，明显低于周边省份。这说明江西省提供的公共就业服务中职业指导的情况并不理想。

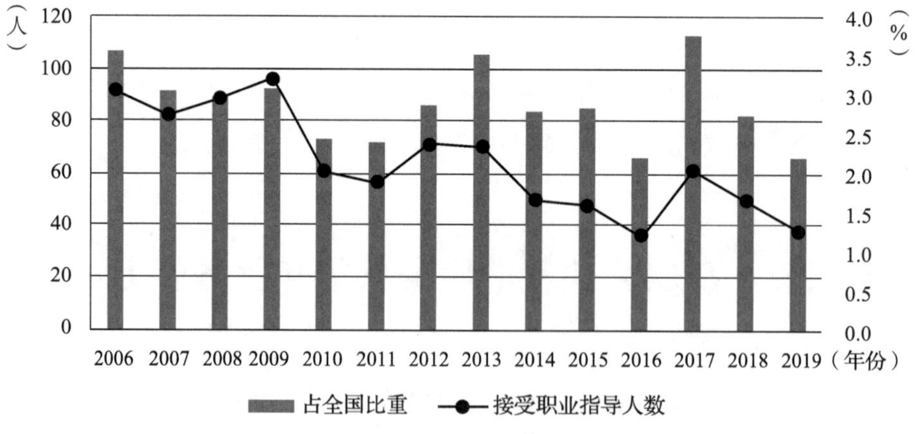

图 5-4　2006—2019 年江西省劳动力接受职业指导情况

资料来源：历年《中国劳动统计年鉴》。

2010—2019 年江西省劳动力接受创业服务情况如图 5-5 所示。2010—2019 年，江西省劳动力接受创业服务人数有增长趋势，尽管 2014 年后有一个较大幅度下降，但总体上还是呈现上升趋势。接受创业服务人数占全国接受创业服务人数的比重水平虽然偏低，但这些年也是在增长，发展趋势较好。后面的工作是要进一步提高公共就业服务供给水平，使更多的劳动者能够得到基本公共就业服务。

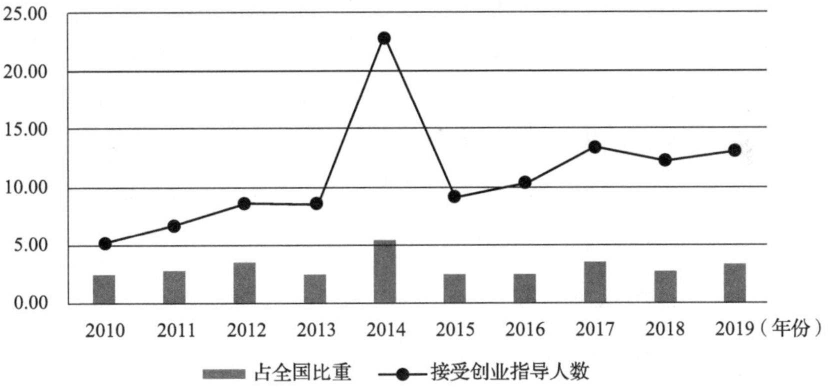

图 5-5 2010—2019 年江西省劳动力接受创业服务情况

资料来源：历年《中国劳动统计年鉴》。

由于劳动力人口众多，分布广泛，劳动力市场巨大，目前公共就业服务并不能满足广大劳动者的需要。在我们的调查中，1/3 以上的受访者未接受过任何形式的公共就业服务，其中农村劳动力、40 岁以上较高年龄劳动力和初中及以下文化程度劳动力未接受就业服务的情况尤为突出。比如职业培训，尽管受访从业人员有强烈的职业技能培训需求，但仍有 1/3 以上受访者从未接受过任何形式的职业培训，即使是受过培训的人员，其中 1/3 的人员也只接受过一次培训。在未接受过培训的受访者中以农村劳动力、较高年龄组人员、文化程度较低人员及通过熟人介绍获得工作的受访人员为主。通过培训获得国家颁发的职业资格证书的受访从业人员占比也不到 1/3。所以，我们看到，一方面政府竭尽所能向社会提供公共就业服务，但另一方面，众多普通从业人员却没有获得过他们想要的就业服务。

公共就业服务能力不足，无法满足广大城乡劳动力对公共就业服务的需求，尤其是农村劳动力、较高年龄劳动力和初中及以下文化程度劳动力这样一些弱势群体的需求得不到满足，这是目前公共就业服务存在的主要问题。同时，有些公共就业服务机构，特别是基层就业服务机构只重点提供信息登记、职业介绍等基本服务，内容单一。这在我们的调查中也得以体现，调查发现，受访人员接受公共就业服务频次最高的前三个项目依次是信息服务、政策咨询和职业指导，其中排在第一的是信息服务，即获取求职、招聘、见习、培训等信息，受访人员超过半数接受过这一项目的就业服务，接受频次大大高于排在第二、第三的政策咨询和职业指导。我们的调查对象很大一部分都是来自乡镇村一级的劳动力，他们接受公共就业服务的状况本身就反映了基层公共就业服务能力和供给的状况。公共就业服务能力不足，尤其是基层公共就业服务供给和就业服务能力不足，反映了公共就业服务基础薄弱，尤其是一些基层公共就业服务队伍力量不足，设施设备不完善，经费保障不到位，服务的标准化、信息化有待提升，服务下沉到村镇基层的覆盖面不够。此外，公共就业服务“自上而下”的传统供给决策模式，也容易使政府的供给决策与公共就业服务对象的现实需求脱节。

基层公共就业服务供给不足，不利于扩大弱势劳动力群体就业。在影响就业机会的因素中有两个主要因素，一个是就业信息获取的难易程度，另一个是劳动者就业素质（包括面试素质及专业技能素质）的高低。在一些农村贫困地区，部分贫困农户之所以就业面临困难，主要就是由于缺乏工作技能，缺乏岗位信息。在公共就业服务体系中，职业介绍将会提高劳动者获取就业信息的机会，求职辅导和职业培训将会提高劳动者的就业素质，从而增加劳动者获取就业岗位的机会。因此，促进广大农村劳动力的转移就业，以及促进失业人员就业与再就业的长效机制从根本上来说就是要不断地完善公共就业服务体系建设。

第五节 人工智能等新技术进步对就业的冲击

新科技革命和产业变革背景下，以大数据、人工智能、云计算等为代表的新一代信息技术，正加速与经济社会各领域渗透融合，推动经济社会全面转型。特别是人工智能技术的应用，在促进生产力发展的同时，必将对就业带来深刻影响。伴随着人工智能技术的迅猛发展，人们对人工智能技术在经济领域的最大担忧，就是人工智能对就业的替代作用是否会造成大规模的技术性失业？实际上，随着我国人口红利的逐渐消失和劳动力成本的快速上涨，无论是工业机器人还是服务机器人，都将继续呈现大幅增长的趋势。目前机器人、无人机、人工智能等技术的应用，已经不断替代简单的重复劳动，制造业工人、银行柜员等受到的冲击越来越明显。“十四五”时期，如果机器代替人的趋势继续加强，那么，叠加经济增速放缓、劳动力老龄化及其他各种不确定性因素的冲击，势必使我国就业形势更加严峻，甚至产生严重的社会后果。所以，人工智能技术冲击下引发的大规模技术性失业风险必须受到重视，并且未雨绸缪，尽早制定相应的应对措施。

以人工智能为代表的新技术发展对于就业的冲击，本质上讲还是技术进步的就业效应问题。技术进步的就业效应具有双重性，菲力普·阿吉翁和彼得·霍依特（2004）将熊彼特“创造性破坏”的思想植入内生增长模型，并结合皮萨里德斯（1990）提出的“资本化效应”，解释技术进步对就业所存在的双重效应：一方面因为“创造性破坏”，技术进步摧毁大量的工作岗位；另一方面又因为“资本化效应”，技术进步创造出新的工作岗位。实际上，技术进步对就业的影响机制非常复杂，它既包括就业创造效应和就业破坏效应两种截然不同的作用，又包括直接影响和间接影响、长期影响和短期影响，所以学术界对技术进步的就业效应的看法并不一致。王晓和崔友平（2013），Marco Vivarelli（2014），朱翠华（2017）等对技术进步与就业关系问题的相关研究进展和不同观点的争鸣也进行了相应的总结和评述。我们前期所做的关于技术进步对就业的影响的相关研究，主要结论是现阶段技术进步对就业增长产生了不利影响，技术进步对就业的影响主要体现为对就业的替代效应①。作为新一代技术进步，人工智能等新技术的发展对就业的冲击主要是带来结构性失业风险，具体表现在三个方面。一是人工智能机器设备带来的结构性失业风险。我国随着人口红利的逐步消失，劳动力成本不断上升，很多企业为了压缩成本开始大规模采用机器自动化设备来替代劳动力。随着机器自动化设备的不断采用，中低端技能的劳动者就越容易被机器替代，从而导致失业加剧。二是随着新业态的不断出现，旧业态不断被淘汰所产生的结构性失业风险。随着大数据、人工智能的快速发展，新模式新业态持续涌现，传统形态的产业更容易被淘汰，从而出现结构性失业风险。比如，在批发和零售领域，包括淘宝、京东、拼多多等平台企业的销售规模越来越大，对传统零售批发业态产生替代，传统的批发市场将逐渐衰落。三是产业结构转型导致的结构性失业风险。我国三次产业中服务业占比不断提升，成为国民经济的主导产业，同时，农业和部分制造业占国民经济的比重在不断下降，其从业人员无论规模还是比重都在下降，从而形成结构性失业。

在相关研究中，牛津大学的卡尔·弗雷和迈克尔·奥斯本（Gorl Frey 和 Michael，2013，2015）在这方面的研究具有代表性，也被同行大量引用。他们基于职业的方法研究得出的结论认为，美国近半数（47%）的劳动者所从事的职业，未来一二十年，将面临高度的自动化风险，被机器所取代。2014 年，他们对英国和欧洲其他国家所做的研究也得出类似的结论。Bowles（2014），Chang 和 Huynh（2016）采用同样的方法也发现，在欧洲会有更高比例的工作将面临自动化的高风险。马岚（2015）的研究认

① 具体参见参考文献《技术进步的就业效应与技术进步路线的选择——基于 1990—2005 年全国省际面板数据的分析》《技术进步对就业的影响：区域差异及政策选择》《自主创新、技术引进与就业增长：基于面板数据模型的实证分析》《有偏技术进步、技术路径与就业增长》《技术进步来源的就业增长效应——以技术进步的要素偏向性为视角》《中小企业技术创新的就业增长效应——基于 443 家中小板上市公司的数据》等。

为，中国也极有可能出现机器人对人工的规模替代；孙文凯等（2018）进一步估算出中国的总替代率为45%左右；陈永伟（2018）则认为，中国总就业人口的76.76%会受到人工智能的冲击。另外，阿恩茨等（Arntz等，2016），普华永道（PwC，2018）基于任务方法展开的研究也表明了同样的结论，尽管他们估算的自动化风险的工作比例要低一些。日本学者井上智洋（2018）甚至认为，30年后强人工智能将导致就业大崩溃。邓洲和黄娅娜（2019）认为，人工智能不同于一般的技术进步，人工智能的发展和应用会造成结构性失业。同样，认为人工智能导致严重的技术性失业的学者还有很多，如格雷茨和麦克（Graetz和Michaels，2015）、SachsBenzell和LaGarda（2015），Acemoglu和Restrepo（2017），Susskind（2017），王君等（2017）。这些研究十分重视人工智能对就业的替代效应，并且认为新技术冲击引发的技术性失业是全世界面临的一大挑战。

在人工智能技术的冲击下，哪些行业、什么样的劳动者更容易受其影响？相关的实证研究表明，批发和零售业、行政和支持服务、制造业、运输和仓储行业最容易受到自动化的影响，中低等受教育水平的工作者面临更大的工作自动化风险。这些行业正是目前吸纳大量劳动力就业的行业，而中低等受教育水平的劳动力也是目前一个主要的劳动力群体。换句话说，一旦人工智能技术对就业的冲击效应加强，那么将影响为数众多的劳动者的工作岗位。有关研究认为，人工智能及相关技术将对中国至少26%的现有工作岗位造成冲击，甚至有学者认为，人工智能对现有工作岗位的冲击将超过50%，而这并不是危言耸听。目前，国内外大量研究十分重视人工智能对就业的替代效应，并且认为新技术冲击引发的技术性失业是全世界面临的一大挑战。

当然，以大数据、物联网及人工智能技术为代表的新一代信息技术对就业的影响，它们摧毁的只是就业岗位，并不是摧毁就业机会。人工智能技术在摧毁大量工作岗位的同时又创造出大量新的工作岗位，其对就业的影响具有双重效应，既有对就业的替代效应，又有创造和补偿效应。短期内在某一个阶段可能集中体现为对就业岗位的破坏作用，但从长远来看，随着人工智能、5G、物联网、智慧城市、远程医疗、虚拟现实（VR）等新一代技术走进人们的生产生活，推动产业升级，必将会为未来扩大就业提供重要技术支持。

在新技术的冲击下，未来一旦面临比较严重的技术性失业风险，我们应该怎么办？由于技术性失业本质上来说是结构性失业，所以，为当下和未来的工人提供适当的技能教育是政策的重要落脚点，同时还可以通过扩大社会保障制度来降低失业的社会后果。鉴于技术进步是提高生产力和经济可持续发展的关键因素，除了劳动力市场政策，公共政策还应在促进新技术的采用和推广方面发挥重要作用。

第六章

江西省稳定和扩大就业、推动高质量就业的政策分析

本章从三个方面对江西省稳定和扩大就业、推动高质量就业的政策进行分析。一是对促进就业的政策工具分析。结合政策工具研究理论，对促进就业的政策工具进行归纳总结，并分析不同政策工具的特点与实施条件。二是对江西省稳定和扩大就业的政策分析。其主要以江西省高校毕业生就业创业促进政策的分析为例，基于政策文本的内容，对江西省稳定和扩大就业、促进就业创业的就业政策进行分析，并利用问卷调查，对江西省大学生就业创业促进政策的实施效果进行评价与分析。三是对江西省推动实现高质量就业的政策分析。通过构建高质量就业发展水平的评价指标体系，从宏观视角分析江西省就业质量的变化趋势及其影响因素，并进行相应的政策分析。

第一节　促进就业的政策工具

一、政策工具及其分类①

新公共管理运动以来，在公共管理主体多元化、管理过程的复杂化、公共政策复杂化及政策执行难度不断提高的背景下，政策工具研究越来越受到重视，涌现了一批代表性理论论著，比如《公共政策研究：政策循环与政策子系统》《政府工具导论》《民营化与公私部门的伙伴关系》《公共政策工具：对公共管理工具的评价》《政府工具新治理指南》《政府改革手册：战略与工具》等。这些政策工具理论对我国国内公共管理领域的研究起了重要的指导作用，在环境保护、社会管理、教育、就业、公共服务等多个领域的公共管理体制改革中得到了广泛应用。

对于政策工具的内涵，由于不同研究人员对政策工具的理解角度不同，因此迄今为止学术界并未形成一致的认识。综合来看，国内外学者对政策工具的理解主要有以下几种看法。

一是因果论。因果论把政策工具界定为探讨政策问题与政策解决方案之间的因果关系过程。持这种看法的有英格汉姆（1987）、拉蒙（2002）及彼德斯和冯尼斯潘（2007）等。

二是目的论。目的论认为，政策工具是为了实现政策目标的政策手段，如埃莫尔（1987）、林德和彼得斯（1989）及施耐德和英格拉姆（1993）等。

三是机制论。机制论认为，政策工具是政策目标转化为具体政策行动的机制，通过不同的政策工具组合实现不同的政策目标（胡德，1983）。持

① 本小节内容参考了下列文献：
孙海云．政府在物流产业发展中的作用研究［D］．济南：山东大学，2018.
湛中林．交易成本视角下的政策工具研究［D］．南京：南京大学，2015.
杨洪刚．中国环境政策工具的实施效果及其选择研究［D］．上海：复旦大学，2009.
黄红华．统筹城乡就业中的政策工具选择与优化［D］．杭州：浙江大学，2009.

类似观点的还有休斯（2007）、尼达姆（1982）、豪利特和拉米什（1993）。

政策工具是政策的组成部分，一个完整政策的基本结构应包括政策主体、政策客体、政策目标、政策工具和政策策略，因此，政策工具和政策主体、客体、目标、策略一样，是具体政策系统中的一个独立因素，而且政策工具还是政策主体实现政策目标的关键。所以，本书倾向于认同政策工具目的论的观点，即政策工具是为了实现政策目标的政策手段。本书认为政策工具是指公共政策主体为实现公共政策目标所能采用的各种手段的总称，是政府推行具体政策的手段，是联系政策目标和政策执行之间的桥梁。

对政策工具类型的研究是政策工具研究的最重要领域之一，也是成果最为丰富的领域，但对于政策工具的分类同样也没有形成一致的观点。国外比较有代表性的研究，一是胡德（1983）提出的分类方法，他认为，所有的政策工具都使用了四种广泛的“治理资源”之一，即政府通过所掌握的信息(节点)、法律赋予的权力（权威)、它们的资金（财富）及可利用的正式组织来处理公共问题。二是麦克唐纳尔和埃尔莫尔（1987）按照工具所要达到的目标，将政策工具分为命令型工具、劝导型工具、能力建设型工具和制度变迁型工具。三是迈克尔·豪利特和 M. 拉米什（2006）根据国家干预程度的高低，在自愿性—强制性光谱上对政策工具进行定位，将政策工具分为自愿性政策工具、混合性政策工具、强制性政策工具三类，如图 6-1 所示。

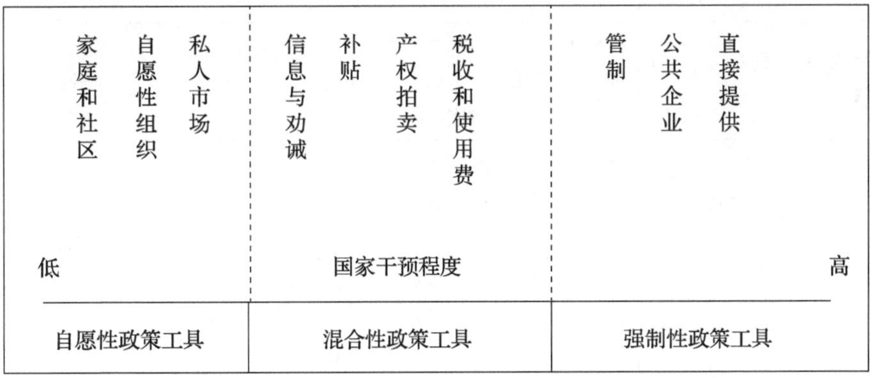

图 6-1　迈克尔·豪利特和 M. 拉米什的政策工具光谱图

资料来源：迈克尔·豪利特，M. 拉米什．公共政策研究：政策循环与政策子系统［M］．庞诗，等译．北京：生活·读书·新知三联书店，2006.

在国内学者的研究中，以陈振明、张成福等学者的观点较具代表性。陈振明（2003）将政策工具分为市场化工具、工商管理技术及社会化手段三大类；张成福（2001）按政府介入的程度把政策工具划分为政府部门直接提供财货与服务、政府部门委托其他部门提供、签约外包、补助或补贴、抵用券、经营特许权、政府贩售特定服务、自我协助、志愿服务和市场运作等几类。

研究人员的目标不同、研究偏好不同及所采用的分类标准也不相同，因而导致出现名目繁多的政策工具类型。表6-1为我们根据相关资料整理的政策工具的分类。

表6-1　政策工具的分类

分类标准	政策工具类型	研究代表
依据政府权力资源性质	管制性、经济性和信息性工具	艾兹奥尼、瓦当
依据政府权力直接参与程度	政策工具光谱图，将政策工具分为自愿性工具、混合性工具、强制性工具	迈克尔·豪利特、M. 拉米什
依据工具合法强制的程度	私人行为、劝告、支出、规制、公共所有权	多尔恩、斐德
依据政府引导方式	权威型、诱因型、能力型、象征及劝说型、学习型	施耐德、英格拉姆
依据政府资源对个人和机构的不同影响	命令、劝告、报酬、职能拓展和权威重组	麦克唐纳尔、埃尔莫尔
依据政策工具自身活动功能	探察性工具与影响性两大类八小类工具，前者的功能是为政府汲取资讯，后者则为政府影响外在世界	胡德
依据提供服务方式	政府服务、政府间协议、契约、特写、特许经营、补助、凭单制、市场、自我服务、用户付费、志愿服务	萨瓦斯
依据政策工具特点	把政策工具分为23种，包括现金补贴、国有企业、实物转移、贷款担保、税收减免、收费、检查、政府提供、罚款、合约、配额、禁令、质量标准、限价、公共宣传、信息、流程引导、保险、贷款、许可证、价格控制、公共投资和特许权	林德、彼得斯

续表

分类标准	政策工具类型	研究代表
依据政策工具定义特征	直接行政、社会管制、经济管制直接贷款、贷款担保、保险、税式支出、收费、用户付费、债务法、政府公司、凭单制等 13 种	萨拉蒙
依据政策工具时代特征	“箭袋里的箭”包括传统类、创新类和先锋类共 36 种治理工具	奥斯本、盖布勒
依据政府改革战略	针对政府改革的“5C”战略（核心战略、后果战略、顾客战略、控制战略和文化战略），相应地设计了 90 多种治理工具	奥斯本、普拉斯特里克
从需求、供给、环境三个方面进行划分	供给型政策工具、环境型政策工具和需求型政策工具	罗斯威尔、泽格菲尔德
政府介入的程度	政府部门直接提供财货与服务、政府部门委托其他部门提供、自我协助、志愿服务和市场运作	张成福
结合现代西方政府改革和新治理实践	市场化工具、工商管理技术及社会化手段	陈振明
以“资源”作为分类标准	管制性政策工具、经济性政策工具、资讯性政策工具、动员性政策工具及市场化政策工具	徐媛媛

注：作者根据相关文献资料整理。

二、国内促进就业的政策工具的分类

政策工具理论的研究，特别是政策工具的分类研究，为政策工具的特征及政策工具的选择和优化提供了很好的理论基础。基于已有的政策工具分类理论，国内研究人员对我国促进就业的政策工具也有不同的分类方法。

黄红华（2009）依据政策工具理论，按照政策工具的强制性程度把统筹城乡就业的政策工具分为强制性工具、激励性工具、指导性工具、信息提供工具和服务性工具。不同类型的政策工具具有不同的属性和不同的运行机制，政策工具的选择与组合必须结合不同的具体情况，以及不同政策工具的生效条件。一般来说，激励性政策工具主要用于劳动力培训服务的供给及对弱势群体就业的促进，而信息性政策工具主要用于减少工作搜寻的时间和成本。强制性政策工具对于劳动合同的签订、最低工资、劳动时间限定、工资支付保障依据、缴纳社会保险等进行规制。指导性政策工具主要是提供就业和工资等方面的建议、提供劳动力市场指导价位和企业工资指导线、参加劳资双方的工资集体协商及进行劳动纠纷的调解等。服务性政策工具包括政府直接供给、建立公共企业供给、服务外包及社区服务等。

白彬和张再生（2016）借鉴罗斯威尔和泽格菲尔德的研究成果，将以创业拉动就业的政策体系所涉及的基本政策工具分为供给型政策工具、环境型政策工具和需求型政策工具。供给型和需求型政策工具是政府从供给和需求两方面出台相应的措施以实现用创业拉动就业的政策目标。其中，供给型政策工具具体可以分为创业教育、创业人员技能培训、创业资金支持、创业技术支持及完善创业基础设施这五个基本政策工具。需求型政策工具可分为政府采购、外包、经营壁垒和海外交流。环境型政策工具则是通过优化创业环境从而间接地推进创业拉动就业的战略部署，其具体可分为目标规划、金融支持、税收优惠、公共服务支持和策略性措施。

葛蕾蕾、方诗禹和杨帆（2018）也采用了罗斯威尔和泽格菲尔德的分类方法对高校毕业生就业政策进行了划分。其中，供给型政策工具主要涉及高校毕业生就业工作中人才培养、资金投入、资讯服务、科技支持等内容；需求型政策工具主要涉及高校毕业生就业工作中政府采购、服务外包、贸易管制、海外交流等内容；环境型政策工具主要涉及高校毕业生就业工作中目标规划、法规管理、财政援助、策略性措施等内容。

孙萍和刘梦（2017）采用我国台湾学者陈恒钧和黄婉玲基于政策工具所体现的政府参与的直接性程度提出直接型、间接型、基础型和倡导型四种公共政策工具类型。其中，直接型政策工具包括财政补助、税式支出、发展公共企业、社会管制、经济管制等；间接型政策工具包括公益性岗位、提供贷款、提供担保、特许经营、采用凭单制等；基础型政策工具包括放松管制、提供公共服务、提供基础设施、法规制定、健全相关制度等；倡导型政策工具包括提供职业教育、提供技能培训、倡导组织联盟、奖赏鼓励、发布公共信息、信息网络建设等。

三、从积极就业政策到就业优先政策

2002年，中共中央、国务院颁布《关于进一步做好下岗失业人员再就业工作的通知》，首次提出了积极就业政策。此后，2005年，国务院颁布《关于进一步加强就业再就业工作的通知》；2006年出台《中共中央关于构建社会主义和谐社会若干重大问题的决定》；2012年，党的十八大提出实施就业优先战略和更加积极的就业政策。积极就业政策不断成熟和完善，较好地发挥了扩大就业、促进经济发展与维护社会稳定的重要作用。

从政策工具的内容来看，我国积极就业政策的政策工具包括财税金融工具、劳动力市场工具和行政性工具三类。财税金融工具包括税收工具、行政性收费工具、金融工具、财政补贴工具、社会保障工具等；劳动力市场工具包括培训工具、职业介绍、职业指导、就业见习、岗位援助工具、生活补贴工具等；行政性工具包括行政性就业安置和特殊项目等。其中，财税金融工具是积极就业政策中具体措施得以落实的根本基础。我国政府将就业支出列为财政预算的专项投入，以保证积极就业政策的实施，政府通过直接购买岗位、减免税费补贴、创业贷款补贴、职业介绍补贴、职业培训补贴、扶持公共就业服务机构等具体工具来解决失业问题，就业资金来源于政府的公共财政预算。

就业优先政策可以看作是积极就业政策的升级版。2019年《政府工作报告》首次将就业优先政策置于宏观政策层面；2020年10月，《中共中央关于制定国民经济和社会发展第十四个五年规划和二〇三五年远景目标的建议》提出了“实现更加充分更高质量就业”的目标，并明确“强化就业优先政策”的主要任务。就业优先政策升级为国家战略。

关于就业优先政策的政策工具，刘彦斌（2019）在就业优先政策研讨会上提出，就业优先政策的主要工具包括以下几类。一是为实现就业目标所需要的财政政策、货币政策及有关经济政策和社会政策。当经济下行压力较大时，需要财政政策通过减税降费减轻企业负担；需要货币政策有效缓解实体经济，特别是民营和小微企业融资难、融资贵的问题，并通过降低实际利率水平，实现稳增长保就业。同时，还需要教育政策减轻人力资源供给侧的就业压力，缓解大学毕业生就业难问题。二是开展职业技能培训。实施大规模职业技能培训既是保持就业稳定、缓解就业结构性矛盾的关键举措，也是经济转型升级和高质量发展的重要支撑。三是提供全方位公共就业服务。全方位的公共就业服务是实施就业优先政策的重要手段，也是解决就业市场供求匹配问题、减少摩擦性失业的有效工具。四是提供各项政策补贴、减免社保缴费等政策，预防失业、促进就业。根据不同时期的就业形势和促进就业的重点难点，通过向企业或劳动者提供岗位补贴、工资补贴、培训补贴、社保补贴、创业补贴、实习补贴等措施稳定就业岗位，预防或减少失业；通过允许困难企业缓缴或减免社保费、降低社保费率等措施减轻企业负担，帮助企业渡过难关，预防规模性失业。另外，还可通过制订和实施青年就业计划、见习计划、创业计划等促进就业项目，帮助就业重点群体就业创业。五是为就业困难群体提供兜底保障。通过失业保险、公益性岗位等制度和政策措施，保障他们的基本生活，通过多种方式帮助他们参与社会劳动，实现自身价值。

第二节　江西省稳定和扩大就业的政策分析——以大学生为例

一、江西省促进大学生就业创业政策的内容

江西省省委、省政府始终把高校毕业生就业摆在就业工作首位，不断完善大学毕业生就业创业促进政策体系，先后制定出台了一系列稳定和扩大就业创业的政策文件，为促进江西省高校毕业生就业创业提供了有力支持。表 6-2 梳理了近年来江西省促进大学毕业生就业创业的相关政策。

表 6-2　近年来江西省促进大学毕业生就业创业的相关政策

年份	相关政策
2017	全面落实学费补偿、高定工资档次、税收优惠、社保补贴、创业担保贷款等政策，结合政府购买基层公共管理和社会服务开发就业岗位，统筹实施“三支一扶”计划等基层服务项目，鼓励高校毕业生到城乡基层、艰苦边远地区、中小微企业就业和创新创业，引导高校毕业生投身扶贫开发和农业现代化建设
2018	全省每年从乡镇公务员考录计划中拿出 20% 以上的岗位，从事业单位公开招聘工作人员中拿出 10% ～ 15% 的岗位，面向基层服务项目人员定向考录和招聘。省属国有企业每年按照新聘用职工总量 5% 的比例，用于定向招录符合条件的基层服务项目的高校毕业生及退役大学生士兵
2018	省级以上机关录用公务员，除特殊职位外，按照有关规定一律从具有 2 年以上基层工作经历的人员中考录。基层公务员职位出现空缺，原则上用于择优招录高校毕业生。对高层次人才或基层急需紧缺专业人才，可采取直接考核的方式招聘，并在没有岗位空缺的情况下，可通过特设岗位招聘、引进符合条件的高校毕业生；招聘县乡事业单位管理人员可不作专业限制
2018	开展大学生村官、“三支一扶”计划、志愿服务西部计划、农村教师特岗计划，以及乡村教师定向培养计划、农村（乡镇卫生院、村卫生室）订单定向医学生免费培养项目、全科医生特设岗位计划、基层农林专业技术人员定向培养计划、基层法律人才定向培养计划等基层服务（培养）项目人员能力提升培训，每年组织不少于 3 个工作日的在岗脱产培训，全面提升基层服务（培养）项目人员服务基层和群众的能力
2018	在各级相关综合性评选表彰工作中，注重对扎根基层、干事创业、敬业奉献、表现突出或做出重大贡献的高校毕业生适时给予表彰。在“江西省突出贡献人才评比表彰”“江西省青年创业风云人物”“全省人民满意的公务员”等表彰奖励活动和政府特殊津贴、百千万人才工程等项目人选推荐选拔工作中，向基层高校毕业生适当倾斜
2019	通过购买公益性岗位吸纳离校未就业高校毕业生从事基层公共社会管理服务，鼓励“三支一扶”、大学生村官等人员从事基层公共就业服务。鼓励高校毕业生留赣就业、到基层就业，对贫困县以下基层单位服务期满并考核合格的基层服务项目人员，可通过直接考察的方式择优聘用到服务地乡镇事业单位。贫困县基层机关事业单位招录高校毕业生可适当放宽学历、专业等条件，降低开考比例；基层事业单位招录高校毕业生时可设置不超过 30% 的职位面向本县、本市或周边县市户籍人员招聘。对小微企业吸纳离校 2 年内未就业高校毕业生就业的，按规定给予社会保险补贴；对离校 2 年内未就业高校毕业生灵活就业的，按规定给予社会保险补贴

续表

年份	相关政策
2020	鼓励大学毕业生到社区工作，各地在统一招聘专职社区工作者时，应优先招用高校毕业生；如城乡社区工作者队伍出现空缺岗位，要拿出30%的岗位专门招用高校毕业生（含择业期内未落实工作单位的高校毕业生）
2020	按照《中华人民共和国村民委员会组织法》规定，在职数范围内进一步补充社区工作者人员缺口，增加社区购买服务公益性岗位，所需招录补充人员向高校毕业生倾斜。采取政府购买服务方式，落实“两教一保”的标准，大力招聘补充学前幼儿师资力量，实现全省多渠道招聘补充学前教育教职工5000人。积极引导和鼓励医学类高校毕业生到城乡社区医疗卫生单位就业，着力补齐基层医疗卫生和疾控预防人才短板
2020	大力培育城乡社区社会组织，城市社区不少于10个、农村社区不少于5个，为吸纳高校毕业生到社区就业提供岗位保障。加强社区社会组织人才培养培训和开发引进，落实社区社会工作专业人才职业津贴补助政策，有序引导高校毕业生到社区社会组织和社会工作服务机构就业
2020	将高校毕业生在城乡社区就业创业情况纳入文明城市（区）、文明村镇、文明单位测评体系
2020	各地要将到城乡社区就业创业的高校毕业生纳入当地人才政策扶持范围，对符合条件的提供住房、医疗、落户等支持。对到城乡社区就业创业的党员高校毕业生，各级党委和基层党组织应加强教育管理和激励关怀，及时将其编入党的支部，引导他们积极参加党的组织生活，加强日常管理和教育培训，激励他们发挥党员先锋模范作用；对其中表现优秀的先进典型，要积极宣传鼓励，可以作为“新时代赣鄱先锋”推荐对象。对非党员的优秀人才加强政治引领和政治吸引。进一步强化基层和实践导向，加大从优秀城乡社区工作者中招录公务员或选聘事业单位特别是乡镇（街道）干部力度，定期拿出一定职位面向优秀城乡社区工作者招录或选聘。加强舆论宣传引导，发掘一批扎根城乡社区、建功立业的优秀高校毕业生典型，营造良好社会氛围
2020	各高校要积极选树高校毕业生在赣就业创业的先进典型，发挥榜样的示范引领作用，有效引导高校毕业生尤其是本地生源的毕业生为家乡振兴发展建功立业

江西省省委、省政府出台的促进大学毕业生就业创业的相关政策措施，梳理一下大致可以归纳为三个方面，即就业需求促进政策、就业供给促进政策及供求匹配政策。现行的相关政策包括：①以就业补贴、社会保险补贴等激励企业和社会组织吸纳就业；②在职称评定、项目申请、荣誉申报

方面采取措施鼓励大学生到中小微企业就业；③通过“选聘高校毕业生到村任职”（即大学生村官）、“三支一扶”计划，农村教师“特岗计划”，大学生志愿服务西部计划等基层项目及相关优惠政策支持大学生到基层就业；④通过创业培训补贴、创业担保贷款、免费提供场地等手段支持大学生自主创业；⑤通过社会保险补贴鼓励大学生灵活就业；⑥实施百万青年技能培训行动、青年见习计划提升大学生技术能力，并提供职业培训补贴和职业技能鉴定补贴、就业见习补贴，对见习期间基本生活费、人身意外伤害保险及指导管理费方面的优惠支持；⑦建立和完善全方位的公共就业服务，为大学毕业生等各类劳动者免费提供基本公共就业服务，包括求职登记和失业登记，获得岗位信息、职业指导、职业培训、就业见习等就业服务，咨询申办就业补贴政策；⑧对建档立卡贫困家庭、残疾有特殊困难的毕业生提供就业援助服务；等等。

二、江西省促进大学生就业创业政策的问卷调查

（一）问卷设计

本书借鉴了人力资源和社会保障部关于“我国积极就业政策评估研究”课题调查问卷的部分内容，查阅梳理了近5年国家及江西省大学生就业促进政策文献，归纳成若干条目，经过课题组成员反复推敲、修订形成初步问卷，进行试调查，获得反馈信息后交由专家讨论，形成最终问卷。问卷主要分为三个部分：第一部分为个人基本信息，包括学校、性别、专业等；第二部分为对就业基本状况的调查，包括当前的就业情况、就业途径、就业过程遇到的困难等内容；第三部分为对就业促进政策的认知程度和满意程度的调查，并按照程度的强弱进行1～5分的赋值，同时附有影响政策满意度的因素的调查及对政策实施的整体评价。

（二）调查对象

本书调查对象为江西省30余所本专科院校的应届毕业生及部分往届毕

业生。样本范围涉及理、工、农、医、文、经管、艺术等多个学科门类，覆盖了南昌大学、江西财经大学等江西省主要本专科院校。调查期间，课题组分别前往江西省高校毕业生就业指导中心、江西省人力资源和社会保障厅就业管理和服务相关部门，就当前大学生就业政策的实施情况进行调研，并在企业招聘现场对部分企业就就业政策的实施和就业市场管理服务等问题进行访谈，获得了较为详细的资料。本次调查共发放问卷 1500 份，回收 1420 份，回收率为 94.7%；有效问卷为 1301 份，有效率为 91.6%。有效问卷经整理、核实、筛选后进行编码和录入，利用社会统计软件 SPSS 20.0 对数据进行统计分析，得出最后结果。

（三）样本概况

本次问卷调查的样本基本情况如表 6-3 所示。

表 6-3　样本基本情况

样本特征	类别	人数	比例 /%
院校类别	“双一流”院校、“985”“211”院校	113	8.7
	普通本科	729	56.0
	民办（独立）本科	131	10.1
	高职（专科）院校	328	25.2
专业类别	工科	509	39.1
	理科	48	3.7
	文法	132	10.1
	经管	531	40.8
	其他	81	6.2
性别	男	708	54.4
	女	593	45.6
学历	专科	418	32.1
	本科	841	64.6
	硕士研究生	42	3.2

续表

样本特征	类别	人数	比例 /%
届别	应届毕业生	856	65.8
	往届毕业生	445	34.2
生源地	省会城市、直辖市	197	15.1
	地级市	314	24.1
	县级市	261	20.1
	乡镇、农村	529	40.7

三、江西省大学生就业需求促进政策分析

（一）就业市场主体对大学生就业需求促进政策的认知及评价

1. 大学生对就业需求促进政策的认知及评价

（1）大学生对基层就业政策的认知程度。

如表 6-4 所示，大学生对基层就业政策的认知程度较高，达到较高认知程度的占 30% ～ 40%，说明基层就业政策的宣传普及效果较好，覆盖面较高，其原因是基层就业计划一般在大学生群体中公开招考选拔，为大学生提供较为稳定的就业机会，且在未来公务员考试及研究生入学考试中能够获得优惠政策，因此深受大学生的欢迎。此外，40% 左右的大学生对基层就业政策的认知模棱两可，且仍有相当比例的大学生的认知程度较低，说明基层就业政策在宣传上仍有很大的提升空间，其原因是基层就业在执行过程中存在执行不到位、未来出路不明朗、待遇较低等问题，大学生有了更多其他选择。

表 6-4 大学生对基层就业政策的认知程度

单位：%

政策内容	非常了解	比较了解	一般	不太了解	很不了解
选聘高校毕业生到村任职	5.8	25.4	39.7	23.1	5.8
“三支一扶”计划	7.8	22.2	42.4	21.8	5.8

续表

政策内容	非常了解	比较了解	一般	不太了解	很不了解
大学生志愿服务西部计划	7.3	25.0	40.2	21.6	5.8
农村教师“特岗计划”	10.5	26.1	39.2	19.4	4.8
大学生到基层就业或入伍可享受学费补偿或国家助学贷款代偿	8.9	26.5	39.9	20.1	4.6
大学生到基层就业可享受研究生和事业单位招录优惠	8.6	24.9	40.7	20.9	4.8

（2）大学生对基层就业政策的满意程度。

如表 6-5 所示，仅有 20% 左右的大学生对基层就业政策的满意程度较高，满意程度较低在 25% ～ 35%，50% 左右的大学生的满意程度一般，说明大学生对基层就业政策整体满意程度较低，较多大学生没有明显的倾向性，基层就业政策在宣传和实施过程中仍然存在许多问题。

表 6-5　大学生对基层就业政策的满意程度

单位：%

政策内容	非常满意	比较满意	一般	不太满意	很不满意
选聘高校毕业生到村任职	4.0	14.4	51.5	23.1	7.0
“三支一扶”计划	4.2	14.6	48.6	23.5	9.1
大学生志愿服务西部计划	4.2	16.5	48.2	23.6	7.5
农村教师“特岗计划”	4.7	17.2	50.7	21.2	6.2
大学生到基层就业或入伍可享受学费补偿或国家助学贷款代偿	4.6	15.1	46.2	25.8	8.3
大学生到基层就业可享受研究生和事业单位招录优惠	5.2	14.3	49.0	23.4	8.1

（3）影响大学生对基层就业政策满意的因素。

从表 6-5 大学生对基层就业政策的满意度分布来看，虽然大学生对基层就业较高满意度的比例高于较低满意度的比例，但其差异并不明显，且有近 50% 的大学生选择“一般”。其中原因，如表 6-6 所示，首先，政策宣传不到位仍是最主要原因，62.6% 的受访大学生认同该观点，说明基层就业政策的宣传工作仍有待提高。其次，申请认定资格太难及申办过程太复杂、手续太麻烦的比例也较高，分别占 39.5%、37.2%。与基层就业直接相关的项目中，31.0% 的大学生认为相关的一些配套政策和优惠条件没有落实，而在就业主管部门访谈中，基层就业项目确实存在政策配套落实不力的情况。25.7% 的大学生认为当地对基层项目毕业生并不真正重视，22.9% 的大学生认为基层项目到后期没有出路，而这也是政府部门在改进基层就业政策方面重点考虑的问题，一些大学生在到基层工作后，缺乏科学的上升空间，基层就业项目仅仅成了暂时容纳大学生就业的“避难所”，而未切实提供职业发展通道，让大学生安心干事业。

表 6-6　影响大学生对基层就业政策满意的因素

单位：%

政策内容	频数	比例
政策宣传不到位，我不能及时了解	815	62.6
申请认定资格太难	514	39.5
相关补贴经费太少	357	27.4
一些劳动权益得不到保障	284	21.8
申办过程太复杂、手续太麻烦	484	37.2
相关的一些配套政策和优惠条件没有落实	403	31.0
基层项目到后期没有出路	298	22.9
当地对基层项目毕业生并不真正重视	335	25.7

（4）大学生对创业政策的认知程度。

如表 6-7 所示，大学生对创业政策的认知程度较高，近 40% 的受访大学生达到较高认知程度，而认知程度较低的大学生占比小于 30%，其差异较为明显，说明创业政策的宣传效果较好。其原因是近年来，中央及地方政府部门相继出台了鼓励大学生创业的政策，国家领导人在公共媒体上也多次呼吁要采取一切办法鼓励大学生创业，各级政府部门及高校采用各种形式开展持续的创业宣传活动，宣传效果较好。

表 6-7 大学生对创业政策的认知程度

单位：%

政策内容	非常了解	比较了解	一般	不太了解	很不了解
大学生创业可享受税收优惠、小额担保贷款和贷款贴息支持	13.4	27.6	32.3	20.4	6.3
大学生创业可获得创业指导服务	11.3	26.3	39.5	19.1	3.8
大学生可在创业地办理落户	11.4	27.5	39.0	17.9	4.2
大学生可享受“零首付”创业，并享受一次性创业补贴	14.4	27.7	36.7	16.9	4.3
大学生创业可享受行政收费优惠	13.8	26.3	36.6	18.7	4.6
大学生创业入驻孵化基地可享受各类费用优惠及社保补贴	13.2	27.2	37.6	17.5	4.5

（5）大学生对创业政策的满意程度。

大学生对创业政策的满意程度如表 6-8 所示。大学生对创业政策的满意程度达到较高水平的比例大约为 25%，而满意程度较低的则超过了 30%，且有 45% 左右的大学生的满意程度一般，说明大学生对创业政策的满意程度较低，创业政策在宣传和实施过程中存在诸多问题。

表 6-8 大学生对创业政策的满意程度

单位：%

政策内容	非常满意	比较满意	一般	不太满意	很不满意
大学生创业可享受税收优惠、小额担保贷款和贷款贴息支持	6.0	16.9	45.0	23.7	8.3
大学生创业可获得创业指导服务	5.4	18.0	44.7	23.4	8.5
大学生可在创业地办理落户	5.5	16.7	44.8	23.8	9.3
大学生可享受“零首付”创业，并享受一次性创业补贴	6.0	16.0	44.2	23.4	10.4
大学生创业可享受行政收费优惠	5.5	17.1	43.9	23.7	9.8
大学生创业入驻孵化基地可享受各类费用优惠及社保补贴	5.8	15.4	44.5	23.9	10.5

（6）影响大学生对创业政策满意的因素。

从表 6-9 的分析结果可知，首先，影响大学生对创业政策满意的最主要因素是政策宣传不到位，61.5% 的受访者选择该项，说明创业政策在宣传方面仍有待提高。其次，申办过程太复杂、手续太麻烦及申请认定资格太难也是重要原因，其认同比例分别为 36.0%、32.7%，说明政府相关部门在大学生创业资格认定及手续办理方面仍需优化。

表 6-9　影响大学生对创业政策满意的因素

单位：%

政策内容	频数	比例
政策宣传不到位，我不能及时了解	800	61.5
申请认定资格太难	425	32.7
相关补贴经费太少	335	25.7
一些劳动权益得不到保障	255	19.6
申办过程太复杂、手续太麻烦	469	36.0
相关的一些配套政策和优惠条件没有落实	363	27.9
办理落户手续太麻烦	302	23.2

2. 就业主管部门对大学生就业需求促进政策的认知及评价

为更进一步了解就业需求促进政策的实施效果，我们对江西省人力资源和社会保障厅就业管理和服务相关部门进行了访谈。负责人表示，对于中小企业的相关优惠政策实施效果不太理想，主要原因在于以下三个方面。一是政策宣传不到位，知晓相关政策的中小企业数量仍偏少；二是政策的执行不力，企业在招聘大学生就业申请补贴时，申办程序相对复杂；三是如果企业成功申请相关补贴后，则需接受政府部门的审计与调查，面对政府的审计工作，若补贴幅度较小，则企业宁愿不接受补贴。上述三大原因共同造成相关政策实施效果不理想。另外，负责人还指出，政府一直致力于政策的宣传，在报纸、期刊、手册、政府官网等处均有宣传，然而收效仍不明显。

通过访谈可知，政府与中小企业之间存在对接不到位的情况，企业对政府政策提出期待，对政府已颁布相关优惠政策了解仍不足，这并不仅是政府宣传不到位的原因，更重要的是政府与企业之间的对接存在不足，两大主体对接不上，因此造成这种结果。

另外，中小企业对大学生提出期待，期待大学生的到来并希望大学生踏实做事，因此，政府不仅要对中小企业提出优惠政策，也需要采取措施引导大学生到中小企业就业。

3. 企业对大学生就业需求促进政策的认知及评价

“引导大学生到中小企业和非公有制企业就业”这项政策的优惠对象主要为企业，因此，对政策的研究需从企业入手，以企业对政策的认知程度为出发点，对此项政策进行深入的研究分析。

为了解中小企业和非公有制企业对政策的看法，我们在南昌市人才市场招聘会现场进行访谈，随机选取招聘单位，共选取10个单位的企业主、招聘经理进行访谈。访谈的主要内容包含企业招聘大学生情况、在招聘大学生中遇到的问题、对政策的认知程度、对政策的满意程度、企业对政策的期望、企业对大学生的要求及对已招聘的大学生的评价。

访谈结果表明，不少企业主及招聘人员表示从未听说相关优惠政策，有少部分企业主了解相关优惠政策，然而向政府提出申请时遇到阻碍，导致申请不成功。他们提出，中小企业发展之路艰难，存在发展速度慢、发展水平低、资金来源不足、发展成本高等问题，他们期望得到政府帮扶以渡过难关。对于招聘大学生就业，则存在两大问题。一是招聘渠道不畅通，致使企业难以招到专业对口的大学生。在企业非常重视的校园招聘中，由于各大高校均需要对参选企业进行详细审核，而中小企业则因自身劣势致使审核程序复杂，审核时间过长，且存在审核不通过的情况，这些均成为中小企业参与校园招聘的阻碍。中小企业吸纳大学生就业的过程较为艰难，为此，他们提出希望加强校企合作，建立一个渠道畅通的招聘平台，为大学生就业、为企业吸纳大学生提供便利。二是企业普遍认为大学生眼高手低，心态浮躁，不能沉下心工作，离职率高。鉴于招聘、培训大学生的成本较高，一旦大学生离职，就会对企业造成较大损失，而这是中小企业不愿且难以承受的，这也造成中小企业在招纳大学生就业时存在疑虑；但同时，大学生作为拥有高知识、高技能的人才，是企业发展壮大过程中必不可少的一部分，对此，企业对于招聘大学生就业是喜忧参半。最后，企业主对大学生提出期待，希望大学生能够踏实做事，真诚做人，能保持良好的心态，与企业共同成长。

（二）就业需求促进政策对大学生就业的影响

1. 就业需求促进政策对就业结果的影响

（1）基层就业政策对大学生就业结果的影响。

以就业结果为因变量，大学生对基层就业政策的认知程度为自变量，进行二元 Logistic 回归分析。如表 6-10 所示，基层就业政策对大学生就业与未就业的分组预测回归模型中，其整体模型显著性检验的 $\chi^2 = 36.759$（$p < 0.001$），达到显著水平；而 Hosmer-Lemeshow 检验值 = 14.831（$p > 0.05$），未达到显著水平，说明回归模型的拟合优度较为理想。关联强度系数 Cox&Snell 的值为 0.328，Nagelkerke 关联强度指标值为 0.441，说明自变量与因变量之间有中度强度的相关性。

表 6-10 以就业结果为因变量、对基层就业政策的认知程度为自变量建立回归模型

变量	B	S.E.	Wald	df	关联强度
选聘高校毕业生到村任职	0.292**	0.101	8.427	1	Cox&Snell $R^2 = 0.328$ Nagelkerke $R^2 = 0.441$
“三支一扶”计划	−0.060	0.101	0.358	1	
大学生志愿服务西部计划	0.100	0.096	1.092	1	
农村教师“特岗计划”	0.054	0.089	0.360	1	
大学生到基层就业或入伍可享受学费补偿或国家助学贷款代偿	−0.142	0.094	2.250	1	
大学生到基层就业可享受研究生和事业单位招录优惠	0.139	0.092	2.281	1	
常量	−1.230**	0.248	24.625	1	
整体拟合优度检验 $\chi^2 = 36.759^{***}$					
Hosmer-Lemeshow 检验值 = 14.831n.s					

注：* 表示 $p < 0.05$；** 表示 $p < 0.01$；*** 表示 $p < 0.001$；n.s 表示 $p > 0.05$。

从自变量的显著性来看，各项基层就业政策中，仅有“选聘高校毕业生到村任职”达到了 0.01 的显著水平，Wald 值为 8.427，表明其对促进大学生选择就业有显著的正向影响，而其他基层就业政策则对大学生就业结果没有显著影响。其中原因可能是基层就业导向不足、当前大学生仍缺乏吃苦耐劳的精神等，另外，基层就业项目面临着未来出路不清晰、地方政府不够重视的问题，政策执行力度上也有待加强，因而吸纳就业的能力还不足。

（2）创业政策对大学生就业结果的影响。

以就业结果为因变量，大学生对创业政策的认知程度为自变量，进行二元 Logistic 回归分析。如表 6-11 所示，创业政策对大学生就业与未就业的分组预测回归模型中，其整体模型显著性检验的 $\chi^2 = 39.925$（$p < 0.001$），达到显著水平；而 Hosmer-Lemeshow 检验值 = 12.968（$p > 0.05$），未达到显著水平，说明回归模型的拟合优度较为理想。关联强度系数 Cox&Snell 的值为 0.427，Nagelkerke 关联强度指标值为 0.310，说明自变量与因变量之间有中度强度的相关性。

表 6-11　以就业结果为因变量、对创业政策的认知程度为自变量建立回归模型

<table>
<tr><th>变量</th><th>B</th><th>S.E.</th><th>Wald</th><th>df</th><th>关联强度</th></tr>
<tr><td>大学生创业可享受税收优惠、小额担保贷款和贷款贴息支持</td><td>0.206</td><td>0.089</td><td>5.415**</td><td>1</td><td rowspan="9">Cox&Snell $R^2 = 0.427$
Nagelkerke $R^2 = 0.310$</td></tr>
<tr><td>大学生创业可获得创业指导服务</td><td>−0.100</td><td>0.103</td><td>0.939</td><td>1</td></tr>
<tr><td>大学生可在创业地办理落户</td><td>0.077</td><td>0.099</td><td>0.610</td><td>1</td></tr>
<tr><td>大学生可享受“零首付”创业，并享受一次性创业补贴</td><td>0.017</td><td>0.100</td><td>0.029</td><td>1</td></tr>
<tr><td>大学生创业可享受行政收费优惠</td><td>0.077</td><td>0.103</td><td>0.570</td><td>1</td></tr>
<tr><td>大学生创业入驻孵化基地可享受各类费用优惠及社保补贴</td><td>0.072</td><td>0.096</td><td>0.555</td><td>1</td></tr>
<tr><td>常量</td><td>−0.878</td><td>0.208</td><td>17.783</td><td>1</td></tr>
<tr><td colspan="5">整体拟合优度检验 $\chi^2 = 39.325$***</td></tr>
<tr><td colspan="5">Hosmer-Lemeshow 检验值 = 12.968n.s</td></tr>
</table>

注：* 表示 $p < 0.05$；** 表示 $p < 0.01$；*** 表示 $p < 0.001$；n.s 表示 $p > 0.05$。

从自变量的显著性来看，各项创业政策中，仅有“大学生创业可享受税收优惠、小额担保贷款和贷款贴息支持”达到了0.01的显著水平，Wald值为5.415，表明其对促进大学生选择就业有显著的正向影响，而其他创业政策则对大学生就业结果没有显著影响。从政策的需求程度来看，各类税费及贷款资金支持对大学生创业的影响最大，也是大学生需求最为迫切的政策，与其相比，其他政策的影响力较低。

2. 就业需求促进政策对就业机会的影响

（1）基层就业政策对大学生就业机会的影响。

以就业机会为因变量，大学生对基层就业政策的认知程度为自变量，建立线性回归模型。如表6-12所示，模型R平方为0.121，调整后的R平方为0.106，F值为2.146，显著性为0.036（$p < 0.05$），表明模型整体是显著的。

表6-12　以就业机会为因变量、对基层就业政策的认知程度为自变量建立回归模型

变量	系数	标准差	T	显著性
选聘高校毕业生到村任职	0.167	0.067	3.011	0.012
“三支一扶”计划	0.122	0.066	4.328	0.003
大学生志愿服务西部计划	−0.037	0.063	−0.580	0.562
农村教师“特岗计划”	0.047	0.060	0.788	0.431
大学生到基层就业或入伍可享受学费补偿或国家助学贷款代偿	−0.038	0.063	−0.612	0.541
大学生到基层就业可享受研究生和事业单位招录优惠	0.029	0.061	0.471	0.638
常量	2.011	0.162	12.395	0.000
R平方	0.121	—	—	—
调整后的R平方	0.106	—	—	—
F值	—	—	2.146	0.036

从自变量回归结果来看，“选聘高校毕业生到村任职”“三支一扶”计划分别在0.05、0.01的水平上显著，其回归系数分别为0.167、0.122，说明这两项政策对大学生的就业机会有显著的正向影响，其他基层就业政策则

对大学生就业机会没有显著影响。从政策内容上看，选聘高校毕业生到村任职和“三支一扶”项目的报考限制较少，大学生的参与度更高，且与其他基层就业政策相比，其职业前景较好，因而更受大学生欢迎。

（2）创业政策对大学生就业机会的影响。

以就业机会为因变量，大学生对创业政策的认知程度为自变量，建立线性回归模型。如表 6-13 所示，模型 R 平方为 0.207，调整后的 R 平方为 0.202，F 值为 4.537，显著性为 0.012（$p < 0.05$），表明模型整体是显著的。

表 6-13　以就业机会为因变量、对创业政策的认知程度为自变量建立回归模型

变量	系数	标准差	T	显著性
大学生创业可享受税收优惠、小额担保贷款和贷款贴息支持	0.151	0.058	2.887	0.025
大学生创业可获得创业指导服务	−0.024	0.069	−0.343	0.732
大学生可在创业地办理落户	0.022	0.066	0.336	0.737
大学生可享受“零首付”创业，并享受一次性创业补贴	0.094	0.067	3.416	0.007
大学生创业可享受行政收费优惠	0.002	0.068	0.025	0.980
大学生创业入驻孵化基地可享受各类费用优惠及社保补贴	0.136	0.064	2.117	0.034
常量	2.046	0.141	14.550	0.000
R 平方	0.207	—	—	—
调整后的 R 平方	0.202	—	—	—
F 值	—	—	4.537	0.012

从自变量回归结果来看，“大学生创业可享受税收优惠、小额担保贷款和贷款贴息支持”“大学生可享受‘零首付’创业，并享受一次性创业补贴”分别在 0.05、0.01 的水平上显著，其回归系数分别为 0.151、0.094，说明这两项政策对大学生的就业机会有显著的正向影响，其他创业政策则对大学生就业机会没有显著影响。从政策需求程度角度来看，大学生创业更多地需要税费减免及资金支持，同时在创业支持方面也需要在注册资本上给予优惠，为大学生创业开辟绿色通道。

3. 就业需求促进政策对大学生就业能力的影响

（1）基层就业政策对大学生就业能力的影响。

以就业能力为因变量，大学生对基层就业政策的认知程度为自变量，建立线性回归模型。如表 6-14 所示，模型 R 平方为 0.219，调整后的 R 平方为 0.214，F 值为 3.598，显著性为 0.001（$p < 0.001$），表明模型整体是显著的。

表 6-14　以就业能力为因变量、对基层就业政策的认知程度为自变量建立回归模型

变量	系数	标准差	T	显著性
选聘高校毕业生到村任职	0.003	0.031	0.096	0.924
“三支一扶”计划	0.009	0.031	0.281	0.779
大学生志愿服务西部计划	0.034	0.030	1.154	0.249
农村教师“特岗计划”	−0.017	0.028	−0.614	0.539
大学生到基层就业或入伍可享受学费补偿或国家助学贷款代偿	0.161	0.029	2.094	0.036
大学生到基层就业可享受研究生和事业单位招录优惠	−0.023	0.028	−0.802	0.423
常量	2.895	0.076	38.307	0.000
R 平方	0.219	—	—	—
调整后的 R 平方	0.214	—	—	—
F 值	—	—	3.598	0.001

从自变量回归结果来看，“大学生到基层就业或入伍可享受学费补偿或国家助学贷款代偿”政策在 0.05 的水平上显著，其回归系数为 0.161，说明该项政策对大学生的就业能力有显著的正向影响，其他基层就业政策则对大学生就业能力没有显著影响。大学生就业能力的培养主要是通过就业指导和相关就业创业培训等途径，基层就业政策的影响力较小，大学生到基层就业或入伍获得学费补偿或助学贷款代偿政策在一定程度上缓解了大学生，特别是家庭经济困难大学生的经济压力，对提升就业能力有一定的影响。

（2）创业政策对大学生就业能力的影响。

以就业能力为因变量，大学生对创业政策的认知程度为自变量，建立线性回归模型。如表 6-15 所示，模型 R 方为 0.105，调整 R 方为 0.101，F 值为 5.181，显著性为 0.004（$p < 0.01$），表明模型整体是显著的。

表 6-15　以就业能力为因变量、对创业政策的认知程度为自变量建立回归模型

变量	系数	标准差	T	显著性
大学生创业可享受税收优惠、小额担保贷款和贷款贴息支持	0.026	0.027	0.969	0.333
大学生创业可获得创业指导服务	0.059	0.032	2.836	0.047
大学生可在创业地办理落户	−0.023	0.031	−0.729	0.466
大学生可享受“零首付”创业，并享受一次性创业补贴	−0.002	0.031	−0.072	0.943
大学生创业可享受行政收费优惠	−0.007	0.032	−0.215	0.830
大学生创业入驻孵化基地可享受各类费用优惠及社保补贴	−0.028	0.030	−0.918	0.359
常量	2.941	0.066	44.695	0.000
R 平方	0.105	—	—	—
调整后的 R 平方	0.101	—	—	—
F 值	—	—	5.181	0.004

从自变量回归结果来看，“大学生创业可获得创业指导服务”政策在 0.05 的水平上显著，其回归系数为 0.059，说明该项政策对大学生的就业能力有显著的正向影响，其他创业政策则对大学生就业能力没有显著影响。创业政策对大学生就业能力的培养主要体现在创业指导方面，大学生通过高校和就业主管部门开展的创业指导活动能够了解基本的企业运营管理等知识，对其创业有一定的帮助。

四、江西大学生就业供给促进政策分析

（一）就业市场主体对就业供给促进政策的认知及评价

1. 大学生对就业供给促进政策的认知及评价

（1）大学生对就业供给促进政策的认知。

如表 6-16 所示，受访大学生对就业供给促进政策的认知程度较高，达

到较高认知程度的比例为 35% ～ 45%，而认知程度较低的比例小于 30%，选择“一般”的比例在 40% 左右，呈现较为明显的正态分布。从具体内容上看，大学生对创业培训补贴和一次性求职补贴及基层就业补贴的认知程度较高，达到较高比例的在 40% 左右，而高校开设的就业指导课程及高校和人社部门开展的“一对一”求职指导的认知程度较低，达到较高水平的均不超过 35%。

表 6-16　大学生对就业供给促进政策的认知程度

单位：%

政策内容	非常了解	比较了解	一般	不太了解	很不了解
高校开设就业指导课程，开展职业发展教育和就业指导	5.5	28.6	38.6	15.7	11.6
高校和人社部门开展“一对一”的求职指导	10.7	24.0	43.0	18.1	4.3
大学生参加创业培训可获得相关认证和培训补贴	12.9	42.2	37.2	16.4	4.2
毕业生参加就业见习、技能培训和职业技能鉴定的可获得相应补贴	11.5	25.7	41.0	17.6	4.1
家庭困难毕业生可申领一次性求职补贴	13.8	25.3	38.9	16.8	5.1
离校未就业毕业生到基层就业可获得补贴和社保补贴	11.8	26.7	42.6	15.1	3.8

（2）大学生对就业供给促进政策的评价。

如表 6-17 所示，大学生对就业供给促进政策的满意度较高，达到较高满意程度的比例为 35% ～ 45%，满意程度较低的比例大多低于 25%，一般满意程度在 40% 左右。从单个政策的满意程度来看，大学生对高校开设的就业指导课程的满意程度最低，其达到较高满意程度的比例仅为 21.2%，较低满意程度的比例则达到 40.2%，说明就业指导课程需要改善。此外，毕业生对创业培训补贴、一次性求职补贴政策的满意程度较高，达到较高满意程度的比例分别为 42.2%、39.1%。

表 6-17　大学生对就业供给促进政策的评价

单位：%

政策内容	非常满意	比较满意	一般	不太满意	很不满意
高校开设就业指导课程，开展职业发展教育和就业指导	5.5	15.7	38.6	28.6	11.6
高校和人社部门开展“一对一”的求职指导	10.7	24.0	43.0	18.15	4.3
大学生参加创业培训可获得相关认证和培训补贴	12.9	29.3	37.2	16.45	4.2
毕业生参加就业见习、技能培训和职业技能鉴定的可获得相应补贴	11.5	25.7	41.0	17.65	4.1
家庭困难毕业生可申领一次性求职补贴	13.8	25.3	38.9	16.8	5.15
离校未就业毕业生到基层就业可获得补贴和社保补贴	11.8	26.7	42.6	15.1	3.8

（3）影响大学生对就业供给促进政策满意的因素。

如表 6-18 所示，首先，影响大学生对就业供给促进政策满意的最大因素是政策宣传不到位，59.4% 的受访者选择该项。其次，35.3% 的大学生认为申办过程太复杂、手续太麻烦，32.6% 的大学生认为申请认定资格太难，说明相关部门采取的补贴措施需要进一步精简办事手续，适当降低准入门槛，让更多的大学生享受政策的优惠。在与就业供给促进政策直接相关的因素方面，29.1% 的大学生认为，就业创业指导的内容太虚，对自己就业帮助不大，说明就业创业指导课程应更加注重实际应用。13.9% 的大学生认为参加就业见习、就业创业培训活动对自己就业帮助不大，这一比例较小，说明大学生对就业见习、就业培训活动的实施效果较为认可。

表 6-18　影响大学生对就业供给促进政策满意的因素

单位：%

政策内容	频数	比例
政策宣传不到位，我不能及时了解	773	59.4
申请认定资格太难	424	32.6
相关补贴经费太少	361	27.7
一些劳动权益得不到保障	295	22.7
申办过程太复杂、手续太麻烦	459	35.3
相关的一些配套政策和优惠条件没有落实	370	28.4
就业创业指导的内容太虚，对我帮助不大	379	29.1
参加就业见习、就业创业培训活动对我就业帮助不大	181	13.9

（二）就业供给促进政策对大学生就业的影响

1. 就业供给促进政策对大学生就业结果的影响

以就业结果为因变量，大学生对就业供给促进政策的认知程度为自变量，进行二元 Logistic 回归分析。如表 6-19 所示，供给促进政策对大学生就业与未就业的分组预测回归模型中，其整体模型显著性检验的 $\chi^2 = 45.364$（$p < 0.001$），达到显著水平；而 Hosmer-Lemeshow 检验值 = 11.734（$p > 0.05$），未达到显著水平，说明回归模型的拟合优度较为理想。关联强度系数 Cox&Snell 的值为 0.406，Nagelkerke 关联强度指标值为 0.309，说明自变量与因变量之间有中度强度的相关性。

表 6-19　以就业结果为因变量、对就业供给促进政策的认知程度为自变量建立回归模型

变量	B	S.E.	Wald	df	关联强度
高校开设就业指导课程，开展职业发展教育和就业指导	0.074	0.068	1.173	1	Cox&Snell $R^2 = 0.406$ Nagelkerke $R^2 = 0.309$
高校和人社部门开展“一对一”的求职指导	0.004	0.090	0.002	1	
大学生参加创业培训可获得相关认证和培训补贴	−0.038	0.090	0.177	1	
毕业生参加就业见习、技能培训和职业技能鉴定的可获得相应补贴	−0.125	0.093	1.796	1	
家庭困难毕业生可申领一次性求职补贴	0.165	0.079	4.372*	1	
离校未就业毕业生到基层就业可获得补贴和社保补贴	−0.078	0.095	0.672	1	
常量	−1.106	0.260	18.080**	1	
整体拟合优度检验 $\chi^2 = 45.364$***					
Hosmer-Lemeshow 检验值 = 11.734n.s					

注：* 表示 $p < 0.05$；** 表示 $p < 0.01$；*** 表示 $p < 0.001$；n.s 表示 $p > 0.05$。

从自变量的显著性来看，各项就业供给促进政策中，仅有“家庭困难毕业生可申领一次性求职补贴”达到了 0.05 的显著水平，Wald 值为 4.372，表明其对大学生的就业结果有显著的正向影响，而其他供给促进政策则对大学生的就业结果没有显著影响。

2. 就业供给促进政策对大学生就业机会的影响

以就业机会为因变量，大学生对就业供给促进政策的认知程度为自变量，建立线性回归模型。如表 6-20 所示，模型 R 平方为 0.126，调整后的 R 平方为 0.112，F 值为 5.784，显著性为 0.000（$p < 0.001$），表明模型整体是显著的。

表 6-20　以就业机会为因变量、对就业供给促进政策的认知程度为自变量建立回归模型

变量	系数	标准差	T	显著性
高校开设就业指导课程，开展职业发展教育和就业指导	0.241	0.045	5.307	0.000
高校和人社部门开展“一对一”的求职指导	0.063	0.059	1.067	0.286
大学生参加创业培训可获得相关认证和培训补贴	−0.063	0.059	−1.072	0.284
毕业生参加就业见习、技能培训和职业技能鉴定的可获得相应补贴	0.085	0.061	2.385	0.016
家庭困难毕业生可申领一次性求职补贴	0.038	0.053	0.725	0.469
离校未就业毕业生到基层就业可获得补贴和社保补贴	0.058	0.063	0.925	0.355
常量	2.581	0.172	15.026	0.000
R 平方	0.126	—	—	—
调整后的 R 平方	0.112	—	—	—
F 值	—	—	5.784	0.000

从自变量回归结果来看，“高校开设就业指导课程，开展职业发展教育和就业指导”政策在 0.000 的水平上显著，其回归系数为 0.241，说明该项政策对大学生的就业机会有显著的正向影响；“毕业生参加就业见习、技能培训和职业技能鉴定的可获得相应补贴”政策在 0.05 的水平上显著，其回归系数为 0.085，说明该项政策对大学生的就业机会有显著的正向影响。其他就业供给促进政策则对大学生的就业机会没有显著影响。

3. 就业供给促进政策对大学生就业能力的影响

以就业能力为因变量，大学生对就业供给促进政策的认知程度为自变量，建立线性回归模型。如表 6-21 所示，模型 R 平方为 0.142，调整后的 R 平方为 0.102，F 值为 5.352，显著性为 0.000（$p < 0.001$），表明模型整体是显著的。

表 6-21　以就业能力为因变量、对就业供给促进政策的认知程度为自变量建立回归模型

变量	系数	标准差	T	显著性
高校开设就业指导课程，开展职业发展教育和就业指导	0.032	0.021	3.492	0.006
高校和人社部门开展“一对一”的求职指导	0.009	0.028	0.322	0.747
大学生参加创业培训可获得相关认证和培训补贴	0.118	0.028	5.660	0.000
毕业生参加就业见习、技能培训和职业技能鉴定的可获得相应补贴	−0.017	0.029	−0.593	0.553
家庭困难毕业生可申领一次性求职补贴	0.102	0.025	2.764	0.019
离校未就业毕业生到基层就业可获得补贴和社保补贴	0.016	0.030	0.524	0.600
常量	3.053	0.081	37.543	0.000
R 平方	0.142	—	—	—
调整后的 R 平方	0.102	—	—	—
F 值	—	—	5.352	0.000

从自变量回归结果来看，“高校开设就业指导课程，开展职业发展教育和就业指导”“大学生参加创业培训可获得相关认证和培训补贴”政策在 0.01 的水平上显著，其回归系数分别为 0.032、0.118，说明这两项政策对大学生的就业能力有显著的正向影响；“家庭困难毕业生可申领一次性求职补贴”政策在 0.05 的水平上显著，其回归系数为 0.102，说明该项政策对大学生的就业能力有显著的正向影响。其他就业供给促进政策则对大学生的就业能力没有显著影响。

五、江西省大学生就业供求匹配政策分析

（一）就业市场主体对就业供求匹配政策的认知及评价

1. 大学生对就业供求匹配政策的认知及评价

（1）大学生对就业供求匹配政策的认知。

如表6-22所示，大学生对就业供求匹配政策的认知程度整体较低。大学生仅对校园招聘、“双选会”活动以及人事代理、档案管理服务达到“比较了解”以上程度，分别为41.7%、31.7%，对其他政策达到较高了解程度的比例均在30%以下。其原因主要有两方面。一是政策宣传力度不够，目前主要的宣传途径是高校就业指导课程、就业主管部门进校园宣传及政府网站的政策公示。这些宣传手段较为程序化、机械化，宣传效果不佳，大学生仅对一些常见的校园招聘和“双选会”较为了解，对其他政策知之甚少。二是大学生了解就业政策的主动性不足。调查中发现，许多大学生认为就业政策对个人就业并无太大影响，因而不会主动了解就业政策。

表6-22　大学生对就业供求匹配政策的认知程度

单位：%

政策内容	非常了解	比较了解	一般	不太了解	很不了解
人事代理、档案管理服务	8.2	23.5	37.4	22.8	8.1
实名登记服务	4.4	20.1	40.9	25.4	9.2
高校毕业生求职专区、专窗服务	4.0	19.9	39.6	26.7	8.8
免费提供就业岗位信息服务	5.2	21.1	43.3	22.7	7.5
校园招聘、“双选会”活动	10.3	31.4	38.0	14.8	5.5
网络招聘、就业服务月、就业服务周活动	5.8	21.6	44.0	21.4	7.1

（2）大学生对就业供求匹配政策的评价。

如表6-23所示，整体而言，大学生对就业供求匹配政策的满意程度相对较高，各项政策的满意度均值为3～3.5分。选择“比较满意”和“非常

满意”的比例为 30% ～ 45%，超过了选择“不太满意”和“很不满意”的比例。另外，大学生保持中立态度的比例较高，为 40% ～ 50%，这可能与政策认知程度较低有关。就政策类别而言，大学生对就业市场信息政策的评分高于就业市场服务政策，其对“校园招聘会、‘双选会’”的满意程度最高，达到较高程度的占 41.6%；其次是“免费提供就业岗位信息服务”，占 36.2%，两类政策的平均得分为 3.37、3.28，明显高于其他政策或服务，而这两项政策活动也是相关部门和高校促进大学生就业的重要手段，说明大学生对此类政策的认可程度较高。

表 6-23　大学生对就业供求匹配政策的满意程度

单位：%

政策内容	非常满意	比较满意	一般	不太满意	很不满意
人事代理、档案管理服务	8.1	23.4	50.1	14.0	4.3
实名登记服务	6.7	22.9	49.6	16.4	4.4
高校毕业生求职专区、专窗服务	8.9	24.1	46.6	16.1	4.3
免费提供就业岗位信息服务	11.4	24.8	47.4	12.8	3.6
校园招聘、“双选会”	12.5	29.1	43.8	11.4	3.2
就业网络招聘、就业服务月、就业服务周活动	8.5	23.4	48.4	15.5	4.2

（3）影响大学生对就业供求匹配政策满意的因素。

表 6-24 为影响大学生对供求匹配政策满意的因素。首先，影响最大的因素是政策宣传不到位，大学生不能及时了解，其认同比例为 54.4%，表明相关部门在政府实施过程中宣传力度较弱，亟待改进。其次，26.3% 的毕业生认为相关部门提供的岗位信息没有针对性，对自己不合适，说明就业信息对接工作仍存在不足，对于一些冷、偏的专业毕业生来说难以获得合适的就业信息，相关部门应采取针对性措施。而 25.7% 的毕业生认为人事代理、档案保管等就业服务手续较为繁杂，就业主管部门应简化办事流程，方便大学生办理就业手续。

表 6-24　影响大学生对供求匹配政策满意的因素

影响因素	频数	比例 /%
政策宣传不到位，我不能及时了解	708	54.4
提供的岗位信息没有针对性，对我来说不太合适	342	26.3
办理人事代理、档案保管等就业服务手续太麻烦	335	25.7
一些劳动权益得不到保障	263	20.2
就业服务人员对政策和业务不熟悉	256	19.7

表 6-25 是大学生对就业创业政策的总体评价。本文采用五点量表题项的形式（非常满意到很不满意分别赋值为 5、4、3、2、1）设置了 7 个问题来调查大学生对就业创业政策的满意度评价情况。调查结果表明，前五个题目的平均得分（所占比例乘以各自分值后加总）均低于 3，说明政策满意度评价较低。后两个题目的平均得分也只是略微大于 3，说明满意度评价也只是一般。这七个题目的平均得分为 2.91，和“我对江西省大学生就业创业政策总体满意评价”一题的平均得分 2.92 相差不大，说明大学生对就业创业政策的总体评价并不高。

表 6-25　大学生对就业创业政策的总体评价

单位：%

政策内容	非常满意	比较满意	一般	不太满意	很不满意
大学生就业创业政策能给我带来更多的就业机会	3.7	11.5	36.5	35.0	13.4
大学生就业创业政策能切实帮助我提高就业能力	3.8	12.7	43.2	29.2	11.1
我对就业部门工作人员的服务态度满意	4.9	18.1	46.2	23.1	7.8
就业服务部门能够为我提供满意的就业岗位	5.1	23.4	44.5	19.5	7.4
就业服务部门提供的就业信息能够准确快速传达	6.5	21.8	43.2	21.2	7.2
我享受了就业创业政策和具体的就业创业服务	13.8	24.1	36.4	19.35	6.4

续表

政策内容	非常满意	比较满意	一般	不太满意	很不满意
大学生就业创业政策在江西能够得到有效落实	7.5	22.5	42.9	20.8	6.4
我对江西大学生就业创业政策总体满意	6.3	16.8	46.5	23.4	6.9

2. 就业主管部门对就业供求匹配政策的评价

（1）政策宣传的力度小，效果比较差。

就业政策作为公共政策的一部分，从制定到实施都离不开宣传，只有政策宣传到位才能使政策目标受众真正了解政策并享受政策带来的好处。但从问卷调查及个案访谈结果来看，就业政策的宣传效果不佳。

在相关就业服务中心调研时，中心负责人表示：当前，大学生就业促进政策宣传效果不佳，高校开展的就业指导课程效果不好。高校开设的就业指导课程是就业政策宣传的主要力量，而现实情况是，各高校对就业指导课程的重视程度参差不齐，部分高校没有专职的就业指导工作人员，多由班主任、辅导员和学工部门工作人员兼职，就业指导课程没有受到应有重视，且未能纳入就业指导人员职称评定体系。同时，就业指导人员待遇不高，影响了其工作热情。大学生就业指导课程体系应当贯穿整个大学生涯，课程要合理安排，如大学一二年级开设职业生涯规划课程，毕业年级开设就业指导，宣传就业创业政策。

此外，课题组成员前往江西省人力资源和社会保障厅相关部门调研发现，就业主管部门在政策的宣传上投入的人力、物力仍然不足，虽然宣传手段较多，如报纸、期刊、网站、政策手册、每年定期的政策宣传讲座及在招聘会现场摆设宣传台等，但覆盖面范围仍然较小，大学生参与性低，宣传效果较差。未来要创新政策宣传方式方法，更充分利用微信公众平台、线上直播等新渠道、新形式向大学生推送就业信息。

（2）就业信息平台使用情况较差，部门信息对接问题突出。

就业政策的执行是政策制定后为达成预期目标的实施过程。目前，就业政策的执行主体主要是就业主管部门和高校。首先，大学生就业信息平台属于非营利平台，使用情况较差，由于缺少资金支持，企业信息量较少，以中小企业居多，而大学生更愿意去国有企业或大型私企、外企，毕业生较少通过公共就业平台找工作，更倾向于智联招聘、前程无忧等就业网站，同时由于公共就业信息网站的影响力太小，企业很难在此类网站招到满意的员工，因而在公共就业平台发布就业信息的意愿不强，公共就业平台的处境十分尴尬。其次，教育部门与就业主管部门由于分管大学生毕业前后的就业工作，在信息共享和部门协调上仍有待提高。就业主管部门掌握应届大学生个人信息相对困难，推送就业信息不及时，一些就业政策无法落实。另外，关于离校未就业大学生实名登记方面，部分大学生个人信息更新不及时，无法实施跟踪服务。相对而言，高校在就业信息传达方面执行力度较高，各类校园“双选会”和招聘会信息通过学校就业信息网站及海报宣传，宣传效果较好，但在省内高校信息互动共享方面仍需要建立统一的信息共享平台。

（3）就业政策缺乏完善的监督评估机制。

政策执行监督和回馈是通过对政策执行效果的评估来对政策进行改进，是公共政策的必要环节。目前我国就业政策缺乏完善的绩效评估机制，政策实施效果的评价方法、指标和权重也是公共政策领域的一大难题。在此背景下，政府部门应对就业政策的实施效果进行正式的调查研究和整体评价，找出哪些政策受到欢迎，哪些政策效果不好，建立政策退出机制，逐步淘汰那些不合时宜的政策。从实际情况来看，就业政策由政府就业和教育等部门共同制定，高校配合政策推行，在实施过程中，高校和大学生作为被动的接受者，很少有机会提出改进措施和意见，更不用说监督，就业政策满意度也处于较低水平，因此，建立完善常态化的有政策利益相关者参与的政策绩效评估机制十分必要。

3. 企业对就业供求匹配政策的认知及评价

（1）企业对政策认知程度普遍较低。

如前所述，大学生和就业主管部门都认为当前就业供求匹配政策的宣传力度不足，宣传效果较差，而从中小企业的访谈结果来看，这种情况更为突出。课题组在中小企业招聘现场进行问卷调查及现场访谈，在接受访谈的 8 家中小企业中，没有一家企业了解大学生供求匹配政策。结合实践经验及访谈结果，本研究认为，产生这种现象的原因一方面是中小企业规模小，员工人数少，对政策敏感度较低，政策认知的主动性较差，与了解供求匹配政策相比，其更希望政府部门给予发展基金和社会保险补贴。另一方面，就业市场组织者在政策宣传工作方面做得还不到位，一些企业也指出，就业市场人员较少向他们宣传相关政策。

（2）企业与高校、政府部门信息对接程度较低。

此外，访谈中，有 5 家企业招聘负责人指出，中小企业与高校存在信息脱节现象，企业难以找到专业对口的大学生，对高校的生源情况知之甚少，一些高校对引入中小企业进校招聘的热情不高。同时，政府的公共就业信息平台建设仍有待加强，毕业生一站式服务系统的运行情况也不理想，企业很难在该平台上找到满意的人才，就业市场出现众多中小企业面临“用人荒”，而高校毕业生却面临严重就业难的矛盾现象。

（3）就业市场门槛高，管理不善。

在就业市场管理方面，企业招聘负责人指出，中小企业进入人才市场和校园招聘的审核时间和程序很复杂，过程十分严格，可能因为审批时间长而错过最佳招聘时机，并希望简化审批程序。同时，企业进场费用高，得到的服务很少，在政策宣传和招聘信息发布方面做得不好，难以吸引优秀大学生前来应聘。

（二）就业供求匹配政策对大学生就业的影响分析

1. 就业供求匹配政策对大学生就业结果的影响

以就业结果为因变量，大学生对就业供求匹配政策的认知程度为自变量，进行二元 Logistic 回归分析。如表 6-26 所示，促进供求匹配的各项政策对大学生就业与未就业的分组预测回归模型中，其整体模型显著性检验的 $\chi^2 = 13.446$（$p < 0.01$），达到显著水平；而 Hosmer-Lemeshow 检验值 = 14.867

（$p > 0.05$），未达到显著水平，说明回归模型的拟合优度较为理想。关联强度系数 Cox&Snell 的值为 0.543，Nagelkerke 关联强度指标值为 0.317，说明自变量与因变量之间有中度强度的相关性。

表 6-26　以就业结果为因变量、对就业供求匹配政策的认知程度为自变量建立回归模型

变量	B	S.E.	Wald	df	关联强度
人事代理、档案管理服务	0.190	0.078	5.964*	1	Cox&Snell $R^2 = 0.543$ Nagelkerke $R^2 = 0.317$
实名登记服务	−0.160	0.098	2.674	1	
高校毕业生求职专区、专窗服务	−0.096	0.094	1.055	1	
免费提供就业岗位信息服务	0.057	0.097	0.339	1	
校园招聘、“双选会”	0.166	0.077	4.717**	1	
就业网络招聘、就业服务月、就业服务周活动	0.020	0.089	1.449*	1	
常量	−1.560	0.268	33.751	1	
整体拟合优度检验 $\chi^2 = 13.446^{**}$					
Hosmer-Lemeshow 检验值 = 14.867n.s					

注：* 表示 $p < 0.05$；** 表示 $p < 0.01$；*** 表示 $p < 0.001$；n.s 表示 $p > 0.05$。

从自变量的显著性来看，大学生对人事代理、档案管理服务的认知程度，大学生对校园招聘、“双选会”活动的认知程度及大学生对网络招聘、就业服务月、就业服务周活动的认知程度 3 个自变量的 Wald 值分别为 5.964、4.717 和 1.449，均达到了 0.05 的显著水平，研究结果说明大学生对这三项政策的认知程度越深，就越能促使大学生选择就业。其原因可能是大学生对人事代理和档案管理服务的认知程度越高越能增加大学生获得就业的机会，解除了大学生就业的后顾之忧，同时校园招聘、“双选会”及一些就业服务活动也为大学生提供了就业信息，使大学生对成功就业更有信心，因而更倾向于就业。

2. 就业供求匹配政策对大学生就业机会的影响

以就业机会为因变量，大学生对就业供求匹配政策的认知程度为自变量，建立线性回归模型。如表 6-27 所示，模型 R 平方为 0.222，调整后的 R 平方为 0.217，F 值为 4.763，显著性为 0.000（$p < 0.001$），表明模型整体是显著的。

表 6-27　以就业机会为因变量、对就业供求匹配政策的认知程度为自变量建立回归模型

变量	系数	标准差	T	显著性
人事代理、档案管理服务	0.060	0.052	1.144	0.253
实名登记服务	−0.074	0.065	−1.136	0.256
高校毕业生求职专区、专窗服务	0.186	0.062	2.983	0.003
免费提供就业岗位信息服务	−0.047	0.065	−0.715	0.475
校园招聘、“双选会”	0.209	0.051	4.115	0.000
就业网络招聘、就业服务月、就业服务周活动	0.103	0.060	2.734	0.023
常量	2.318	0.174	13.353	0.000
R 平方	0.222	—	—	—
调整后的 R 平方	0.217	—	—	—
F 值	—	—	4.763	0.000

从自变量回归结果来看，“校园招聘、‘双选会’”政策在 0.001 的水平上显著，其回归系数是 0.209，说明该项政策对大学生的就业机会有显著的正向影响；“高校毕业生求职专区、专窗服务”政策在 0.01 的水平上显著，其回归系数为 0.186；“就业网络招聘、就业服务月、就业服务周活动”政策在 0.05 的水平上显著，其回归系数为 0.103，说明这两项政策对大学生的就业机会有显著的正向影响。其他政策则对大学生的就业机会没有显著影响。

3. 就业供求匹配政策对大学生就业能力的影响

以就业能力为因变量，大学生对就业供求匹配政策的认知程度为自变量，建立线性回归模型。如表 6-28 所示，模型 R 平方为 0.108，调整后的 R 平方为 0.104，F 值为 3.843，显著性为 0.027（$p < 0.05$），表明模型整体是显著的。

表 6-28　以就业能力为因变量、对就业供求匹配政策的认知程度为自变量建立回归模型

变量	系数	标准差	T	显著性
人事代理、档案管理服务	0.023	0.025	0.921	0.357
实名登记服务	−0.014	0.031	−0.471	0.638

续表

变量	系数	标准差	T	显著性
高校毕业生求职专区、专窗服务	0.019	0.029	0.660	0.510
免费提供就业岗位信息服务	0.053	0.031	2.718	0.026
校园招聘、“双选会”	0.061	0.024	2.530	0.012
就业网络招聘、就业服务月、就业服务周活动	0.001	0.028	0.034	0.973
常量	2.971	0.082	36.364	0.000
R 平方	0.108	—	—	—
调整后的 R 平方	0.104	—	—	—
F 值	—	—	3.843	0.027

从自变量回归结果来看，“免费提供就业岗位信息服务”“校园招聘、‘双选会’”政策均在 0.05 的水平上显著，其回归系数分别为 0.053、0.061，说明这两项政策对大学生的就业能力有显著的正向影响。其他政策则对大学生的就业能力没有显著影响。

六、小结

（一）大学生对就业创业政策的认知程度和满意程度较低

在就业需求促进政策方面，大学生对基层就业政策的认知程度不高，平均得分为 3.09，仅比中值高出些许，特别是对大学生村官计划、“三支一扶”计划比较了解的仅占调查对象的 30% 左右。而调查对象对基层就业政策的满意程度更低，平均得分仅为 2.85，处于不太满意的程度。对创业政策的认知程度和满意程度也类似，其创业政策的认知程度平均得分为 3.25，略高于中间值，满意程度得分则只有 2.85。可见，大家对促进大学生就业创业的一系列优惠政策并不知晓也更说不上满意。

在就业供给促进政策方面，大学生对相关政策的认知，平均得分为 3.2，虽然高于中值，但得分也不高。特别是对高校开设的就业指导课程及高校和人社部门开展的“一对一”求职指导等相关政策的认知程度较低。而大学生对就业供给促进政策的评价，平均得分为3.16，其中对高校开设就业指导课程，开展职业发展教育和就业指导的满意度评价最低，竟有约40%的被访者表示不满意。

大学生对就业供求匹配政策的了解程度和评价也是如此，整体较低。在政策认知方面，大学生仅对校园招聘、“双选会”活动，人事代理、档案管理服务达到“比较了解”，而对其他政策达到较高了解程度的比例均在30%以下。在政策评价方面，大学生对就业市场信息政策及免费提供就业岗位信息服务两类政策的平均得分为3.37、3.28，明显高于其他政策或服务，而这两项政策活动也是相关部门和高校促进大学生就业的重要手段。

（二）就业市场主体对就业创业政策的评价不高

不仅大学生对就业创业政策的评价低，而且就业市场主体对就业创业政策的评价也不高。访谈中，用人单位普遍反映的问题是，一是政策的宣传力度不足，宣传效果较差，中小企业的情况更为突出，很多企业并不怎么了解相关的优惠政策。二是企业与高校、政府部门信息对接程度较低。企业，尤其是中小企业与高校存在信息脱节现象，企业难以找到专业对口的大学生，对高校的生源情况知之甚少，一些高校对引入中小企业进校招聘的热情不高。同时，政府的公共就业信息平台建设仍有待加强，企业很难在该平台上找到满意的人才，就业市场出现众多中小企业面临“用人荒”，而高校毕业生却面临严重就业难的矛盾现象。此外，还存在政策执行方面的问题，比如企业向政府提出申请时遇到阻碍，导致申请不成功。这些问题降低了大家对政策实施效果的满意度评价。

（三）政策宣传不到位是影响政策满意程度的主要问题

政策宣传不到位，宣传效果不理想是影响大学生、就业主管部门和企业对就业创业政策满意程度的主要问题。从我们的调查访谈中可以发现，不管是就业需求促进政策，还是就业供给促进政策，抑或是就业供求匹配政策，在所有影响政策满意度的因素中，因为政策宣传不到位，“我不能及时了解”的比例最高，并且大大高于其他影响因素的比例。为什么总有很大一部分人不了解或者不能及时了解相关政策？主要原因还是在于政策宣传工作没有做足。因为不及时了解政策，或者了解不到位导致政策执行受阻，没有发挥出促进大学生就业创业政策的相应作用，是今后大学生就业工作需要重视的一个重要问题。

大学生了解认同相关就业创业政策，是政策实施的前提。政策宣传不到位，导致高校毕业生对就业创业政策不了解、不会用，影响政策执行的效果。因此，新闻媒体、政府网站及高校要重视、加强和创新就业创业政策的宣传，把政策宣传做到位。

（四）就业创业政策对大学生就业有显著影响

促进就业创业的优惠政策有助于提高劳动力就业水平和就业质量，对促进就业创业具有显著作用。本研究的实证分析结果说明，就业需求促进政策、就业供给促进政策及就业供求匹配政策均在不同程度上对大学生就业产生积极影响。

在就业需求促进政策方面，各项基层就业政策中“选聘高校毕业生到村任职”“大学生到基层就业或入伍可享受学费补偿或国家助学贷款代偿”和“三支一扶”计划对大学生就业的影响十分显著，且表现为显著的正向效应，但其他基层就业政策则对大学生就业的影响大多不具统计意义上的显著性；创业政策中，诸如大学生创业可享受税收优惠、小额担保贷款和贷款贴息支持，大学生可享受“零首付”创业，并享受一次性创业补贴，以及大学生创业可获得创业指导服务等政策对大学生创业有显著的积极影响。

在就业供给促进政策方面，“高校开设就业指导课程，开展职业发展教育和就业指导”“毕业生参加就业见习、技能培训和职业技能鉴定的可获得相应补贴”“大学生参加创业培训可获得相关认证和培训补贴”“家庭困难毕业生可申领一次性求职补贴”等相关政策措施对促进大学生就业表现为显著的正向效应。

在就业供求匹配政策方面，“人事代理、档案管理服务”“校园招聘、‘双选会’活动”，以及“就业网络招聘、就业服务月、就业服务周活动”对大学生选择就业有显著影响；“高校毕业生求职专区、专窗服务”“校园招聘、‘双选会’”和“就业网络招聘、就业服务月、就业服务周活动”等政策安排对大学生的就业机会有显著的正向影响；“免费提供就业岗位信息服务”“校园招聘、‘双选会’”政策则对大学生的就业能力有显著的正向影响。

第三节　江西省推动高质量就业的政策分析

2020 年 10 月 26 日，党的十九届五中全会召开。10 月 29 日，新华社发布的会议公报中提出，要“实现更加充分更高质量就业，居民收入增长和经济增长基本同步，分配结构明显改善，基本公共服务均等化水平明显提高”。在“十四五”时期经济社会发展主要目标中，“实现更加充分更高质量就业”是一项重要内容。那么如何评价江西省的就业发展质量？江西省推动实现更高质量就业需要什么样的政策支持？

一、江西省高质量就业发展水平的评价

（一）江西省高质量就业发展水平的评价指标体系

就业质量是基于“体面劳动”提出的。就业质量是一个多层次不断发展变化的概念。目前国内基于宏观视角对地区就业质量的评价的相关研究主要有赖德胜（2011）、苏丽锋（2013）、张抗私（2015）、刘婧（2016）、王阳（2018）、朱金鹤（2018）、孔微巍（2019）、人口和就业统计司课题组（2020）等。表 6-29 是相关研究成果所构建的地区就业质量评价指标体系中的二级指标构成。

表 6-29　地区就业质量评价指标体系中的二级指标构成

研究者	就业质量二级评价指标
赖德胜（2011） 苏丽锋（2013）	就业环境，就业能力，就业状况，劳动者报酬，社会保护，劳动关系
张抗私（2015）	就业状况，劳动报酬，劳动关系，就业能力，就业环境
刘婧（2016）	就业能力，劳动报酬，就业状况，社会保护，劳动关系
王阳（2018）	劳动力市场，就业稳定性，工作安全性，收入保障性，劳动关系和谐度
朱金鹤（2018）	劳动报酬，就业能力，就业环境
孔微巍（2019）	就业能力，劳动报酬，就业状态，就业与社会保障，劳动关系，就业公共服务水平
人口和就业统计司课题组（2020）	劳动工资，充分就业，工作生活平衡，就业稳定

注：作者根据相关资料整理。

表 6-29 未列出相关评价指标体系的具体的三级指标。在已有的基于宏观视角对地区就业质量评价研究中，三级指标一般均采用统计数据来测量，但人口和就业统计司课题组（2020）的研究采用的是全国月度劳动力调查微观数据。本书在参考上述研究成果的基础上，结合指标的直接相关性和数据的可获得性，构建了江西省高质量就业发展水平评价指标体系，如表 6-30 所示。

表 6-30　江西省高质量就业发展水平评价指标体系

一级指标	二级指标	三级指标
高质量就业发展水平指数	就业机会	城镇登记失业率
		就业率
		失业人员再就业率
		求人倍率
	工作稳定性	单位从业人数比例
		工会入会率
	劳动报酬	平均工资增速
		工资总额占 GDP 比重
	社会保护	社保平均覆盖率
	劳动关系	劳动争议案件发生率
		劳动争议劳动者当事人数比例
		劳动争议结案率

续表

一级指标	二级指标	三级指标
高质量就业发展水平指数	工作安全性	当期工伤事件发生率
		工伤事故死亡率
		伤残（评定等级）率

（二）江西省就业质量水平变化分析

利用江西省 2006—2019 年统计数据对上述评价指标进行描述性统计分析，如表 6-31 所示，所有计算所需的原始数据均来源于历年《中国劳动统计年鉴》和《江西统计年鉴》。之所以时间起始于 2006 年，是因为工作安全性的指标数据从 2006 年才开始统计分布。

表 6-31　指标的描述性统计分析

Variable	Obs	Mean	Std.Dev.	Min	Max
就业率	14	69.02143	3.330915	64.3	72.3
失业人员再就业率	14	57.66929	12.15871	35.78	83.43
求人倍率	14	1.507143	0.5540262	0.93	2.59
单位从业人数比例	14	41.64714	3.700011	37.08	47.6
工会入会率	14	27.27429	4.610474	18.91	33.21
平均工资增速	14	9.577143	3.005913	4.48	13.99
工资总额占 GDP 比重	14	11.22857	2.470425	8.27	14.45
社保平均覆盖率	14	46.91286	2.682388	38.94	48.94
劳动争议案件发生率	14	3.156429	1.407768	0.89	5.36
劳动争议劳动者当事人数比例	14	5.191429	2.766219	1.73	13.3
劳动争议结案率	14	1.016429	0.0759157	0.92	1.22
当期工伤事件发生率	14	1.137143	0.2183656	0.71	1.49
工伤事故死亡率	14	0.1428571	0.0663822	0.04	0.24
伤残率	14	3.614286	1.163719	1.39	5.58

利用上述指标构建就业质量水平年度指数，本书参照王阳（2018）的做法采用熵值法计算指标权重，然后计算出历年就业质量水平指数。基本步骤如下所述。

（1）指标数据标准化和平移。

由于各项指标的量纲不同，首先对相关数据进行标准化处理，具体做法是

$$正向指标：x'_{ij}=\left[\frac{x_{ij}-\min(x_{1j},\ x_{2j},\ \cdots,\ x_{nj})}{\max(x_{1j},\ x_{2j},\ \cdots,\ x_{nj})-\min(x_{1j},\ x_{2j},\ \cdots,\ x_{nj})}\right]\times 100$$

$$负向指标：x'_{ij}=\left[\frac{\max(x_{1j},\ x_{2j},\ \cdots,\ x_{nj})-x_{ij}}{\max(x_{1j},\ x_{2j},\ \cdots,\ x_{nj})-\min(x_{1j},\ x_{2j},\ \cdots,\ x_{nj})}\right]\times 100$$

其中，x'_{ij} 为第 i 年的第 j 个指标的数值。$i=1,\ 2,\ \cdots,\ n$；$j=1,\ 2,\ \cdots,\ m$。为了方便起见，仍记为 $x'_{ij}=x_{ij}$。为了避免对 0 取对数，故需要对所有标准化后的数据加上一个常数（本书取 1）。

（2）计算第 j 项指标下第 i 年占该指标的比重。

$$p_{ij}=\frac{X_{ij}}{\sum_{i=1}^{n}X_{ij}},\ (i=1,\ 2,\ \cdots,\ n;\ j=1,\ 2,\ \cdots,\ m)$$

（3）计算第 j 项指标的熵值。

$$e_j=-k\sum_{i=1}^{n}p_{ij}\ln(p_{ij}),\ 其中,\ k>0,\ k=1/\ln(n),\ e_j\geqslant 0$$

（4）计算第 j 项指标的差异系数。对第 j 项指标，指标值的差异越大，对方案评价的影响就越大，熵值就越小，定义差异系数。

$$g_j=\frac{1-e_j}{E_e},\ 其中,E_e=\sum_{j=1}^{m}e_j,\ 0\leqslant g_i\leqslant 1,\ \sum_{j=1}^{m}g_j=1$$

（5）计算指标的权重。

$$w_j=\frac{g_j}{\sum_{j=1}^{m}g_j}\ (1\leqslant j\leqslant m)$$

（6）最后计算各年份的综合得分。

$$s_i = \sum_{j=1}^{m} w_j \cdot p_{ij}(i=1, 2, \cdots, n)$$

根据江西省就业质量评价指标体系，依次计算出2006—2019年江西省就业质量水平指数，如图6-2所示。同时采用同样的做法计算2006—2019年全国的就业质量指数，作为分析江西省就业质量的参照。

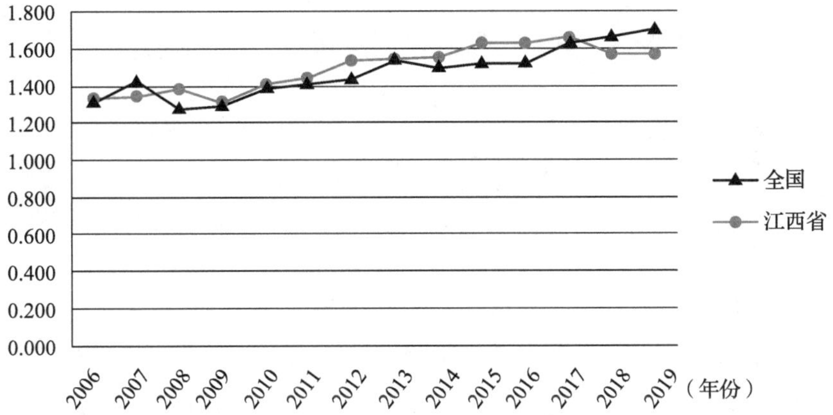

图6-2 2006—2019年全国和江西省就业质量指数

从全国和江西省就业质量指数的变化趋势来看，2006年以来均呈现小幅上涨的走势，总体上全国和江西省的就业质量水平有所提高。与全国水平相比，2017年前江西省就业质量指数水平和全国整体水平相当，大部分年份江西省就业质量水平略高于全国水平，但2017年的后两年，江西省就业质量水平却出现明显下降，而且也低于全国就业质量的整体水平。

图6-3为2019年江西省就业质量评价指标体系中三级指标得分情况。得分最高的前五项指标分别是工资总额占GDP比重、就业率、工会入会率、求人倍率和城镇登记失业率，这几个指标分属于就业机会、工作稳定性和工作报酬，正是由于这几个方面的良好表现，推动了江西省高质量就业的发展。

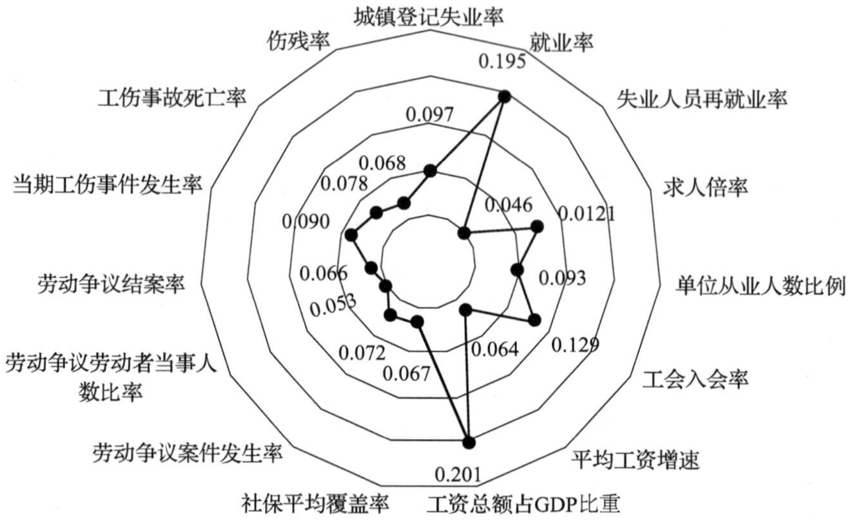

图 6-3　2019 年江西省就业质量指标体系中三级指标得分情况

从图 6-4 的二级指标得分情况也可以发现，2019 年，江西省就业质量评价指标体系 6 个二级指标中就业机会、劳动报酬、工作安全性和工作稳定性排在前几位，社会保护得分最低，排在最后。2006 年以来江西省就业质量的提升主要得益于就业机会指标的显著提高，工作稳定性、劳动报酬和社会保护指标得分稍有提高，而劳动关系和工作安全性指标得分反而下降。

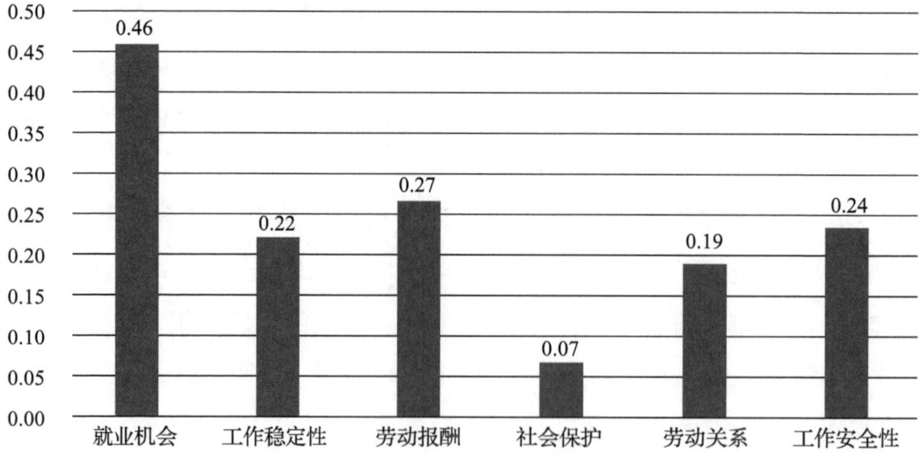

图 6-4　2019 年江西省就业质量指标体系中二级指标得分情况

（三）江西省推动高质量就业的政策分析

1. 社会保障体系建设对推动实现江西高质量就业的作用

利用六个二级评价指标的得分进一步计算二级指标的权重，结果如表 6-32 所示。

表 6-32　二级评价指标的权重

	就业机会	工作稳定性	劳动报酬	社会保护	劳动关系	工作安全性
权重	0.203	0.205	0.120	0.177	0.145	0.150

注：作者根据熵值法计算。

如表 6-32 所示，按照权重大小依次为工作稳定性、就业机会、社会保护、工作安全性、劳动关系和劳动报酬，说明在推动江西高质量就业发展中，提高工作稳定性、扩大就业机会和加强社会保护非常重要。实际上，近年来由于各种新就业形态，特别是灵活就业方式的快速发展，建立与之匹配的社会保障制度也是当前一项重要而紧迫的任务。

2. 促进就业政策、职业培训对江西省高质量就业的影响

促进就业政策是解决就业质量方面存在的“质量”问题的主要手段，而职业培训是提高劳动力就业能力的主要手段，因此就业能力的提高无疑对劳动者就业质量的改善有重要意义。我们构建了如下的一个简单的回归分析模型说明促进就业政策和职业培训对就业质量的影响。

$$jyzl = \beta_0 + \beta_1 jyzc + \beta_2 zypx + \beta_3 jynx + e$$

其中，因变量 jyzl 表示就业质量，用前文计算的就业质量水平指数衡量。jyzc 代表就业政策变量，考虑到就业政策的变化很大程度上可以表现为地方财政支出中的社会保障和就业支出水平的变化，而且社会保障和就业支出也涵盖了政府在社会保险方面的投入，本身也体现了前文的社会保险全覆盖的因素，所以采用社会保障和就业支出占地方财政支出的比重作为其代理变量。zypx 代表职业培训变量，这里采用就业训练中心的培训人数来衡量，为了尽可能消除变量数量级不同和数据异方差性的影响，对该变

量采用了对数化处理。jynx 表示从业人员的平均受教育年限。所有指标所使用的原始数据均来源于历年《中国劳动统计年鉴》与《江西统计年鉴》。表 6-33 为相关变量的描述性统计分析。

表 6-33　相关变量的描述性统计分析

变量	样本数	均值	标准差	最小值	最大值
jyzl	14	1.492714	0.1195076	1.309	1.664
jyzc	14	0.1257925	0.0148317	0.107001	0.1541398
zypx	14	13.03356	0.5621288	12.0678	13.94139
jynx	14	9.217715	0.700406	7.280754	9.952

为了避免虚假回归或者伪回归，确保估计结果的有效性，首先分析变量数据的平稳性，即对变量进行单位根检验。表 6-34 为相关变量的单位根检验结果。

表 6-34　相关变量的单位根检验结果

变量	T 统计量值	p 值	1% 临界值	5% 临界值	结论
jyzl	−1.355410	0.1088	−4.057993	−3.119978	不平稳
D.jyzl	−3.388943	0.0335	−4.121926	−3.144028	平稳
jyzc	−0.474608	0.4899	−2.754993	−1.970978	不平稳
D.jyzc	−2.354578	0.0239	−2.792154	−1.977738	平稳
zypx	−1.111931	0.2272	−2.754993	−1.970978	不平稳
D.zypx	−3.335192	0.0031	−2.771926	−1.974028	平稳
jynx	−2.808639	0.0860	−4.121990	−3.144920	不平稳
D.jynx	−3.533532	0.0285	−4.200056	−3.175352	平稳

注：表中 D.jyzl 表示时间序列 jyzl 的一阶差分算子；滞后阶数 K 依据 AIC 和 SC 准则确定。

如表 6-34 所示，单位根的检验结果表明，相关的分析变量均为一阶单整的序列，服从 I（1）过程，即这些变量的水平值虽然是不平稳序列，但是经过一阶差分后的序列都为平稳序列。

所有变量均为一阶单整，满足协整检验的前提。对于服从 I（1）过程变量的协整检验，采用 JJ（Johansen-Juselius）检验。表 6-35 为 Johansen 协整检验结果。协整检验的结果表明，这些非平稳变量之间存在协整关系。

表 6-35　Johansen 协整检验结果

原假设：协整方程个数	特征根迹检验统计量	p 值	最大特征根统计量值	p 值
None	0.830009	34.41101	29.79707	0.0137
At most 1	0.608919	13.14693	15.49471	0.1095
At most 2	0.145071	1.880845	3.841466	0.1702

所以，尽管单位根检验表明各变量并非平稳，但通过协整检验可以看到，变量之间存在着长期稳定的均衡关系。因此可以在此基础上直接对原方程进行回归。表 6-36 为促进就业政策、职业培训对就业质量的影响。

表 6-36　促进就业政策、职业培训对就业质量的影响

变量	系数	标准误	t 值	p 值
Jyzc	5.497975	2.598014	2.116222	0.0579
Zypx	0.179084	0.068548	2.612524	0.0241
Jynx	0.0613742	0.0688412	0.89	0.396
C（常数）	−1.540067	0.813866	−1.892286	0.0851
调整的 R 平方	0.570668			

对回归模型残差的异方差和自相关检验结果表明接受原假设，即不存在异方差和自相关，如表 6-37 和表 6-38 所示。

表 6-37　模型估计的异方差检验

Breusch-Pagan-Godfrey 异方差检验			
F-statistic	0.368124	∞ Prob.	0.7002
Obs*R-squared	0.878260	∞ Prob. Chi-Square(2)	0.6446
Scaled explained SS	0.453144	∞ Prob. Chi-Square(2)	0.7973

表 6-38　模型估计的自相关检验

Breusch & Godfrey 自相关检验			
F-statistic	0.651011	∞ ∞ Prob.	0.5444
Obs*R-squared	1.769392	∞ ∞ Prob. Chi-Square(2)	0.4128

上述回归分析的结果表明，作为就业政策的代理变量，社会保障和就业支出水平对就业质量的提升有显著的正向影响，职业培训的影响也是一样，而从业人员的平均受教育年限对就业质量的影响虽然表现为正效应，但不显著。这说明，提高地方财政支出的社会保障和就业支出比重，也就是说，实施更加积极的促进就业政策，对于提高就业质量水平，推动江西省实现高质量就业发展有显著的积极作用。同时，加强对就业人员的职业培训，也有助于提高就业质量水平，推动高质量就业的发展。

综上所述，推动江西省高质量就业发展，稳定和扩大就业，健全完善社会保障体系，特别是当前针对灵活就业人员的劳动关系和社保服务的改善提高具有重要作用。另外，推动江西省高质量就业发展，离不开提高就业和社会保障支出，实施更加积极的就业促进政策，同时需要不断加强对劳动力的职业培训，提高江西省劳动力的就业能力。

第七章

江西省“十四五”时期稳定和扩大就业、推动实现高质量就业的政策建议

“十四五”时期，江西省促进就业面临的主要问题，首先是就业总量矛盾问题。就业总量矛盾源于劳动力供给和需求的不平衡。劳动力供给方面，比劳动力人口数量的缓慢增长更重要的问题，是劳动力人口年龄结构高龄化和老龄化趋势及劳动力人口整体的文化素质和技能水平严重制约了劳动者的就业能力；劳动力需求方面，重点要解决经济活动主体，尤其是中小微企业的稳定和发展问题，解决就业的新增长点不足的问题，解决如何发挥创新创业对就业的拉动作用问题，以及防范国内外突发性事件和科技进步在短期对劳动力需求的冲击。“十四五”时期，更突出的问题是就业的结构性矛盾问题，结构性矛盾是所有就业问题的核心，它产生的根本原因是经济结构调整过程中，劳动者的知识结构和技能水平不适应市场需要或者新的岗位需要。所以，不管是就业

的总量矛盾还是结构性矛盾，强化职业技能培训、提升劳动者素质和技能水平都有重大意义，这需要不断完善和健全公共就业服务体系，改变目前公共就业服务供给不足，尤其是基层公共就业服务能力不足的问题。当前还存在部分群体就业质量不高的问题，通过职业培训提升劳动者素质和技能水平也是解决部分群体就业质量不高问题的根本途径。

针对上述问题，“十四五”时期江西省促进就业创业政策宜聚焦于“稳定就业存量、做大就业增量、强化职业技能培训、提高重点群体就业质量、做实做细基层就业创业服务”，并把职业技能培训、公共就业服务作为促进就业工作的主要抓手，根据经济运行所处的不同阶段，不同的政策目标和政策工具类型，不同的产业、行业、企业及不同的劳动力群体，就业政策要做到分时、分类、分业、分群，体现出政策的针对性和精准性，并根据不断出现的新情况、新问题，调整、完善原有政策和出台新政策，推动江西省实现更高质量、更充分就业。

第一节　稳定就业存量

2018 年 7 月召开的中共中央政治局会议，针对我国经济运行面临的外部环境明显变化和一些新问题新挑战，首次提出要做好稳就业、稳金融、稳外贸、稳外资、稳投资、稳预期工作。2018 年 12 月召开的中央经济工作会议要求，2019 年“进一步稳就业、稳金融、稳外贸、稳外资、稳投资、稳预期”。2019 年 12 月召开的中央经济工作会议强调，要完善和强化“六稳”，要稳定就业总量，改善就业结构，提升就业质量，突出抓好重点群体就业工作，确保零就业家庭动态清零。会议还强调，要巩固和拓展减税降费成效，大力优化财政支出结构，进一步缓解企业融资难融资贵问题，多措并举保持就业形势稳定。可以看出，“六稳”是当前我们做好经济工作的重要着力点，作为“六稳”工作之首，“稳就业”一直被放在我国经济工作的突出位置。

在当前复杂的时代背景下，应对国际贸易争端和保护主义，以及新冠疫情的不利影响，稳就业首先要继续采用财税金融工具等激励性政策工具，支持和激励企业稳定岗位。尤其是在经济下行过程中，以及面临各种不确定性冲击加剧经济下行风险的时候，更要加大援企稳岗力度，加强企业金融支持。

“稳就业”必须稳定重点群体就业。针对高校毕业生、建档立卡贫困劳动力、农民工、失业人员等重点群体，实施更加积极的就业政策，大力拓展就业渠道，促进重点群体就业。

江西经济基础比较薄弱，经济面临下行压力，各类企业，尤其是中小企业更容易面临较高经营风险，加大稳就业工作的难度。因此可以在全省开展常态化的大调研活动，大调研至少覆盖 1000 家企业、5000 名劳动者，建立以工业园区用工情况为核心的就业失业监测系统，及时把握全省就业失业情况，以便制定有针对性的援企稳岗应对措施。特别是在重大突发事件的特殊时期，要制定和实施专项政策，集中人力、物力千方百计化解突出矛盾，保持就业局势基本稳定。

第二节　做大就业增量

开发更多就业岗位，做大就业增量，重点在于寻找新的就业增长点。为此，结合江西省情强化以下几方面工作。

一是结合民生需求，在旅游、餐饮、养老及家庭服务业等方面，因地制宜，打造江西省本土特色的促进就业“新品牌”，通过挖掘内需带动就业。

二是提供人才支持，培育壮大江西省 VR 产业和航空产业发展，通过产业集聚形成就业新高地，拓展就业空间。

三是全力培育新经济新业态、新模式，催生更多新岗位。加快发展新商业模式，充分发挥平台公司、众包经济、共享经济促进经济和就业的作用；培育数字经济新热点，发展网络诊疗、在线办公、在线教育、数字娱乐、数字生活等新业态，创造就业新职业。

四是发挥灵活就业和新就业形态促进就业、做大就业增量的作用。

随着我国互联网基础设施建设的不断完善，互联网普及率不断提高，以互联网平台为基础的共享经济和平台经济快速发展，催生了新型灵活就业形态，使劳动者获取劳动收入的形式和水平都发生巨大改变。灵活就业具有较为弹性的工作时间和灵活的工作方式，工作自主性强，使得兼顾“家庭”和“工作”有了更大的可能性。灵活就业已经成为缓解就业压力，做大就业增量的重要途径。

五是继续扶持创业带动就业。政府对创新创业的激励，涉及的基本政策工具众多，包括创业教育、创业人员技能培训、创业资金支持、创业技术支持、完善创业基础设施、政府采购创新创业企业产品和服务及税收优惠和金融支持等。继续扶持创业带动就业，要加大创业担保贷款政策实施力度，降低贷款门槛，扩大扶持对象范围，适应当前经济发展新需要；充分利用创新创业政策，建设好创业孵化基地、专业化众创空间、农民工返乡创业园、农村电商服务中心、物流配送中心、“一村一品”特色产业这些具体项目，以创新创业项目建设引领和发挥创业带动就业的积极作用。

做大就业增量除了要发挥上述方面工作的作用之外，更重要的是要培育发展各类市场主体。市场主体是就业机会的主要提供者，做活、做大、做强各类市场主体是江西省稳定和扩大就业的基础。培育发展各类市场主体，一方面需要持续优化营商环境，为各类市场主体，特别是中小微企业的发展提供一个良好的外部环境；另一方面要引导企业做好“内功”，提高企业的信息化水平和技术创新意识与技术创新能力，企业只有自身本领过硬才能更好地经受住市场风浪的考验，在市场竞争中立于不败之地，为稳定和扩大就业发挥积极作用。

第三节　强化职业技能培训

加强职业技能培训，提升劳动者素质，是维持就业稳定、缓解就业结构性矛盾的关键举措，也是实现经济高质量发展的重要支撑。

从对江西省劳动力就业状况的调查中发现，受访从业人员有强烈的职业技能培训需求，但 1/3 以上受访者从未接受过职业培训。未接受过培训的受访者中以农村劳动力、较高年龄组人员、文化程度较低人员及通过熟人介绍获得工作的受访人员为主。受访从业人员中只有不到 1/3 取得国家颁发的资格证书，有证书的受访者主要集中在城镇劳动力、40 岁以下较低年龄组、文化程度较高人员及通过招聘获得工作的人员。资格证书对提升普通劳动力的就业能力和就业质量有积极影响，这说明职业技能培训不仅重要，而且必要，但目前职业技能培训发展仍然不够。

从国家统计局发布的统计数据也可以发现类似的情况。表 7-1 是 2019 年全国和江西省职业培训及职业技能鉴定情况，从培训经费来看，江西省就业训练中心和民办职业培训机构的经费来源总计为2.9亿元，全国为161.6亿元，仅占全国比重的1.79%，不仅占比低，而且劳均培训经费也明显低于全国平均水平，全国每个就业人员的平均经费为20.86元，江西省仅为11.02元。从培训人数来看，尽管江西省就业人员中培训人数占比略高于中国平均水平，但失业人员和农村劳动力接受培训的比例均低于全国水平，说明对弱势劳动力的培训不够。此外，从职业技能鉴定的情况来看，江西省就业人员中获得职业资格证书的人数比例为0.69%，也低于全国平均水平1.16%，其中，中高级技能的比例江西省为18.59%，也明显低于全国水平27.16%。上面数据既说明了江西省职业培训发展不足，同时也意味着江西省职业培训发展仍有巨大空间。

表7-1　2019年全国和江西省职业培训及职业技能鉴定情况

指标	江西省	全国
培训经费/亿元	2.9	161.6
劳均培训经费/元	11.02	20.86
培训人数/人	560482	15924571
培训人数在总就业人数中的占比/%	2.13	2.06
培训失业人员占培训人数比例/%	21.03	22.17
培训农村劳动力占培训人数比例/%	39.13	44.7
就业人员中得职业资格证书的比例/%	0.69	1.16
中高级技能比例/%	18.59	27.16

注：上述数据为就业训练中心和民办职业培训机构数据加总计算。
数据来源：《中国劳动统计年鉴》(2020)。

鉴于职业技能培训对促进就业的重要意义，强化职业技能培训是“十四五”时期江西省稳定和扩大就业，推动实现高质量就业的重要举措，也是关键性举措。

首先，需要制定就业创业培训管理办法，明确培训主体、培训对象、培训内容、培训方式和资金保障，贯彻执行《国务院关于进一步做好稳就业工作的意见》（国发〔2019〕28号）文件大力开展职业技能培训的精神，推进职业技能提升行动，扩大技能人才培养培训规模，加强职业培训基础能力建设。

其次，需要落实和完善职业技能提升行动的政策措施，创新运用职业培训资金和补贴政策，激发企业和劳动者参与培训的积极性，大力组织企业、院校和劳动者全员参与大规模技能提升行动。

再次，需要精准对接市场和就业需求，完善职业技能培训制度。运用项目制培训、定向培训与订单式培训等多种培训方式，针对不同对象开展精准培训，提升重点人群职业技能。充分发挥企业在实施职工教育和培训中的作用，全面开展企业职工技能提升培训或转岗转业培训，组织失业人员参加技能培训或创业培训，实施青年就业培训与就业见习计划，对灵活用工劳动力、转移就业的农村剩余劳动力、40岁以上较高年龄劳动力和初高中及以下受教育水平较低劳动力实施专项培训计划，通过加强培训提高重点群体就业能力。

最后，需要利用国家职业教育改革契机，健全和完善江西省职业教育体系，加大建设职业技能实训基地和产教融合实训基地的力度，支持各类企业和职业院校合作建设职工培训中心、企业大学和继续教育基地，鼓励设备设施、教学师资、课程教材等培训资源共建共享，发挥各类职业院校在技能人才培养培训方面的积极作用。通过主办省级技能大赛，积极推动职业院校学生和学员参加全国性技能大赛，发挥大赛聚集效应，打造职业培训的江西品牌。要充分发掘互联网平台的优势，打造“互联网+教育”平台，整合优质资源，开展覆盖群体广、使用成本低的线上教育培训，更有效地满足劳动者学习需求。

此外，还要创新资金保障机制，加强职业培训资金保障，实现培训资金筹集使用的可持续和常态化。开展培训项目的跟踪评估，切实提高培训资金的使用效率。

第四节 提高重点群体就业质量

实现高质量就业，是人民实现美好生活的主要途径，也是我国经济由高速增长阶段转向高质量发展阶段的内在要求。针对目前江西省灵活就业人员、农村劳动力、40岁以上较高年龄劳动力、初中及以下文化程度较低劳动力就业质量不高的问题，应采取切实措施，使这些重点群体的工资收入水平不断提高，工作稳定性得到加强，劳动权益得到保障。

一是制定和完善促进灵活就业和非正规就业的政策体系，并把它作为当前就业优先政策体系的重要组成部分。重构灵活就业人员全省统筹的社保制度体系，使灵活就业人员缴得起费、方便缴费并且能够使其适度收益得到公平保障。在协调好灵活性和安全性的基础上，合理规制灵活就业的劳动关系，提高劳动合同签订率，保障灵活就业人员的就业质量。

二是发展教育和培训，提高人力资本水平。人力资本提升有助于提高劳动者就业质量。开展职业技能培训，提高劳动者素质，不仅可以直接提升人力资本水平，而且可以提高劳动者适应岗位转化的能力，更好地满足高技能、高素质岗位的需求。

健全并实施针对灵活就业人员、农村劳动力、较高年龄劳动力、文化程度较低劳动力的职业技能培训制度。用优惠政策鼓励各类职业院校、社会培训机构和企业积极参与对重点群体的培训工作；根据市场需要加强职业教育和培训内容的针对性，提高培训质量和培训效果；加大社区服务、家政服务、养老护理等行业技能人才培训力度。同时，加强农村基础教育与职业教育，发展技工教育，提高农村劳动力受教育水平和职业技能水平。

三是健全和完善全方位的公共就业服务体系，实现重点群体劳动者都能够便捷高效地享受到基本公共就业服务。积极发展人力资源服务业，搭建“互联网+就业”平台，依托互联网大数据平台，做好网络就业信息服务平台，充分发挥互联网平台发布信息及时、便捷、覆盖面广的优势，实时更新、及时推送招聘信息，通过线上线下多种途径，加强就业岗位信息的收集与传播，降低劳动力的职业搜寻成本，帮助困难群体获得更充分的就业岗位信息，优化劳动力资源配置。在县、乡、村加大组织招聘活动的力度，帮助更多劳动者通过线上线下招聘活动获得工作。与通过熟人介绍的求职渠道相比，招聘渠道更有助于提高劳动者就业质量。

四是健全和完善社会保障体系，推动社会保险在从业人员中的广覆盖。在江西从业人员就业质量评价指标中，社会保护权重较大，对就业质量水平的影响较大，由于社会保护这一指标是用城镇职工养老保险、医疗保险、失业保险、工伤保险和生育保险的平均覆盖率来衡量的，这也意味着要实现江西高质量就业发展目标，推动社会保险制度在从业人员中的广覆盖是一个重要途径。特别是近年来各种新就业形态、灵活就业方式的快速发展，灵活就业岗位越来越多，因而越来越多的劳动力从被动选择灵活就业转变为主动选择灵活就业，灵活就业人员成为新冠疫情下的就业重点人群，更需要合理规制劳动关系，保障从业人员的劳动权益，提高就业质量。

第五节　做实做细基层就业创业服务

在我们的调查中，1/3 以上的受访者未接受过任何形式的公共就业服务，其中农村劳动力、40 岁以上较高年龄劳动力和初中及以下文化程度劳动力未接受就业服务的情况尤为突出。调查还反映了公共就业服务基础薄弱，尤其是一些基层公共就业服务队伍力量不足，设施设备不完善，经费保障不到位，服务的标准化、信息化有待提升，服务下沉到村镇基层的覆盖面不够。基层公共就业服务供给和服务能力不足，不利于扩大弱势劳动力群体就业。

全方位的公共就业服务是实施就业优先政策的重要手段，是解决劳动力市场供求匹配问题，将总量性、结构性、摩擦性失业降至最低的有效工具。

“十四五”时期，要在原有服务范围、服务内容与服务水平的基础上，为各类劳动者提供更加适合时代特点、更贴近劳动者与用工单位需求的公共就业服务，针对基层就业创业服务比较薄弱的特点，做实做细基层就业创业服务。

首先，需要加快推进公共就业服务信息化建设，运用新技术、新手段打造网上“一体化”就业服务中心。将岗位信息发布、服务事项办理、服务查询及其他服务内容全部纳入信息化流程，形成集线上线下融合、信息互联互通、跨部门审核经办、精准推送服务为一体的就业服务信息平台，最终纳入江西政务服务网“赣服通”。

其次，需要统筹城乡就业服务，加快村（社区）基层公共就业服务平台标准化建设，推动公共就业服务全覆盖。健全和完善区、镇（街道）、村（社区）三级服务体系，实现省、市、县、乡、村五级就业服务平台上下贯通，就业服务进村入户，打通“最后一公里”，使每一个在劳动年龄内的就业失业人员都能够享受到基本公共就业服务，实现公共就业服务全覆盖。

最后，需要优化公共就业服务流程，简化就业创业服务事项办理手续，让公共就业服务更便捷、更高效。要推动公共就业服务全覆盖，使更多的就业失业人员接受就业创业服务，就必须合理规划办理就业创业服务的相关环节，千方百计降低审核办理的制度门槛。

此外，还需要加大基层就业创业服务基础设施建设，加强对基层公共就业服务经办人员的业务指导培训，全面提升基层公共就业服务供给能力和服务质量，为劳动者提供优质高效的全方位就业服务。

第六节　面向江西省高校毕业生的就业创业促进政策

江西省大学生就业市场供大于求的总量矛盾仍然将长期存在，就业总量压力不减。目前仍需要在原有政策的基础上，不断丰富和完善促进大学生就业创业的包括需求促进政策、供给促进政策及供求匹配政策在内的就业优先政策体系。

一、需求促进政策方面，要全方位拓宽就业渠道

目前的大学生就业总量矛盾，虽说是劳动力供大于求的问题，但根本上还是劳动力需求方面的问题，表现为总量压力加大，需求不足凸显。江西经济发展水平与企业发展状况不够理想，使既有就业岗位的稳定有困难，而就业岗位的新增长点又不够，如果再叠加国内外不确定性因素的冲击，更会加剧就业的严峻形势。因此，就业需求促进政策重点要解决经济活动主体，尤其是中小微企业的稳定和发展问题，发挥创新创业对大学生就业的拉动作用，培育大学生就业的新的增长点。这些年，从积极的就业政策，到鼓励“大众创业、万众创新”，到近期提出的就业优先政策，共同的一个重点都是如何促进市场主体蓬勃发展，促进新产业、新业态不断涌现，从而增强对大学生就业的吸纳能力。

（一）引导高校毕业生到基层就业

大力引导高校毕业生去基层建功立业。基层蕴含广阔就业空间，配合组织实施好“特岗计划”“大学生村官”“三支一扶”“西部计划”等中央基层就业项目，动员鼓励毕业生投身基层建设。各地结合实际，探索出台更有力政策措施吸纳更多毕业生到基层、到社区就业创业。

（二）抓好江西省高校毕业生留赣就业工作

建议启动实施“百万大学生就业和留赣就业创业工程”，将其作为市、县（区）一号工程，作为稳保就业的主要抓手。在5年内，为毕业生提供更多高质量就业创业机会，将江西省打造成聚才、引才、用才、留才的“聚宝盆”。一是强化毕业生就业和留赣就业的软环境建设，加强城市综合治理，打造良好的引才留才软环境，完善城市公共设施，落实住房优惠政策，等等。二是持续增加招募“教师特设岗位计划”人数，对于入职到农村中小学执教的，在职称评聘、返城工作等方面给予优惠，在工资待遇上可以

上靠1～2个等级。三是实施高校毕业生基层成长计划，建议今后5年将全省事业单位空缺岗位主要用于专项招聘毕业生，聘用后安排到基层锻炼2～3年。四是尽早落实高校和科研院所的科研助理岗位政策。五是积极鼓励毕业生留赣自主创业，学习北京、上海、武汉等地做法，积极支持大学生创业特区、大学生创业联盟等众创孵化平台建设，为刚起步经济基础薄弱的大学生创业提供“拎包入驻”的基础条件。

二、供给促进政策方面，聚焦大学生就业能力提升

大学生就业供给促进政策的核心是通过就业指导和职业培训，提高大学生的就业能力。高校毕业生初涉职场，面临着经验不足、技能不强等问题，这也是影响他们能否就业，能否找到满意工作的重要因素。增强大学生求职就业能力，重点要在提升职场适应能力、职业发展能力、岗位实践能力方面为毕业生提供更大支持。

（一）健全完善就业指导工作，提升大学生求职能力

做好就业指导，不能一刀切，要结合每个学生的不同生活背景、个性特点和就业目标提供个性化的指导，让就业指导用心、入心。同时，就业指导还要求精，要在高校建立大学生就业创业服务工作站，配备人社服务专员，为高校毕业生提供“一站式”指导和服务。对就业困难的建档立卡学生，开展个性化就业服务，入校初即为其建立就业信息档案，在校期间全程掌握；毕业时，建立动态跟踪台账，实现“一对一”帮扶就业。更重要的是，制定高校就业创业指导师的培训规划，强化对毕业班辅导员的培训，力争合格的高校就业创业指导师数量能够覆盖全省所有高校。

此外，做好就业指导工作还要借助社会力量，江西省的职业指导师有将近11万人，要把这些专业力量组织起来，开展形式多样的职业指导，让每名职业指导师对接一定数量的本地高校和社区，开展职业规划讲解、求职技巧指导、职业能力测评等，解答毕业生关心、关注的求职难题。同时，还要运用“互联网+”手段，推出具有本地特色的职业指导公开课、直播

课，扩大指导服务覆盖面。

（二）加强职业培训，化解大学生就业的结构性矛盾

加强职业技能培训，提升劳动者素质，是促进大学生就业、缓解就业结构性矛盾的重要举措。要制定就业创业培训管理办法，明确培训主体、培训对象、培训内容、培训方式和资金保障，大力开展针对高校毕业生的职业技能培训。

利用培训补贴政策，调动企业和职业培训机构的优质培训资源，对接产业升级和毕业生就业急需的针对性强的专项能力培训，向大学生提供高质量培训项目，以职业培训提升技术技能，大力实施百万青年技能培训行动。

（三）推进就业实习见习，强化劳动教育，全面提升就业水平和质量

就业实习是促就业的重要渠道，加快完善就业实习管理制度，深化校企、校地合作，建设大学生就业实习基地，对接好全国高校毕业生就业实习信息平台，开发更多就业实习岗位，推动更多毕业生通过实习实现就业。

就业见习是增强未就业毕业生实践经验的重要渠道，也是国际促进青年就业的通行做法。就业见习是离校未就业高校毕业生正式就业前的适应性训练，旨在提高高校毕业生就业技能，增加就业机会。要提高见习岗位质量，用好见习补贴，动员更多有影响力的国有企业、有一定规模的事业单位、行业知名度高的民营企业，履行社会责任，提供能够发挥毕业生专长的知识型、技术型、管理型见习岗位。省内要建立和评选出一批岗位质量高、见习成效好的就业见习示范基地，发挥典型带动作用，推动离校未就业毕业生参与就业见习。

大学生劳动教育与人才培养和就业息息相关，已成为实践和研究的重要内容。在对江西高校劳动教育现状开展访谈、问卷调研分析的基础上，引入“劳动素养”这一中介变量，对大学生劳动教育对职业成熟度的影响

及路径开展的实证研究[①]表明：新时代劳动教育有其自身特征，开展大学生劳动教育有助于提升大学生劳动素养（包括树立正确的劳动价值观、劳动态度、劳动认知、熟练掌握劳动技能），促使大学生树立正确的职业目标和职业价值，在劳动习惯的养成和劳动技能的训练中，大学生能够获取更多的职业信息，进一步做好职业参照，并根据实际情况做出相应的职业妥协。因此，设计好和实施好劳动教育，通过结合不同学习阶段设置针对性的劳动教育课程，构建以劳动素养为导向的大学生劳动教育体系，以职业水平提升为目标强化劳动教育实施可以有效促进劳动素养的形成，提高职业成熟度水平，进而能够帮助大学生更准确地做出职业选择，提升高校毕业生就业水平和质量。

三、供求匹配政策方面，着力构建高效精准就业服务体系

与需求促进政策和供给促进政策侧重供需双方其中一个方面相比，大学生就业供求匹配政策作为连接大学生和用人单位的纽带和就业信息平台，对促进大学生就业创业具有不可替代的作用。当前经济形势和就业市场复杂多变，就业选择趋于多元，高校毕业生就业工作面临各种新情况。相对于新时期出现的新情况、新矛盾及新变化，传统的高校毕业生就业服务渠道狭窄、效率低下。毕业生找不到“好工作”、用人单位招聘不到“好员工”局面同时存在，就业结构性矛盾不能得到有效解决。传统的就业服务，一方面往往针对大四即将就业的学生开展，且渠道多为校园宣讲会的形式。这直接导致真正受益的学生较少，可为其就业提供的平台与资源也有限。另一方面高校从事就业服务的专职人员较少，面向高校毕业生的就业服务缺乏个性化和精准性，相应的制度保障较为缺乏。当前构建精准就业服务体系，为高校做好就业服务工作提供新思路、新路径，对助力大学生更高质量、更充分就业有重要意义。

① 林井萍，陈萌，谭思鲲．大学生劳动教育对职业成熟度影响的研究［J］．教育学术月刊，2022（10）：159-165.

（一）构建精准就业服务体系，优化就业服务

围绕高校加强就业创业工作的工作目标和基本要求，构建包括三个子体系、九大模块的精准就业服务体系。精准就业服务体系按照工作性质分为三个子体系，即精准就业管理体系、精准就业指导体系和精准就业信息体系，各个子体系应该明确各自的工作内容、工作要求、工作目标。三个子体系又包含精准就业管理体系中的考研、考公务员、就业三大模块；精准就业指导体系中的大学生职业生涯规划与管理、就业指导、创业教育等线上线下课程教育，就业能力提升实践，个性化就业咨询服务三大模块；精准就业信息体系中的精准化就业信息推送、动态化就业信息更新、长期化职业发展跟踪三大模块共九大模块的内容。

通过深化就业制度改革和制度创新，进一步优化高校毕业生就业服务。在高校建立大学生就业创业服务工作站，配备人社服务专员，为高校毕业生提供“一站式”指导和服务；针对就业困难毕业生，实行“一对一”精准就业帮扶，提供个性化特色服务。搭建高校毕业生求职招聘云平台，实现网上招聘服务的“全覆盖”；深化高校毕业生就业制度改革，建设智慧就业服务大厅，简化毕业生就业手续，在全省高校推广实行电子报到证，实现就业手续全程网办。推动就业服务不断优化，高校毕业生就业服务求精、求实、求便。

（二）强化精准就业服务，提升就业服务质量

首先，线上线下并举，突出加强线上信息发布。借助“1+N”全国公共机构招聘信息联盟网络，推广应用“1+N”网络，把全网岗位作为本地招聘信息的重要来源，同时广泛归集、发布、上传本地岗位信息，扩充全国岗位资源库，丰富高校毕业生就业云服务活动；利用线上直播方式，联合社会力量，加大政策的直播宣传，提升就业服务吸引力和人力资源市场热度，推动供需高效对接。其次，增加线下高品质就业服务数量。各地市要积极举办有质量的综合性招聘和专项招聘活动，同时，各地市要实现人力资源

共享。公共就业人才服务机构积极参与，不仅要向高校提供招聘场地支持、招聘组织服务和信息发布渠道，而且要积极与高校联合开展招聘活动，落实就业创业服务补助。此外，不断提升政策服务便利。利用社保、就业、毕业生信息等大数据比对，及时锁定政策对象，通过电话、短信、上门等方式告知毕业生和用人单位可享受的政策内容，把人找政策变成政策找人；实施高校毕业生就业服务一体“打包”快办，将职业介绍、补贴申领、档案转递、社保缴纳等十余个服务事项整合流程，加快办理，结合本地实际拓展“打包”事项范围，为毕业生就业、创业提供便利服务。通过构建线上线下并举、全方位便捷高效的精准就业服务体系，满足高校毕业生的多元化需求。

附　　录

江西省劳动力就业情况调查问卷

尊敬的先生 / 女士：

您好！我们正在进行一项关于江西劳动力从业情况的问卷调查，调查结果仅用于课题研究。

答卷人不必署名，您的回答会得到严格保密。谢谢您的配合！

（请您把下面各题相应的选项填入括号中，没有特别说明，则为单项选择题）

1. 您的性别是（　　）

A. 男　　B. 女

2. 您的年龄是（　　）

A. 20 岁及以下　　B. 21 ～ 40 岁

C. 41 ～ 60 岁　　D. 61 岁及以上

3. 您的文化程度是（　　）

A. 初中及以下　　B. 高中（含中专）

C. 大专、高职　　D. 本科及以上

4. 您目前工作的地方是（　　）

A. 当地县（市）　　B. 江西省内但不在当地县（市）

C. 福建　　D. 广东（含深圳）

E. 上海、江苏和浙江　　F. 省外的其他地区

5. 您目前的工作方式是（　　）

A. 全日制工作　　B. 临时用工

C. 季节性工作　　D. 弹性工作时间

6. 您是否替平台经济（如淘宝、滴滴、美团等）工作？（　　）

A. 是　　B. 不是

7. 您从事目前的工作有（　　）时间

A. 1 年以内　　B. 2 ～ 5 年

C. 6 ～ 10 年　　D. 10 年以上

8. 您目前工作的行业是（　　）

A. 农、林、牧、渔　　B. 制造业

C. 建筑业　　D. 批发和零售业（含电商）

E. 住宿和餐饮业　　F. 居民服务、修理和其他服务业

G. 交通运输、仓储和邮政业　　H. 水利、环境和公共设施管理

I. 其他

9. 您目前的工作身份是（　　）

A. 老板　　B. 不领工资的家属帮工

C. 打工者　　D. 个体经营者

E. 其他

10. 您目前的工作是如何获得的？（　　）

A. 熟人介绍　　B. 公开招聘（含招聘会）

C. 招聘网站　　D. 其他方式

11. 您和用工单位有没有签订过劳动合同？（　　）

A. 有　　B. 没有

12. 您过去一年每月的平均收入为（　　）

A. 3000 元以下　　B. 3000 ～ 5000 元

C. 5001 ～ 8000 元　　D. 8000 元以上

13. 您对自己目前的收入水平（　　）

A. 非常满意　　B. 比较满意

C. 一般　　D. 比较不满意

E. 非常不满意

14. 您有没有过失业后又重新找工作的经历？（　　）

A. 有　　B. 没有

15. 您会不会担心自己可能失去目前的工作又要重新找工作？（　　）

A. 会　　B. 不会

16. 您觉得找一份自己愿意做的工作容易还是不容易？（　　）

A. 非常容易　　B. 比较容易

C. 一般　　D. 不容易

E. 非常不容易

17. 您过去接受的职业培训有（　　）次

A. 从来没有　　B. 一次

C. 二次　　D. 三次

E. 四次以上

18. 您认为自己需要参加职业技能培训吗？（　　）

A. 非常需要　　B. 需要

C. 无所谓　　D. 不需要

E. 完全不需要

19. 您获取招工信息的容易程度是（　　）

A. 非常容易　　B. 比较容易

C. 一般　　D. 不容易

E. 非常不容易

20. 您有没有创业的打算？（　　）

A. 从来没有　　B. 有在家乡创业的打算

C. 有在外地创业的打算　　D. 已经在创业

21. 您认为自己工作单位的经营状况怎么样？（　　）

A. 挺好，没感觉到什么危机　　B. 有点不景气，有危机感

C. 不好，明显在走下坡路　　D. 不清楚

22. 您有没有取得国家颁发的职业资格证书？（　　）

A. 有　　B. 没有

23. 对于江西促进就业创业的大量“政策红包”，您（　　）

A. 不了解，也没有得到过相关政策的帮助

B. 有了解，但没有得到过相关政策的帮助

C. 有了解，并且得到过相关政策的帮助

24. 您获得过下面哪些公共就业服务？（　　）（可多选）

A. 就业创业政策咨询

B. 获取求职、招聘、见习、培训等信息

C. 职业指导

D. 就业创业培训

E. 公益性岗位安置

F. 就业、失业登记

G. 其他服务

H. 没有获得任何服务

问卷填答结束，再次感谢您的配合！

江西省大学生就业创业政策调查问卷

亲爱的同学：

您好！为了进一步制定和完善江西促进就业创业政策，特邀请您于百忙之中填写这份调查问卷，时间大约 10 分钟，非常感谢您的大力支持！我们将严格按照国家法律规定对您填写的信息进行保密，如您需要调查结果，请填写寄送的电子邮件（E-mail）地址。谢谢！

第一部分　个人基本信息

1. 您所在的学校：________________

2. 您所学的专业：________________

3. 您的性别是（　　）

A. 男　　B. 女

4. 您的学历是（　　）

A. 专科　　B. 本科　　C. 硕士　　D. 博士

5. 您来自（　　）

A. 省会城市、直辖市　　B. 地级市

C. 县级市　　D. 乡镇、农村

第二部分　就业状况

6. 您目前的就业状况为（　　）

A. 已就业　　B. 未就业

7. 您是通过哪些渠道找工作的？(可多选)(　　)

A. 校园招聘活动　　B. 网络招聘

C. 毕业生基层项目　　D. 父母或亲戚朋友介绍

E. 机关事业单位公开招考　　F. 人才市场或其他职业中介服务机构

G. 公益性岗位安置　　H. 自主创业或自由职业

I. 其他

8. 您在就业过程中遇到的主要问题是什么？（按重要性最多选 3 项，并排序，将序号写在横线上）第一________；第二________；第三________

A. 不知道自己要找什么样的工作，很盲目

B. 不太了解大学生就业创业政策

C. 毕业生就业创业政策对自己就业帮助不大

D. 适合自己专业和学历的岗位太少

E. 获得招聘信息的渠道太少，不知道哪些单位招人

F. 没有实习工作经验，缺乏技能

G. 办理签订三方协议、实名登记、转存档等手续很麻烦

H. 就业机会不公平、存在就业歧视

I. 用人单位待遇和发展机会不符合自己预期

J. 用人单位解决不了户口、编制问题

K. 用人单位就业稳定性差、就业安全感低

L. 应聘知识技巧匮乏

9. 您在找工作时共收到了（　　）份录用函

A. ≤ 2　　B.3　　C.4　　D.5

E. ≥ 6

10. 您认为对自己所学的专业知识（　　）

A. 很了解　　B. 比较了解

C. 一般　　D. 不太了解

E. 很不了解

11. 您认为自己掌握的拟就业岗位的职业技能水平（　　）

A. 很高　　B. 比较高

C. 一般　　D. 比较低

E. 很低

12. 您对自己的心理素质（如承受工作压力、意志力等）的评价是（　　）

A. 很高　　B. 比较高

C. 一般　　D. 比较低

E. 很低

13. 您对自己的人际能力（如人际交往、口头表达、组织领导等）的评价是（　　）

A. 很强　　B. 比较强

C. 一般　　D. 比较弱

E. 很弱

第三部分　就业政策认知和满意程度调查

说明：请描述对以下政策的“了解程度”和“满意程度”，并在相应选项打“√”。

1. 您对以下政策的了解程度和满意情况

政策描述	了解程度和满意程度				
国家鼓励科研项目单位和企业在其承担的项目实施过程中选聘优秀高校毕业生作为研究助理或辅助人员参与研究工作	非常了解	比较了解	一般	不太了解	很不了解
	非常满意	比较满意	一般	不太满意	很不满意
选聘高校毕业生到村任职即“大学生村官”计划	非常了解	比较了解	一般	不太了解	很不了解
	非常满意	比较满意	一般	不太满意	很不满意
“三支一扶”（支教、支农、支医和扶贫）计划	非常了解	比较了解	一般	不太了解	很不了解
	非常满意	比较满意	一般	不太满意	很不满意
大学生志愿服务“西部计划”	非常了解	比较了解	一般	不太了解	很不了解
	非常满意	比较满意	一般	不太满意	很不满意
农村义务教育阶段学校教师“特岗计划”	非常了解	比较了解	一般	不太了解	很不了解
	非常满意	比较满意	一般	不太满意	很不满意
大学生到中西部和艰苦边缘地区县以下农村基层单位就业并履行一定服务期限或应征入伍的可享受学费补偿和国家助学贷款代偿	非常了解	比较了解	一般	不太了解	很不了解
	非常满意	比较满意	一般	不太满意	很不满意

续表

政策描述	了解程度和满意程度				
大学生到基层工作的在研究生招录和事业单位选聘时享有优先，地市级以上党政机关考录公务员时也相应扩大招考录用的比例	非常了解	比较了解	一般	不太了解	很不了解
	非常满意	比较满意	一般	不太满意	很不满意

哪些因素影响了您对以上政策的满意程度？（可多选，最多选 7 项）________

A. 政策宣传不到位，我不能及时了解

B. 申请资格认定太难

C. 相关补贴经费太少

D. 一些劳动权益得不到保障

E. 申办过程太复杂、手续太麻烦

F. 相关的一些配套政策和优惠条件没有落实

G. 基层项目到期后没有出路

H. 当地对基层项目毕业生并不真正重视

I. 感觉自己很难适应基层社会环境

J. 办理人事代理、档案保管等就业服务手续太麻烦

K. 就业服务人员对政策和业务不熟悉

L. 提供的岗位信息没有针对性，对我来说不太合适

M. 就业创业指导内容太虚，对我提供不了实际的帮助

N. 参加就业见习、就业创业培训活动对我帮助不大

O. 办理落户手续太麻烦

2. 您对以下政策的了解程度和满意情况

政策描述	了解程度和满意程度				
离校未就业高校毕业生可在省人才流动中心、省技工交流中心等各级人力资源服务机构办理人事代理、档案保管等服务	非常了解	比较了解	一般	不太了解	很不了解
	非常满意	比较满意	一般	不太满意	很不满意

续表

政策描述	了解程度和满意程度				
离校未就业大学生可到各级公共就业人才服务机构实名登记，并可获得就业部门提供的就业创业服务及岗位信息服务	非常了解	比较了解	一般	不太了解	很不了解
	非常满意	比较满意	一般	不太满意	很不满意
省各级公共就业人才服务市场开辟高校毕业生求职专区、专窗，为毕业生提供针对性服务	非常了解	比较了解	一般	不太了解	很不了解
	非常满意	比较满意	一般	不太满意	很不满意
高校和人社部门通过各种手段向毕业生免费提供就业岗位信息	非常了解	比较了解	一般	不太了解	很不了解
	非常满意	比较满意	一般	不太满意	很不满意
高校或人社部门组织举办校园专场招聘、“双选会”活动	非常了解	比较了解	一般	不太了解	很不了解
	非常满意	比较满意	一般	不太满意	很不满意
教育和人社部门组织举办“高校毕业生网络招聘”“就业服务月”“就业服务周”活动	非常了解	比较了解	一般	不太了解	很不了解
	非常满意	比较满意	一般	不太满意	很不满意

哪些因素影响了您对以上政策的满意度？（可多选，最多选 7 项）________

A. 政策宣传不到位，我不能及时了解

B. 申请资格认定太难

C. 相关补贴经费太少

D. 一些劳动权益得不到保障

E. 申办过程太复杂、手续太麻烦

F. 相关的一些配套政策和优惠条件没有落实

G. 办理人事代理、档案保管等就业服务手续太麻烦

H. 就业服务人员对政策和业务不熟悉

I. 提供的岗位信息没有针对性，对我来说不太合适

J. 就业创业指导内容太虚，对我提供不了实际的帮助

K. 参加就业见习、就业创业培训活动对我就业帮助不大

L. 基层项目到期后没有出路

M. 当地对基层项目毕业生并不真正重视

N. 感觉自己很难适应基层社会环境

O. 办理落户手续太麻烦

3. 您对以下政策的了解程度和满意情况

政策描述	了解程度和满意程度				
高校开设就业指导课程，开展职业发展教育及就业指导	非常了解	比较了解	一般	不太了解	很不了解
	非常满意	比较满意	一般	不太满意	很不满意
学校或人社部门对大学生进行的个人职业发展和求职指导的“一对一”服务	非常了解	比较了解	一般	不太了解	很不了解
	非常满意	比较满意	一般	不太满意	很不满意
大学生参加创业培训项目，根据其获得的培训合格证书或创业情况，给予创业培训补贴	非常了解	比较了解	一般	不太了解	很不了解
	非常满意	比较满意	一般	不太满意	很不满意
高校毕业生参加就业见习、技能培训和职业技能鉴定的，可获得相应的就业见习补贴、技能培训补贴和职业技能鉴定补贴	非常了解	比较了解	一般	不太了解	很不了解
	非常满意	比较满意	一般	不太满意	很不满意
江西省高校符合家庭困难条件的毕业生可申领一次性求职补贴	非常了解	比较了解	一般	不太了解	很不了解
	非常满意	比较满意	一般	不太满意	很不满意
符合条件的离校未就业高校毕业生从事基层社会管理和公共服务岗位的可获得相应的公益性岗位补贴和社会保险补贴	非常了解	比较了解	一般	不太了解	很不了解
	非常满意	比较满意	一般	不太满意	很不满意

哪些因素影响了您对以上政策的满意程度？（可多选，最多选 7 项）________

A. 政策宣传不到位，我不能及时了解

B. 申请资格认定太难

C. 相关补贴经费太少

D. 一些劳动权益得不到保障

E. 申办过程太复杂、手续太麻烦

F. 相关的一些配套政策和优惠条件没有落实

G. 就业创业指导内容太虚，对我提供不了实际的帮助

H. 参加就业见习、就业创业培训活动对我就业帮助不大

I. 办理人事代理、档案保管等就业服务手续太麻烦

J. 就业服务人员对政策和业务不熟悉

K. 提供的岗位信息没有针对性，对我来说不太合适

L. 基层项目到期后没有出路

M. 当地对基层项目毕业生并不真正重视

N. 感觉自己很难适应基层社会环境

O. 办理落户手续太麻烦

4. 您对以下政策的了解程度和满意情况

政策描述	了解程度和满意程度				
持《就业失业登记证》的高校毕业生从事个体经营的可享受税收优惠、小额担保贷款和贷款贴息支持	非常了解	比较了解	一般	不太了解	很不了解
	非常满意	比较满意	一般	不太满意	很不满意
有创业意愿的高校毕业生，可免费获得公共就业和人才服务机构提供的创业指导服务，包括政策咨询、信息服务等“一条龙”创业服务	非常了解	比较了解	一般	不太了解	很不了解
	非常满意	比较满意	一般	不太满意	很不满意
取消高校毕业生落户限制，允许高校毕业生在就业创业地办理落户手续	非常了解	比较了解	一般	不太了解	很不了解
	非常满意	比较满意	一般	不太满意	很不满意
江西省高校大学生开公司可免除注册资本限制，实现“零首付”注册并可享受2000元/人的一次性创业补贴	非常了解	比较了解	一般	不太了解	很不了解
	非常满意	比较满意	一般	不太满意	很不满意
毕业2年以内的普通高校毕业生，从事个体经营的，自其在工商部门首次注册登记之日起3年内免收管理类、登记类和证照类等有关行政事业性收费	非常了解	比较了解	一般	不太了解	很不了解
	非常满意	比较满意	一般	不太满意	很不满意
毕业生创办企业入驻孵化基地的可按规定享受物业管理费、卫生费、房租费、水电费等优惠，已进行就业登记并参加社会保险的可享受社会保险补贴	非常了解	比较了解	一般	不太了解	很不了解
	非常满意	比较满意	一般	不太满意	很不满意

哪些因素影响了您对以上政策的满意度？（可多选，最多选 7 项）________

A. 政策宣传不到位，我不能及时了解

B. 申请资格认定太难

C. 相关补贴经费太少

D. 一些劳动权益得不到保障

E. 申办过程太复杂、手续太麻烦

F. 相关的一些配套政策和优惠条件没有落实

G. 办理落户手续太麻烦

H. 办理人事代理、档案保管等就业服务手续太麻烦

I. 就业服务人员对政策和业务不熟悉

J. 提供的岗位信息没有针对性，对我来说不太合适

K. 就业创业指导内容太虚，对我提供不了实际的帮助

L. 参加就业见习、就业创业培训活动对我就业帮助不大

M. 基层项目到期后没有出路

N. 当地对基层项目毕业生并不真正重视

O. 感觉自己很难适应基层社会环境

5. 总体评价：请您选择对以下说法的赞同程度

评价描述	非常同意	比较同意	一般	不太同意	很不同意
大学生就业创业政策能给我带来更多的就业机会	5	4	3	2	1
大学生就业创业政策能切实帮助我提高就业能力	5	4	3	2	1
我对就业部门工作人员的服务态度满意	5	4	3	2	1
就业服务部门能够为我提供满意的就业岗位	5	4	3	2	1
就业服务部门提供的就业信息能够准确快速传达	5	4	3	2	1
我享受了就业创业政策和具体的就业创业服务	5	4	3	2	1
大学生就业创业政策在江西能够得到有效落实	5	4	3	2	1
我对江西大学生就业创业政策总体满意	5	4	3	2	1

参考文献

[1] B. 盖伊・彼德斯，弗兰斯・K，M. 冯尼斯潘. 公共政策工具. 对公共管理工具的评价［M］. 顾建光，译. 北京：中国人民大学出版社，2007.

[2] 白彬，张再生. 基于政策工具视角的以创业拉动就业政策分析：基于政策文本的内容分析和定量分析［J］. 科学学与科学技术管理，2016，37（12）：92-100.

[3] 蔡昉，都阳，王美艳. 中国劳动力市场转型与发育［M］. 北京：商务印书馆，2005.

[4] 蔡昉. 宏观经济政策如何促进更多更好就业——问题、证据和政策选择［J］. 劳动经济研究，2015，3（3）：3-31.

[5] 蔡昉，王美艳. 中国城镇劳动参与率的变化及其政策含义［J］. 中国社会科学，2004（4）：68-79+207.

[6] 蔡昉，张车伟. 人口与劳动绿皮书：中国人口与劳动问题报告 No.16［M］. 北京：社会科学文献出版社，2015.

[7] 蔡昉，张车伟. 人口与劳动绿皮书：中国人口与劳动问题报告 No.17［M］. 北京：社会科学文献出版社，2016.

[8] 蔡昉. 多措并举确保就业大局稳定［J］. 劳动保障世界，2020（7）：8-9.

[9] 蔡昉. 稳就业的政策优先序和实施原则［J］. 北方经济，2019（4）：4-9.

[10] 蔡跃洲，陈楠. 新技术革命下人工智能与高质量增长、高质量就业［J］. 数量经济技术经济研究，2019（5）：3-22.

[11] 曹静，周亚林. 人工智能对经济的影响研究进展［J］. 经济学动态，2018（1）：103-115.

[12] 曾湘泉. 中国就业战略报告：推动实施更高质量的就业［M］. 北京：中国人民大学出版社，2020.

[13] 常荔，宋杨. 金融危机背景下公共就业政策研究综述和前瞻［J］. 武汉大学学报：哲学社会科学版，2012，65（2）：18-26.

[14] 常兴华，王阳. 就业结构性矛盾不容忽视：基于行业、企业的结构性就业分析［J］. 宏观经济管理，2017（6）：27-29+34.

[15] 陈成文，周静雅．论高质量就业的评价指标体系［J］．山东社会科学，2014（7）：37-43．

[16] 陈国政．国外大学生就业扶持政策对我国的启示［J］．上海经济研究，2011（3）：65-70．

[17] 陈建伟，赖德胜．周期性与结构性因素交织下的就业结构性矛盾及其政策应对［J］．中国特色社会主义研究，2019（1）：32-38．

[18] 陈永伟．人工智能与经济学：近期文献的一个综述［J］．东北财经大学学报，2018（3）：6-21．

[19] 单良，张涛．中国产业结构与就业结构协调性时空演变研究［J］．中国人口科学，2018（2）：39-49+127．

[20] 丁鼎，高强，李宪翔．我国城市营商环境建设历程及评价：以36个省会城市、直辖市及计划单列市为例［J］．宏观经济管理，2020（1）：55-66．

[21] 都阳．积极就业政策的新内涵［J］．劳动经济研究，2019（1）：3-8．

[22] 都阳．2019年稳就业的目标与政策选择［J］．中国劳动，2019（3）：30-40．

[23] 杜传忠，许冰．第四次工业革命对就业结构的影响及中国的对策［J］．社会科学战线，2018（2）：68-74．

[24] 菲力普·阿吉翁，彼得·霍依特．内生增长理论［M］．陶然，译．北京：北京大学出版社，2004．

[25] 高文兵．灵活就业：市场新常态下大学生创业新解读［J］．中国高等教育，2014（23）：18-19．

[26] 葛蕾蕾，方诗禹，杨帆．政策工具视角下的高校毕业生就业政策文本量化分析［J］．国家行政学院学报，2018（6）：165-170+193．

[27] 辜胜阻，王敏，李睿．就业结构性矛盾下的教育改革与调整［J］．教育研究，2013，34（5）：12-19．

[28] 郭琳，车士义．中国的劳动参与率、人口红利与经济增长［J］．中央财经大学学报，2011（9）：45-51．

[29] 韩春光，许艳丽，王智丽．高校毕业生到中小微企业就业政策执行分析［J］．中国高等教育，2017（2）：53-55

[30] 何筠，姜桂清．江西劳动就业问题研究［J］．南昌大学学报：人文社会科学版，2002（3）：64-68+134．

[31] 侯婉薇．基于跨国数据的劳动参与率影响因素分析［J］．财经论丛，2018（4）：10-17．

[32] 胡鞍钢，杨竺松，鄢一龙．就业发展“十三五”基本思路与目标：构建更高质量的充分就业型社会［J］．北京交通大学学报：社会科学版，2015，14（1）：1-6．

［33］胡玉琴，胡玉萍，薛留根．产业结构与就业结构协调系数测度方法的改进［J］．统计与决策，2017（9）：5-9．
［34］华德亚，汤龙．产业结构与就业结构协调性及地区趋同研究［J］．统计与决策，2019，35（9）：145-149．
［35］黄红华．统筹城乡就业中的政策工具——以浙江省湖州市为例［J］．中国行政管理，2009（2）：117-122．
［36］黄红华．政策工具理论的兴起及其在中国的发展［J］．社会科学，2010（4）：13–19．
［37］黄敬宝．中国大学生就业问题研究综述（2009—2011 年）［J］．经济研究参考，2012（36）：46-52．
［38］黄小勇．江西工业化进程的劳动力就业效应研究［M］．北京：经济管理出版社，2015．
［39］纪雯雯．数字经济下的新就业与劳动关系变化［M］．北京：社会科学文献出版社，2019．
［40］贾兴梅，刘俊杰．中国就业结构变化的区域差异——基于偏离—份额分析法的实证［J］．西北人口，2014，35（1）：39-44．
［41］景跃军，张昀．我国劳动力就业结构与产业结构相关性及协调性分析［J］．人口学刊，2015，37（5）：85-93．
［42］克里斯托弗·皮萨里德斯．均衡失业理论［M］．2 版．欧阳葵，王国成，译．北京：商务印书馆，2012．
［43］孔微巍，廉永生，张敬信．我国劳动力就业质量测度与地区差异分析——基于各省市 2005—2014 年面板数据的实证分析［J］．哈尔滨商业大学学报：社会科学版，2017（6）：3-15．
［44］莱斯特·M．萨拉蒙．政府工具：新治理指南［M］．肖娜，等译．北京：北京大学出版社，2016．
［45］赖德胜，苏丽锋，孟大虎，等．中国各地区就业质量测算与评价［J］．经济理论与经济管理，2011（11）：88-99．
［46］李宁，徐荣华．就业质量统计相关问题研究［J］．统计研究，2016，33（2）：111-112．
［47］李锐，就业促进政策评估与组合优化问题研究［M］．武汉：武汉大学出版社，2018．
［48］李爽．我国就业形势的分析与预测［J］．宏观经济管理，2012（4）：12-14+24．
［49］李伟．关于当前我国就业存在的主要问题及应对策略研究综述［J］．经济研究参考，2016（6）：38-49．

[50] 李志伟，仉媛．北京市三次产业结构与就业结构关系及影响机制研究［J］．中国劳动关系学院学报，2015，29（2）：95-101．
[51] 梁达．从根本上解决就业结构性矛盾［J］．宏观经济管理，2014（8）：25-27．
[52] 林井萍，陈萌，谭思鲲．大学生劳动教育对职业成熟度影响的研究［J］．教育学术月刊，2022（10）：159-165．
[53] 林井萍，范勇．在中国的宏观调控中正确借鉴凯恩斯主义的宏观经济政策观点［J］．经济师，2002，（12）：48-49．
[54] 林井萍，江喜珍，陈萌，等．大学生劳动实践对职业成熟度的影响分析：基于劳动教育的理念［J］．现代商贸工业，2022，43（7）：67-69．
[55] 林井萍，游飞燕．江西省大学生就业政策认知现状及对策分析［J］．中国大学生就业：综合版，2016（2）：46-51．
[56] 林井萍，张传秀．职业培训与江西人力资源的开发［J］．教育评论，2008（6）：99-101．
[57] 林井萍，朱晓妹．江西省人才资源开发和利用探讨［J］．科技广场，2004（12）：88-90．
[58] 林井萍．中部地区职业培训状况的比较及启示［J］．江西社会科学，2004（9）：245-248．
[59] 刘海洋，林令涛，戴美虹．国有企业增进还是拖累社会就业［J］．南开经济研究，2019（2）：62-77．
[60] 刘海莺，张华新．国外公共就业服务制度研究综述［J］．兰州学刊，2011（9）：102-106．
[61] 刘钧，徐文娟．2010—2030年我国劳动力供求的预测和管理［J］．求是学刊，2011，38（4）：59-64．
[62] 刘铠维，杨耀淇．我国就业结构变迁的区域差异分析［J］．统计与决策，2017（7）：121-124．
[63] 刘思峰，党耀国，方志耕，等．灰色系统理论及其应用［M］．5版．北京：科学出版社，2010．
[64] 刘晓青，李吉雄．江西“十一五”时期就业问题研究［J］．江西行政学院学报，2005（4）：37-41．
[65] 刘永平．基于模糊数学理论的就业质量评价体系研究［J］．北京工业大学学报：社会科学版，2018，18（6）：88-96．
[66] 隆云滔，刘海波，蔡跃洲．人工智能技术对劳动力就业的影响：基于文献综述的视角［J］．中国软科学，2020（12）：56-64．
[67] 孟大虎，苏丽锋，施璐璐．人力资本、社会资本与大学生就业研究综述［J］．经

济学动态，2012（1）：86-90.

［68］莫荣，陈云. 高质量发展阶段就业形势、挑战与展望［J］. 中国劳动，2019（1）：15-24.

［69］莫荣，李付俊. 新冠疫情对灵活就业人员的影响分析［J］. 新金融，2020（9）：4-7.

［70］莫荣. 中国积极就业政策形成、发展和完善［M］. 北京：社会科学文献出版社，2015.

［71］潘光军. 中国就业问题的宏观经济研究［M］. 北京：中国财政经济出版社，2006.

［72］潘国锋. 家庭资本对大学毕业生就业实现影响的实证研究：基于江西省大学毕业生的调查［J］. 中国大学生就业，2013（24）：12-17.

［73］彭迪云，陈波，刘志佳. 区域营商环境评价指标体系的构建与应用：以长江经济带为例［J］. 金融与经济，2019（5）：49-55.

［74］戚聿东，刘翠花，丁述磊. 数字经济发展、就业结构优化与就业质量提升［J］. 经济学动态，2020（11）：17-35.

［75］乔万尼·赛鲁利. 社会经济政策的计量经济学评估：理论与应用［M］. 邸俊鹏，译. 上海：格致出版社，上海人民出版社，2020.

［76］人口和就业统计司课题组，贾毓慧，冯帅章. 中国城镇就业质量指数研究［J］. 调研世界，2020（6）：10-15.

［77］斯坦利·L. 布鲁，兰迪·R. 格兰特. 经济思想史［M］. 8 版. 邸晓燕，等译. 北京：北京大学出版社，2014.

［78］宋锦，李曦晨. 产业转型与就业结构调整的趋势分析［J］. 数量经济技术经济研究，2019，36（10）：38-57.

［79］苏丽锋，赖德胜. 高质量就业的现实逻辑与政策选择［J］. 中国人口年鉴，2019（1）：296.

［80］苏丽锋，我国转型期各地就业质量的测算与决定机制研究［J］. 经济科学，2013（4）：41-53.

［81］孙萍，刘梦. 我国城镇弱势群体就业政策工具选择：基于政策文本的分析［J］. 东北大学学报：社会科学版，2017，19（6）：595-601+615.

［82］孙群力，陈海林. 我国地区营商环境的决定因素、影响效应和评价指数：基于 MIMIC 模型的研究［J］. 财政研究，2020（6）：105-120.

［83］孙兆阳. 劳动力流动与就业结构性矛盾［J］. 学习与探索，2018（12）：50-56.

［84］田晓青，王晓倩. 包容性增长下的就业质量研讨会综述［J］. 经济学动态，2012（2）：159-160.

［85］童玉芬，王静文. 当前和今后一段时期我国的劳动力市场与就业形势［J］. 劳动

经济评论，2018，11（1）：1-16.
［86］汪玲，肖凤秋．高校毕业生不就业群体：文献综述及自我调节视角的思考［J］．首都师范大学学报：社会科学版，2014（6）：147-153.
［87］王东京．中国实施就业优先政策的理论分析［J］．劳动保障世界，2019（19）：68-69.
［88］王光栋，柴冬霞．中小企业技术创新的就业增长效应：基于443家中小板上市公司的数据［J］．南昌航空大学学报：社会科学版，2017，19（4）：42-50.
［89］王光栋，胡姗姗．自主创新、技术引进与就业增长：基于面板数据模型的实证分析［J］．科技管理研究，2012，32（23）：59-62.
［90］王光栋，姜振波．金融发展、技术进步与就业：基于省际面板数据的经验分析［J］．金融与经济，2014（9）：20-23+50.
［91］王光栋，芦欢欢．技术进步来源的就业增长效应：以技术进步的要素偏向性为视角［J］．工业技术经济，2015，34（8）：147-153.
［92］王光栋，叶仁荪，王雷．技术进步对就业的影响：区域差异及政策选择［J］．中国软科学，2008（11）：151-160.
［93］王光栋，叶仁荪．资本投入与就业增长：基于协整和VAR模型的分析［J］．统计与决策，2008（24）：76-78.
［94］王光栋，郑志敏．科技创新、产业升级与就业［J］．工业技术经济，2014，33（3）：19-24.
［95］王光栋，左家玲．经济全球化对中国农村劳动力非农就业的影响［J］．世界农业，2011（10）：99-102.
［96］王光栋．有偏技术进步、技术路径与就业增长［J］．工业技术经济，2014，33（12）：59-65.
［97］王光栋．中部地区就业状况及促进就业政策评析［J］．江西社会科学，2004（9）：240-244.
［98］王霆，何立丹．大学生就业质量政策效用评估研究：基于北京市大学生就业的调查分析［J］．华南师范大学学报：社会科学版，2019（2）：37-44+191.
［99］王晓，崔友平．技术进步与就业：一个文献述评［J］．云南财经大学学报，2013，29（2）：21-26.
［100］王阳，范宪伟．新一轮科技和产业革命对就业的影响及建议［J］．劳动经济评论，2019，12（2）：39-55.
［101］王阳，张本波．构建促进就业的全方位动力系统［N］．经济日报，2019-7-11（12）.
［102］王阳．北京市实现更高质量就业水平评价及就业政策再完善［J］．经济与管理研

究，2018，39（7）：39-47.

［103］王阳．供给侧结构性改革中就业质量的突出问题和提高路径［J］．中国人力资源开发，2019，36（9）：48-62.

［104］王阳．经济转型与就业优先政策［M］．北京：工人出版社，2019.

［105］王阳．我国就业质量水平评价研究：兼析实现更高质量就业的政策取向［J］．经济体制改革，2014（5）：15-19.

［106］魏国学，杨宜勇．当前就业形势新变化及对策建议［J］．宏观经济管理，2015（7）：19-21+24.

［107］吴江．新时代促进灵活就业政策及其实施效果评价［J］．财经问题研究，2019（2）：105-112.

［108］吴绮雯．加强职业教育培训体系建设应对就业结构性矛盾［J］．中国高等教育，2020（13）：64-65.

［109］吴要武，陈梦玫．当经济下行碰头就业压力：对中国城乡劳动力市场状况的分析［J］．劳动经济研究，2018，6（3）：54-74.

［110］武汉大学稳经济保就业课题组．疫情冲击下保企业稳产业促就业的思考与建议［J］．中国人口科学，2020（3）：2-10+126.

［111］夏建红，矫卫红．产业与就业结构演变路径及耦合效应分析：以山东省为例［J］．经济问题，2018（10）：65-71.

［112］夏杰长，李勇坚，姚战琪．增长、就业与公共政策［M］．北京：社会科学文献出版社，2005.

［113］谢玲红．“十四五”时期农村劳动力就业：形势展望、结构预测和对策思路［J］．农业经济问题，2021（3）：28-39.

［114］谢小青．人力资本投资与就业促进［M］．北京：中国地质大学出版社，2007.

［115］徐波，汪波，朱琳．我国产业结构与就业结构演进及动态测度［J］．统计与决策，2019，35（18）：121-125.

［116］徐媛媛．政策工具分类理论的述评与建构［J］．淮海工学院学报：社会科学版，2011，9（20）：95–98.

［117］许长新，凌珑．中国微观就业质量：绩效评价、影响因素及优化路径［J］．江海学刊，2020（6）：110-115+254.

［118］玄雪梅．公共政策理论视角下大学生基层就业政策研究［J］．学校党建与思想教育，2018（11）：75-77.

［119］杨丽雯，贾利颖．政策工具视角下高校毕业生就业政策分析研究［J］．教育评论，2015（8）：14-17.

［120］杨伟国，邱子童，吴清军．人工智能应用的就业效应研究综述［J］．中国人口科

学，2018（5）：109-119.
［121］杨宜勇，王阳，侯胜东．“十四五”时期强化就业优先政策体系研究［J］．宏观经济管理，2021（2）：8-15.
［122］杨宜勇，王阳．“十四五”强化就业优先政策体系的六大举措［J］．中国经贸导刊，2021（5）：12-15.
［123］叶仁荪，王光栋，王雷．技术进步的就业效应与技术进步路线的选择：基于1990—2005年中国省际面板数据的分析［J］．数量经济技术经济研究，2008（3）：137-147.
［124］叶仁荪，王光栋．教育，江西最大的就业与再就业工程［J］．企业经济，2003（8）：75-77.
［125］叶仁荪．江西就业形势评价及分析［J］．江西社会科学，2003（5）：201-205.
［126］尹继东，熊冬根．江西经济崛起与就业问题研究［J］．求实，2002（12）：46-48.
［127］袁良栋．加强技能培训是缓解就业结构性矛盾的基本途径［J］．职业技术教育，2014，35（30）：25.
［128］占丰斌．谱写赣鄱大地就业新篇章：江西省“五聚焦”推进实施就业优先政策结硕果［J］．中国就业，2020（2）：15-17.
［129］张车伟，蔡翼飞．人口与劳动绿皮书：中国人口与劳动问题报告No.21［M］．北京：社会科学文献出版社，2021.
［130］张车伟，高文书，程杰．中国人口与劳动问题报告No.20［M］．北京：社会科学文献出版社，2019.
［131］张车伟，赵文．当前的就业形势及劳动力市场表现［J］．中国劳动，2019（5）：5-19.
［132］张车伟．人口与劳动绿皮书：中国人口与劳动问题报告No.18［M］．北京：社会科学文献出版社，2017.
［133］张车伟．人口与劳动绿皮书：中国人口与劳动问题报告No.19［M］．北京：社会科学文献出版社，2019.
［134］张成刚，廖毅．创业能带动就业发展吗：一个文献综述的视角［J］．浙江工商大学学报，2017（4）：76-84.
［135］张凤林．人力资本理论及其应用研究［M］．北京：商务印书馆，2007.
［136］张建青．福建省2015—2020年劳动力供求预测及政策取向研究［J］．福建论坛：人文社会科学版，2015（7）：136-140.
［137］张静．大学毕业生就业质量研究述评［J］．中国劳动关系学院学报，2016，30（3）：47-52.

［138］张抗私，就业问题：理论与实际研究［M］．北京：社会科学文献出版社，2007.

［139］张抗私，李善乐．我国就业质量评价研究：基于2000—2012年辽宁宏观数据的分析［J］．人口与经济，2015（6）：62-72.

［140］张三保，康璧成，张志学．中国省份营商环境评价：指标体系与量化分析［J］．经济管理，2020，42（4）：5-19.

［141］张翕．中国社会科学院—欧盟就业总司国际研讨会（2019）综述［J］．劳动经济研究，2020，8（1）：136-143.

［142］张玉美．我国城镇弱势群体就业问题研究综述［J］．思想战线，2011，37（S2）：262-263.

［143］郑享清．江西实施就业优先发展战略的思路与对策［J］．价格月刊，2003（5）：33-34.

［144］中国就业培训技术指导中心．中美德公共就业服务比较［M］．北京：中国劳动社会保障出版社，2013.

［145］中国人民银行石家庄中心支行课题组，刘莉亚，梁春艳．金融支持稳企业保就业情况［J］．中国金融，2020（24）：88-90.

［146］朱翠华．技术进步就业效应的研究述评：兼论全要素增长率驱动型经济增长［J］．首都经济贸易大学学报，2017，19（2）：96-101.

［147］朱火云，丁煜，王翻羽．中国就业质量及地区差异研究［J］．西北人口，2014，35（2）：92-97.

［148］朱家德，胡海清．建国以来我国高校毕业生就业政策变迁逻辑：基于历史制度主义的分析［J］．中国高教研究，2010（4）：66-70.

［149］朱侃，郭小聪．公共就业政策范式变迁及其逻辑研究［J］．求实，2019，451（5）：42-54+110.

［150］Acemoglu D, Restrepo P. Robots and Jobs: Evidence from US Labor Markets [J]. The Journal of Political Economy, 2020, 128(6): 2188-2244.

［151］Aghion P, Howitt P. Growth and Unemployment [J]. Review of Economic Studies, 1994 (61): 477-494.

［152］Andrew, Rothwell, et al. Self-perceived Employability: Construction and Initial Validation of a Scale for University Students [J]. Journal of Vocational Behavior, 2008, 73 (1): 1-12.

［153］Anne Schneider, Helen Ingram. Social Construction of Target Populations: Implications for Politics and Policy [J]. The American Political Science Review, 1993, 87 (2): 338-339.

［154］Boden R, Nedeva M. Employing Discourse: Universities and Graduate

"Employability" [J]. Journal of Education Policy, 2010, 25 (1): 37-54.

[155] Carl Benedikt Frey, Michael A. Osborne, The Future of Employment: How Susceptible Are Jobs to Computerisation [J]. Technological Forecasting and Social Change, 2017(114): 254-280.

[156] Curtis, J Simon. Human Capital and Metropolitan Employment Growth [J]. Journal of Urban Economics, 1998, 43 (2): 223-243.

[157] Frey C B, Osborne M. Technology at Work: The Future of Innovation and Employment [J].Oxford Martin Programme on the Impacts of Future Technology, 2015(2): 28-35.

[158] Higson J A. Graduate Employability, "Soft Skills" Versus "Hard" Business Knowledge: A European Study [J]. Higher Education in Europe, 2008, 33 (4): 411-422.

[159] Holmes L . Competing Perspectives on Graduate Employability: Possession, Position or Process [J]. Studies in Higher Education, 2013, 38(4):538-554.

[160] Howlett M, Ramesh M. Studying Public Policy: Policy Cycles and Policy Subsystems [M]. Oxford University Press, 2009.

[161] Jackson, Denise. Business Undergraduates' Perceptions of Their Capabilities in Employability Skills Lmplications for Industry and HIgher Education [J]. Industry & Higher Education, 2012, 26 (5): 345-356.

[162] Jia C, Zuo J, Lu W . Influence of Entrepreneurship Education on Employment Quality and Employment Willingness [J]. International Journal of Emerging Technologies in Learning (iJET), 2021, 16(16): 65.

[163] Kathryn L, Dewenter, Paul H, et al. State-Owned and Privately Owned Firms: An Empirical Analysis of Profitability, Leverage, and Labor Intensity [J]. The American Economic Review, 2001 (1): 320-334.

[164] Marco Vivarelli. Innovation, Employment and Skills in Advanced and Developing Countries: A Survey of the Literature [J].Journal of Economic Issues, 2014,48(1): 123-154.

[165] Michael Howlett M, Ramesh. Patterns of Policy Instrument Choice: Policy Styles, Policy Learning and the Privatization Experience [J]. Policy Studies Review, 1993, 12 (21): 3-20.

[166] O'Higgins N. Youth Unemployment and Employment Policy: A Global Perspective [J]. Mpra Paper, 2017, 21(100): 212.

[167] Padalino, Vivarelli M. The Employment Intensity of Economic Growth in the G-7 Countries [J]. International Labor Review, 1997, 136 (2): 191-213.

[168] Patncia W. Ingraham, Toward More Systematic Consideration of Policy Design [J]. Policy Studies Journal, 1987, 15 (4): 611-628.

[169] Prokou E. The Emphasis on Employability and the Changing Role of the University in Europe [J]. Higher Education in Europe, 2008, 33 (4): 387-394.

[170] Ramos J, K Sehnbruch, J Weller . Quality of Employment in Latin America: Theory and Evidence [J]. International Labour Review, 2015(154): 171-194.

[171] Schneider A, Ingram H. Behavioral Assumptions of Policy Tools [J]. The Journal of Politics, 1990, 52 (2): 510-529.

[172] Schroeder Fredric K. Workplace Issues and Placement: What is High Quality Employment [J]. Work, 2007, 29 (4): 357-358.

[173] Spasova L. Labour Market Integration of Young People in Bulgaria: The Implementation of Youth Guarantee and Youth Employment Initiative [J]. Sociologie Romaneasca, 2017(151): 15-67.

[174] Stephen H, Linder B, GuyPeters. Instrument of Government: Perceptions and Contexts [J]. Journal of Public Policy, 1989, 9 (1): 35-56.

[175] Till Von Wachter, Stefan Bender. In the Right Place at the Wrong Time: The Role of Firms and Luck in Young Workers ' Careers [J]. The American Economic Review, 2006 (5): 63-65.

[176] Walsh T. Expert and Non-expert Opinion About Technological Unemployment [J]. International Journal of Automation and Computing, 2018, 15(5): 637-642.

[177] Zheng Y, Zhang C, Wang Y D, et al. Factors Affecting Employment Quality in China: Evidence Based on Spatial Panel Data Model [J]. Applied Economics Letters, 2021, 28(11): 906-909.